中华人民共和国法律释义丛书

中华人民共和国
中小企业促进法释义

主　编：张　勇
（全国人大常委会法制工作委员会副主任）
副主编：郭林茂
（全国人大常委会法制工作委员会社会法室主任）

法律出版社

图书在版编目(CIP)数据

中华人民共和国中小企业促进法释义 / 张勇主编
. —北京:法律出版社,2017
(中华人民共和国法律释义)
ISBN 978 -7 -5197 -1463 -5

Ⅰ. ①中… Ⅱ. ①张… Ⅲ. ①中小企业促进法—法律解释—中国 Ⅳ. ①D922.291.915

中国版本图书馆 CIP 数据核字(2017)第 241671 号

中华人民共和国中小企业促进法释义
ZHONGHUA RENMIN GONGHEGUO ZHONGXIAO QIYE CUJINFA SHIYI

张 勇 主编

责任编辑 陶玉霞
装帧设计 李 瞻

出版 法律出版社
总发行 中国法律图书有限公司
经销 新华书店
印刷 北京嘉恒彩色印刷有限责任公司
责任印制 吕亚莉

编辑统筹 法规出版分社
开本 850 毫米×1168 毫米 1/32
印张 13
字数 280 千
版本 2017 年 10 月第 1 版
印次 2017 年 10 月第 1 次印刷

法律出版社/北京市丰台区莲花池西里 7 号(100073)
网址/www.lawpress.com.cn
投稿邮箱/info@lawpress.com.cn
举报维权邮箱/jbwq@lawpress.com.cn
销售热线/010 -63939792
咨询电话/010 -63939796

中国法律图书有限公司/北京市丰台区莲花池西里 7 号(100073)
全国各地中法图分、子公司销售电话:
统一销售客服/400 -660 -6393
第一法律书店/010 -63939781/9782 西安分公司/029 -85330678 重庆分公司/023 -67453036
上海分公司/021 -62071639/1636 深圳分公司/0755 -83072995

书号:ISBN 978 -7 -5197 -1463 -5 **定价:**42.00 元
(如有缺页或倒装,中国法律图书有限公司负责退换)

出 版 前 言

《中华人民共和国法律释义丛书》是由全国人大常委会法制工作委员会相关人员组织编辑的一套系列丛书。

该套丛书由一系列法律释义组成。邀请有关专家、学者和部分参与立法的同志编著。该丛书坚持以准确地反映立法宗旨和法律条款内容为最基本要求,在每部法律释义中努力做到观点的权威性和内容解释的准确性。

我们相信,该套丛书的陆续出版,将会给广大读者进一步学好法律提供有益的帮助。

目　录

第一部分　释　　义

第二部分 附 录

第一部分　释　　义

第一章　总　　则

第一条　为了改善中小企业经营环境，保障中小企业公平参与市场竞争，维护中小企业合法权益，支持中小企业创业创新，促进中小企业健康发展，扩大城乡就业，发挥中小企业在国民经济和社会发展中的重要作用，制定本法。

【释义】　本条是关于立法目的的规定。

一、我国中小企业的基本情况及法律修改的必要性

中小企业是我国企业中数量最大、最具创新活力的企业群体，是推动“大众创业、万众创新”的基础，在增加就业、促进经济增长、科技创新与社会和谐稳定等方面具有不可替代的作用，对国民经济和社会发展具有重要的战略意义。截至2015年年底，全国工商登记企业2185.82万户、个体工商户5407.94万户。根据《中小企业划型标准规定》和第三次经济普查数据测算，以工业为例，从企业占比上来看，大型企业占全部工业企业数量的0.4%，中型企业占2.4%，小型企业占33%，微型企业占64.2%，中小微企业数量合计占99.6%。在我国，中小企业的作用可以概括为“5、6、7、8、9”，即中小企业提供了50%以上的税收，创造了60%以上的国内生产总值，完成了70%以上的

发明专利，提供了80%以上的城镇就业岗位，占企业总数的99%以上。正因为如此，2002年6月29日第九届全国人民代表大会常务委员会第二十八次会议通过了《中小企业促进法》。该法共七章四十五条，自2003年1月1日实施以来，在改善中小企业发展环境，促进中小企业发展方面发挥了积极作用。但是近年来受经济下行压力影响，中小企业普遍面临生产成本上升、盈利水平下降等问题，生存与发展的压力不断加大，2002年的《中小企业促进法》某些方面已经不适应进一步促进中小企业发展的实际需要，如扶持政策不够具体，操作性不强等，应针对中小企业面临的融资难、融资贵、引进人才难，自身权益得不到保护等新情况和新问题作出修改完善，为中小企业特别是小微企业创造更为有利的法制环境。2017年9月1日第十二届全国人民代表大会常务委员会第二十九次会议通过了对《中小企业促进法》的修订，新修订的《中小企业促进法》将于2018年1月1日起施行。

二、改善中小企业经营环境，保障中小企业公平参与市场竞争

中小企业在经济生活中的作用很重要，但是在生产经营活动中却没有得到应有的尊重，如税费负担重，权益时常受到侵害，受到不公平的待遇，有时还会受到来自大型企业的排挤等。因此，有必要从法律制度和政策上为中小企业营造好的市场经营环境。党中央、国务院高度重视中小企业发展，为了改善中小企业的发展环境，出台了一系列政策措施，如取消和调整一批行政审批项目，实施“三证合一”登记制度，加大小微企业增值税、营业税以及所得税优惠力度，金融管理部门引导银行业金融机构加大对小微企业信贷支持力度等。本次法律修改也注重从多

个方面改善中小企业的经营环境，保障其公平参与市场竞争。如在“总则”中规定，国家将促进中小企业发展作为长期发展战略，坚持各类企业权利平等、机会平等、规则平等，为中小企业创立和发展创造有利的环境。在“市场开拓”一章中规定，国家完善市场体系，实行统一的市场准入和市场监管制度，反对垄断和不正当竞争，营造中小企业公平参与竞争的市场环境，等等。正因为中小企业的生存和发展需要良好的环境，营造良好的经营环境和保障中小企业公平参与竞争，也是促进中小企业发展的根本所在，因此，本法将改善中小企业经营环境，保障中小企业公平参与市场竞争作为首要的立法目的。

三、维护中小企业合法权益

实践中，许多中小企业反映自身权利得不到有效保护，面临负担重、维权难的问题。一是来自行政机关的各类检查、评比多，行政审批事项流程烦琐，存在乱收费、乱摊派现象，干扰了企业正常生产经营，增加了企业负担；二是一些大企业滥用市场支配地位，长期拖欠中小企业大量资金，导致中小企业销售回款难；三是缺乏正规有效的维权渠道维护自身的合法权益，维权成本过高。本次修订针对这些问题作了有针对性的规定，并增加“权益保护”一章作专章规定。维护中小企业合法权益，是促进中小企业健康发展的重要方面，只有中小企业的合法权益得到了保护，才能使中小企业的作用得到更好的发挥。因此，本次修订法律将维护中小企业合法权益作为修法重点和指导思想，并在立法目的中增加了这一规定。

四、支持中小企业创业创新

中小企业是推动创新的生力军。近年来，我国70%以上的发明专利是由中小企业完成的。当前，中小企业创新活动更加活跃、创新领域更加广泛，不仅在原有的传统产业中保持着旺盛活力，而且在信息、生物、新材料等高新技术产业和信息咨询、工业设计、现代物流、电子商务等服务业中也成为新兴力量。2015年我国电子商务交易额达18.3万亿元，同比增长36.5%，其中网络零售额增长35.7%，绝大部分都是中小企业贡献的。可见，中小企业在创业创新中发挥了重要作用。目前，中小企业已占全国经济总量的半壁江山以上，要完成转变发展方式、提高发展质量的任务，就必须大力支持中小企业发展，充分调动中小企业在促进经济发展方式转变和实施创新发展战略中的重要作用。因此，本次修订将支持中小企业创业创新作为本法的立法目的之一。

五、促进中小企业健康发展，扩大城乡就业

中小企业是关系改善民生和社会稳定的重要基础。就业是民生之本，是社会和谐之基，促进中小企业发展就是最大的民生工程。中小企业量大面广，提供就业岗位多，吸纳就业人员多，这对缓解就业压力具有非常重要的作用。从就业分布来看，大型企业就业人数占工业企业全部就业人数的24.5%，中型企业占22.5%，小型企业占41.1%，微型企业占11.9%，中小微企业合计占75%。目前，中小企业提供了80%以上的城镇就业岗位。国有企业下岗失业人员80%以上在中小企业实现了再就业，大量农民工主要在中小企业务工。近年来不少高校毕业生也把中小企业作为就业的重要选择，相当数量的军队退役人员在中小企业实现就业。大企业随着自动化程度越来越高，在提高生产效率和增加财政收入方面作用突出，但在解决就业方面的作用却逐渐减小。可以看出，缓解就业压力，解决就业难题，真正实现大众创业，中小企业的作用功不可没。因此，只有促进中小企业健康发展，才能更好地实现中小企业扩大城乡就业的功能。这是本法的立法目的之一。

六、发挥中小企业在国民经济和社会发展中的重要作用

中小企业是保持国民经济平稳较快发展的重要力量，在改革开放中的作用日益增强。中小企业是数量最大、最具活力的企业群体，是社会主义市场经济的重要组成部分，是我国实体经济的重要基础。同时，中小企业创造的最终产品和服务价值已占到国内生产总值的60%，纳税额约为国家税收总额的50%。中小企业所占GDP比重、纳税比例，充分说明在经济建设中不仅要重视发展“顶天立地”的大企业，更要重视发展“铺天盖地”的中小企业。中小企业发展，既是改革开放的重要成果，也是改革开放的重要力量。量大面广、机制灵活的中小企业参与竞争，形成了充满活力的市场环境，为充分发挥市场在配置资源中的基础性作用创造了条件。中小企业贴近市场，活跃在市场竞争最激烈的领域，与市场有着本质的联系，是构建市场经济体制的微观基础，它的发展为社会主义市场经济创造了多元竞争、充满活力的环境。实践证明，中小企业发展好的地区，往往也是人民生活较为富裕的地区，也是率先实现小康的地区。发展中小企业，使广大人民群众从发展中得到实惠，过上更加富裕的生活，有利于促进社会的和谐安定。因此，发挥中小企业在国民经济和社会发展中的重要作用是本法最终的立法目的。

第二条　本法所称中小企业，是指在中华人民共和国境内依法设立的，人员规模、经营规模相对较小的企业，包括中型企业、小型企业和微型企业。

中型企业、小型企业和微型企业划分标准由国务院负责中小企业促进工作综合管理的部门会同国务院有关部门，根据企

业从业人员、营业收入、资产总额等指标,结合行业特点制定,报国务院批准。

【释义】 本条是关于中小企业定义及划分标准的制定的规定。

一、中小企业的定义

按照本条第一款的规定,中小企业,是指在中华人民共和国境内依法设立的,人员规模、经营规模相对较小的企业,包括中型企业、小型企业和微型企业。“中小企业”的称谓最早出现在19世纪末,第二次工业革命的完成,建立起了资本主义的大工业体系和现代商业体系,大企业、大公司也开始在经济生活中占据主导地位,与大企业相对应,出现了小企业的概念。中小企业是一个相对的概念,它是指相对于大企业而言,其人员规模、资产规模与经营规模都比较小的经济单位。同时中小企业也是一个动态的概念,过去被称为大企业的,现在可能只是中等企业,而现在是小企业的,若干年后可能会发展成为大企业。中小企业也是一个比较复杂的概念,不同行业会有不同的标准。对于什么是中型企业、小型企业和微型企业,本条没有作出具体规定。在常委会审议过程中,有意见提出,应当对中型企业、小型企业和微型企业的标准作出具体规定。考虑到三种类型企业的具体标准是按行业划分的,不同行业的中小企业划分标准是不一样的,无法作出统一的规定,因此,具体标准授权国务院有关部门制定。在审议过程中,还有意见建议将个体工商户纳入本法的调整范围。个体工商户是从事工商业经营的自然人或家庭。考虑到个体工商户具有特殊性,目前个体工商户适用《个体工商户条例》的规定,按照该条例登记注册,不是企业。因此,本法的调整范围不包括个体工商户。

二、中小企业的划分标准

1. 中小企业划分标准的制定部门。按照本条规定,中型企业、小型企业和微型企业划分标准由国务院负责中小企业促进工作综合管理的部门会同国务院有关部门制定,报国务院批准。国务院负责中小企业促进工作综合管理的部门,指的是工业和信息化部,有关部门指国家统计局、国家发展和改革委员会、财政部。本法将中小企业的划分标准,授权给工业和信息化部会同上述部门制定,并报国务院批准。2011 年 6 月,工业和信息化部、国家统计局、国家发展改革委、财政部已经联合制定了《中小企业划型标准规定》。

2. 制定划分标准的依据。按照本条第二款的规定,中小企业的划分标准,根据从业人员、营业收入、资产总额等指标,结合行业特点制定。本款对划分标准应当考虑的指标作了规定,包括三个方面:一是从业人员,即在企业中领取劳动报酬的全部人员,这是衡量企业规模大小的因素之一。二是营业收入,这是指企业在从事销售商品、提供劳务和让渡资产使用权等日常经营业务过程中所形成的经济利益的总流入,分为主营业务收入和其他业务收入。主营业务收入指的是企业经常性的、主要业务所产生的基本收入,如制造业的销售产品、非成品和提供工业性劳务作业的收入,商品流通企业的销售商品收入,旅游服务业的门票收入、客户收入、餐饮收入等。其他业务收入是指企业除商品销售以外的其他销售及其他业务所取得的收入,包括材料销售、技术转让、代购代销、固定资产出租、包装物出租、运输等非工业性劳务收入。三是资产总额,资产总额是指企业资产负债表的资产总计项,即企业拥有或控制的全部资产,这些资产包括流动资产、长期投资、固定资产、无形及递延资产、其他长期资产等。在制定划分标准时，有的行业只考虑营业收入，有的行业考虑营业收入和从业人员，有的行业考虑资产总额和营业收入，各个行业考虑的指标不一样，各个行业都有各自的特点，因此，除了要根据企业的从业人员、营业收入和资产总额以外，还要结合行业特点。按照工业和信息化部、国家统计局、国家发展和改革委员会、财政部四部门制定的《中小企业划型标准规定》，中小企业划分为十六个行业，包括农、林、牧、渔业，工业（包括采矿业，制造业，电力、热力、燃气及水生产和供应业），建筑业，批发业，零售业，交通运输业（不含铁路运输企业），仓储业，邮政业，住宿业，餐饮业，信息传输业（包括电信、互联网和相关服务），软件和信息技术服务业，房地产开发经营，物业管理，租赁和商务服务业，其他未列明行业（包括科学研究和技术服务业，水利、环境和公共设施管理业，居民服务、修理和其他服务业，社会工作，文化、体育和娱乐业等）。各个行业的划分标准都有自己的特点，如工业企业，其划分标准为从业人员 1000 人以下或者营业收入 40000 万元以下的为中小微型企业。其中，从业人员 300 人及以上，且营业收入 2000 万元及以上的为中型企业；从业人员 20 人及以上，且营业收入 300 万元及以上的为小型企业；从业人员 20 人以下或者营业收入 300 万元以下的为微型企业。零售业，从业人员 300 人以下或营业收入 20000 万元以下的为中小微型企业。其中，从业人员 50 人及以上，且营业收入 500 万元及以上的为中型企业；从业人员 10 人及以上，且营业收入 100 万元及以上的为小型企业；从业人员 10 人以下或营业收入 100 万元以下的为微型企业。住宿业和餐饮业，从业人员 300 人以下或营业收入 10000 万元以下的为中小微型企业。其中，从业人员 100 人及以上，且营业收入 2000 万元及以上的为中型企业；从业人员 10 人及以上，且营业收入 100 万元及以上的为小型企业；从业人员 10 人以下或营业收入 100 万元以下的为微型企业。房地产开发经营，营业收入 200000 万元以下或资产总额 10000 万元以下的为中小微型企业。其中，营业收入 1000 万元及以上，且资产总额 5000 万元及以上的为中型企业；营业收入 100 万元及以上，且资产总额 2000 万元及以上的为小型企业；营业收入 100 万元以下或资产总额 2000 万元以下的为微型企业。其他未列明行业，从业人员 300 人以下的为中小微型企业。其中，从业人员 100 人及以上的为中型企业；从业人员 10 人及以上的为小型企业；从业人员 10 人以下的为微型企业。企业类型的划分以统计部门的统计数据为依据。

第三条　国家将促进中小企业发展作为长期发展战略，坚持各类企业权利平等、机会平等、规则平等，对中小企业特别是其中的小型微型企业实行积极扶持、加强引导、完善服务、依法规范、保障权益的方针，为中小企业创立和发展创造有利的环境。

【释义】　本条是关于促进中小企业发展的战略、原则和方针的规定。

一、国家将促进中小企业发展作为长期发展战略

“十三五”时期，国内外经济发展形势依然错综复杂。从国际看，世界经济深度调整、复苏乏力，外部环境的不稳定、不确定因素增加，中小企业外贸形势依然严峻，出口增长放缓。从国内看，发展阶段的转变使经济发展进入新常态，经济增速从高速增长转向中高速增长，经济增长方式从规模速度型粗放增长转向质量效率型集约增长，经济增长动力从物质要素投入为主转向

创新驱动为主。新常态对经济发展带来新挑战，中小企业遇到的困难和问题尤为突出。面对国际国内经济发展新环境，“十三五”时期，中小企业依然面临着较大的经营压力，资本、土地等要素成本持续维持高位，招工难、用工贵以及融资难、融资贵等问题仍有待进一步缓解，传统产业领域中的大多数中小企业处于产业链中低端，存在高耗低效、产能过剩、产品同质化严重等问题，盈利能力依然较弱，转方式、调结构任务十分艰巨。因此，促进中小企业发展是一项长期的任务，要将促进中小企业发展作为长期发展的战略。工业和信息化部已于2016年制定了《促进中小企业发展规划(2016—2020年)》，目的是推进供给侧结构性改革，优化发展环境，推动大众创业万众创新，促进中小企业实现持续健康发展。

二、坚持平等原则

本条规定了“三个平等”，即坚持各类企业权利平等、机会平等、规则平等。要保障中小企业能够公平参与市场竞争，就必须要保障中小企业与其他企业享有平等的地位，享受平等的待遇。党的十八届三中全会提出三个平等的理念，即权利平等、机会平等、规则平等。三中全会将这个理念推向制度建设，强调公有制经济和非公有制经济都是社会主义市场经济的重要组成部分，都是我国经济社会发展的重要基础，公有制经济财产权不可侵犯，非公有制经济财产权同样不可侵犯。本条规定正是落实十八届三中全会精神在法律上的具体体现。按照本条的规定，坚持三个方面的平等。一是权利平等，包括政治平等、经济平等和社会平等。具体表现为中小企业与其他企业享有同等的财产权，享有同等的身份与尊严，享有同等的法律地位，民事权利受到平等的法律保护等。实践中，民营企业特别是中小企业和国有企业在行业准入、关键资源获取、融资贷款、财产安全保障等方面都或多或少存在权利不平等的情况。而混合所有制经济中，民营的中小企业话语权的不平等也是权利不平等问题的一个突出表现。因此，强调权利平等是平等原则中的一个重要方面。二是机会平等。机会平等是指在面对有利的时间情景中，每个人都有能力利用这种有利条件，并且在抓住这种条件的时候不存在先后和不受其他任何人为因素影响。机会平等又称机会均等，是一种理想状态。中小企业在发展中普遍处于机会劣势，除了规则和权利等方面的因素外，政策信息不对称、对国家政策掌握不及时也是影响中小企业机会把握能力的重要原因。因此，需要通过制度保障中小企业的机会平等。对此，本法也规定了一些具体措施，如第三十八条规定，国家完善市场体系，实行统一的市场准入和市场监管制度，反对垄断和不正当竞争，营造中小企业公平参与竞争的市场环境。三是规则平等。规则是一个宽泛的概念，包括了所有的法律、政策、制度、规定等。一般而言，规则必定是经过慎重考虑，经过一定的程序产生的，经过实践的检验，用于规范人们的行为。法治社会的一个基本命题就是规则平等，规则对于任何人都是平等的，不能超越，更不能有例外。规则平等也称形式平等、市场平等，意即在规则面前人人平等，没有区别对待。制度是中小企业获得"又好又快"发展的规则基础，虽然政府在审批制度改革方面取得了很大的成果，但还有待进一步落地或改进，包括消除变相审批程序、进一步缩减审批事项范围等，真正实现规则平等。

三、促进中小企业发展的方针

按照本条规定，国家对中小企业特别是其中的小型微型企业实行积极扶持、加强引导、完善服务、依法规范、保障权益的方针。包括五个方面：

1. 积极扶持。中小企业在经济发展中的地位和作用日益突出，构建和完善政府支持体系是促进中小企业持续发展的制度保障。党中央、国务院高度重视促进中小企业发展。为了更好地促进中小企业发展，国务院相继出台了一系列的文件，2009年，国务院发布了《关于进一步促进中小企业发展的若干意见》，2012 年，国务院发布了《关于进一步支持小型微型企业健康发展的意见》，2014 年，国务院发布了《关于扶持小型微型企业健康发展的意见》。政府从各个方面加大对中小企业的扶持力度，一是加大对中小企业的财税扶持力度，加大财政资金支持力度，落实和完善税收优惠政策；二是加大对中小企业的融资支持力度，推进普惠金融体系建设；三是实行创业扶持；四是创新支持；五是推进职能转变，改进服务。转变政府职能，简政放权，放管结合，优化服务，进一步减轻中小企业社会负担。

2. 加强引导。对中小企业除了扶持，还要有针对性地加强引导。实践中，除了外部的因素外，中小企业也存在自身的问题，一是一些中小企业经营管理水平低，人员素质低，技术装备落后；二是诚信等级低，等等，对中小企业应加强正确的引导。对中小企业要注重加强有关的政策宣传，发挥财税政策的引导扶持作用。鼓励和引导中小企业向“专精特新”方向发展，即向专业化、精细化、特色化、新颖化发展。目的是提升中小企业的核心竞争力，促进转型升级。

3. 完善服务。政府要更多地为中小企业提供服务，要深化行政审批制度改革，减少政府对微观事务的管理，缩减政府审批范围。政府有关部门要简化程序、缩短时限、提高效率，为中小企业设立、生产经营提供便捷服务。推动建立健全权力清单、责任清单、负面清单管理模式，为企业松绑减负。推动商事制度改革，创新管理方式，激发市场活力。要大力推进服务体系建设，政府要提高中小企业服务体系的服务效率，丰富服务内容，完善服务功能。研究制定中小企业服务机构和平台的服务规范，加强小微企业创业创新基地、中小企业公共服务平台等载体能力建设，不断提高服务质量和水平。增强政策咨询、创业创新、知识产权、投资融资、管理诊断、检验检测、人才培训、市场开拓、财务指导、信息化服务等各类服务功能，重点为小型微型企业提供质优价惠的服务。

4. 依法规范。首先要完善有关中小企业的法律、法规建设；其次，对中小企业的管理要依法进行，任何执法行为要于法有据。本法也作出了明确的规定，如规定地方各级人民政府应当依法实施行政许可，依法开展管理工作，不得实施没有法律、法规依据的检查。任何单位不得违反法律、法规向中小企业收取费用，不得实施没有法律、法规依据的罚款，不得向中小企业摊派财物。

5. 保障权益。保障中小企业合法权益，是促进中小企业发展的重要方面。实践中中小企业权益往往得不到保障，受到歧视，对中小企业乱收费、乱摊派，等等。本次修订法律也从不同方面强化了对中小企业权益的保障。一是规定，国家保护中小企业及其出资人的财产权和其他合法权益，任何单位或者个人不得侵犯中小企业合法权益及其他合法收益。二是规定，任何单位不得违反法律、法规向中小企业收取费用，不得实施没有法律、法规依据的罚款，不得向中小企业摊派财物。三是规定，国家机关、事业单位和大型企业不得违约拖欠中小企业的货物、工程、服务款项。除此以外，还有一些保障权益的规定。除了法律规定以外,政府要推动建立中小企业维权机制。推动各地重视和发挥中小企业维权服务机构作用,支持中小企业服务机构帮助中小企业提高维权的意识和能力,规范市场主体交易行为,防止大企业违约拖欠中小企业货款。

以上五条方针应主要面对中小企业中的小型微型企业,由于小型微型企业是需要重点扶持的企业,因此,各项扶持政策应向小型微型企业倾斜。

通过对中小企业坚持三个平等原则、五个方针,政府通过不断改进服务方式,提高政府管理与公共服务能力,降低企业成本、减轻企业负担,市场准入环境更加宽松,营造更加有利于中小企业的发展环境。本法也明确规定,国家改善企业创业环境,优化审批流程,实现中小企业行政许可便捷,降低中小企业设立成本。以上这些措施都是为中小企业创立和发展创造有利的环境。

第四条 中小企业应当依法经营,遵守国家劳动用工、安全生产、职业卫生、社会保障、资源环境、质量标准、知识产权、财政税收等方面的法律、法规,遵循诚信原则,规范内部管理,提高经营管理水平;不得损害劳动者合法权益,不得损害社会公共利益。

【释义】 本条是关于中小企业的守法及相关义务的规定。

一、依法经营

依法经营是每个企业应负的责任,是应履行的首要义务,是构建和谐企业的根本,是提升企业素质、提高竞争力的需要,也是企业自身持续发展的需要。依法经营,就是要尊重法律,坚持法治思维,增强法治观念。在依法治国的新常态下,中小企业必须严格要求自己，克服急于求成、急功近利的心态，坚持用法治思维和方式从事生产经营活动、规范企业内部治理，守住企业依法经营底线。这里讲的依法，应当是大概念，包括法律、行政法规、地方性法规和规章。依法经营，既要求企业内部生产经营活动应当依法进行，其外部的经营活动，也要依法进行，要按照市场规则平等开展竞争，维护健康有序的市场秩序。除应遵守本条规定的相关法律、法规，还要遵守其他本条没有列举的有关法律、法规的规定。例如，应当遵守《民法总则》的规定，民事主体从事民事活动，应当有利于节约资源、保护生态环境；应当遵守《反不正当竞争法》的规定，经营者在市场交易中，应当遵循自愿、平等、公平、诚实信用的原则，遵守公认的商业道德，经营者不得采用不正当手段从事市场交易，损害竞争对手，等等。

二、遵守相关法律、法规的义务

企业从事生产经营活动过程中，应当遵守法律、法规的规定。这里讲的法规，包括行政法规和地方性法规。本条列举了一些企业生产经营活动中比较突出的、特别要遵守的一些重要方面的法律、法规。这些方面包括：一是关系到职工人身安全、社会保障等劳动者的基本权利；二是涉及环境保护，关系到对企业外部环境以及对社会的影响；三是质量标准方面，这是关系到消费者人体健康和人身安全的重要方面；四是知识产权和财政税收方面。

1. 劳动用工。主要涉及《劳动法》《劳动合同法》《就业促进法》等法律、法规。《劳动法》，指调整劳动关系以及与劳动关系有密切联系的其他社会关系的法律，包括劳动者的主要权利和义务的规定；劳动就业方针政策及录用职工的规定；劳动合同的订立、变更与解除程序的规定；集体合同的签订与执行办法；工作时间与休息时间制度;劳动报酬制度;劳动卫生和安全技术规程等。《劳动合同法》是具体规范劳动合同制度的法律,包括劳动合同的订立、履行、变更、解除和终止,集体合同、劳务派遣、非全日制用工等内容。除此以外,还要遵守《劳动合同法实施条例》的规定。

2. 安全生产。主要涉及《安全生产法》《矿山安全法》等。《安全生产法》是加强安全生产工作,防止和减少生产安全事故,保障人民群众生命和财产安全的一部法律,于 2002 年 6 月制定,分别于 2009 年 8 月和 2014 年 8 月进行了修正,主要规定了生产经营单位的安全生产保障、从业人员的安全生产权利义务、安全生产的监督管理、安全生产事故的应急救援与调查处理及违反该法的法律责任。企业同时还应遵守相关的行政法规。企业要严格按照法律、法规的规定,做好安全生产工作,防止生产安全事故的发生。

3. 职业卫生。主要涉及《职业病防治法》。这是 2001 年 10 月制定的,并分别于 2011 年 12 月和 2016 年 7 月进行了两次修正。《职业病防治法》主要规定了职业病的前期预防、劳动过程中的防护与管理、职业病诊断与职业病病人保障以及监督检查和法律责任。企业要按照法律、法规的规定,做好职业病预防,并保障职业病病人的合法权益。

4. 社会保障。主要指《社会保险法》及《工伤保险条例》、《住房公积金管理条例》等法律、法规。企业应当按照《社会保险法》及有关行政法规的规定,为职工缴纳养老保险、工伤保险、医疗保险、失业保险以及住房公积金等。

5. 资源环境。主要指企业应当遵守《环境保护法》《海洋环境保护法》《水污染防治法》《大气污染防治法》《固体废物污染环境防治法》《环境噪声污染防治法》《放射性污染防治法》等环境保护方面的法律和《水法》《森林法》《草原法》等保护资源方面的法律以及相关的行政法规。企业应当按照法律的规定，保护资源环境，防治污染。

6. 质量标准。主要涉及《产品质量法》《标准化法》《药品管理法》《农产品质量安全法》等。企业应当按照法律的规定，保证产品质量。

7. 知识产权。主要涉及《商标法》《专利法》《著作权法》等。企业应当按照法律的规定保护自有知识产权，同时，也不得侵犯他人的知识产权。

8. 财政税收。主要涉及《个人所得税法》《企业所得税法》《车船税法》《税收征收管理法》等。企业应当按照法律规定，依法纳税。

市场经济是法制经济，也是诚信经济，法律素质是企业及其经营者、从业人员的基本素质。企业要做到诚信为本、守法经营，必须不遗余力地加强法制教育，增强企业主和经营管理人员、从业人员的法治观念，提高法律素质。

三、遵循诚信原则

诚信原则，是指当事人在市场活动中应讲信用，恪守诺言，诚实不欺，在追求自己利益的同时不损害他人和社会利益，要求民事主体在民事活动中维持双方的利益以及当事人利益与社会利益的平衡。我国《民法总则》规定，民事主体从事民事活动，应当遵循诚信原则，秉持诚实，恪守承诺。诚信是人们社会经济活动的基本道德准则。在商品经济条件下，常常发生双方利益及双方与社会一般公共利益的冲突，而诚信原则，就在于谋求利益的平衡。实践中，一些中小企业不守信用，导致金融机构不愿意贷款给中小企业，这也是中小企业融资难的原因之一。因此，中小企业应当遵循诚信原则,以赢得尊重、赢得信任。

四、规范内部管理,提高经营管理水平

企业要在激烈的市场竞争中持续发展,做大做强,归根结底还是要提高企业自身素质及其经营管理水平。现代企业的一个重要标志就是企业管理的规范化和制度化。实践中,一些中小企业管理不规范,制度不健全,没有竞争力,制约了中小企业的发展。因此,本法要求企业要规范内部管理,提高经营管理水平。要推动中小企业建立现代企业制度,规范企业产权制度、治理结构和管理制度。引导中小企业树立现代企业经营管理理念,加强财务、质量、安全、用工、风险等基础管理,强化精益管理、现场管理,鼓励中小企业利用信息化手段提高管理水平,降本增效。推动中小企业管理创新。鼓励有条件的中小企业积极开展管理创新,及时总结经验,积极参加全国和地方企业管理现代化创新成果申报活动。加强管理创新实践和创新成果推广,鼓励和引导中小企业学习和借鉴国内外先进管理经验,提升管理水平。

五、不得损害劳动者合法权益,不得损害社会公共利益。这是企业要遵守的一项义务。企业必须严格执行有关法律法规,维护劳动者的合法权益。主要体现在依法用工,依法签订劳动合同,安全生产,做好职业病的预防,依法为劳动者缴纳各种社会保险。企业同时也要维护社会公共利益。所谓社会公共利益,是指社会上大多数成员的利益,而不是哪一个单位、部门或者集团的利益,更不是某个个人的利益。社会公共利益具有广泛性和群众性。对社会公共利益的维护,将有利于公众的生活、生产、学习和工作,对社会公共利益的破坏将影响到广大群众的生产、生活与学习,给公众带来不便等。在我国,一般认为社会公共利益主要包括两大类，即公共秩序与公共道德两个方面。具体到企业，主要需遵守有关安全生产、环境保护、产品质量等方面的法律、法规。这些同时也是企业要履行的社会责任。企业要提升依法经营的能力，增强以合法途径维护企业、员工合法权益的能力，履行法律规定的义务。要履行社会责任，积极承担社会责任有利于树立企业良好的社会形象，从而赢得信誉、赢得市场，最终实现更强更稳的发展。

第五条　国务院制定促进中小企业发展政策，建立中小企业促进工作协调机制，统筹全国中小企业促进工作。

国务院负责中小企业促进工作综合管理的部门组织实施促进中小企业发展政策，对中小企业促进工作进行宏观指导、综合协调和监督检查。

国务院有关部门根据国家促进中小企业发展政策，在各自职责范围内负责中小企业促进工作。

县级以上地方各级人民政府根据实际情况建立中小企业促进工作协调机制，明确相应的负责中小企业促进工作综合管理的部门，负责本行政区域内的中小企业促进工作。

【释义】 本条是关于中小企业促进工作管理体制的规定。

一、国务院的职责

按照本条第一款的规定，国务院制定促进中小企业发展政策，建立中小企业促进工作协调机制，统筹全国中小企业促进工作。一是制定政策。自 2009 年以来，国务院制定了一系列促进中小企业发展的政策，包括 2009 年制定的《关于进一步促进中小企业发展的若干意见》、2012 年制定的《关于进一步支持小型微型企业健康发展的意见》、2014 年制定的《关于扶持小型微型企业健康发展的意见》等。二是建立协调机制。2009 年,为加强对促进中小企业发展工作的组织领导和政策协调,国务院成立了促进中小企业发展工作领导小组,由时任国务院副总理张德江同志担任领导小组组长,工业和信息化部、国家发展改革委等 17 个部门负责同志为成员,成员单位有财政部、发展改革委、科技部、人力资源社会保障部、农业部、商务部、中国人民银行、银监会等。2013 年,新一届政府组建后,国务院决定继续保留领导小组并调整了组成人员,由国务院副总理马凯同志任领导小组组长,新增加文化部为成员单位,成员单位增至 18 个,领导小组办公室设在工业和信息化部,承担领导小组的日常工作,负责研究提出促进中小企业发展的政策建议,督促落实领导小组议定事项,承办领导小组交办的其他事项。按照国务院《关于进一步促进中小企业发展的若干意见》,领导小组要加强对中小企业工作的统筹规划、组织领导和政策协调。

二、国务院负责中小企业促进工作的部门及其职责

1. 按照本条第二款的规定,中小企业促进工作,由国务院负责中小企业促进工作综合管理的部门具体负责。具体讲就是指工业和信息化部中小企业局。中小企业促进工作的主管部门有其历史沿革。党中央、国务院高度重视中小企业和非公有制经济的发展,先后就促进中小企业发展作出一系列决策部署。1998 年,在原国家经贸委设立了中小企业司,承担中小企业发展的宏观指导;2003 年,中小企业司整建制划转到国家发展改革委,并增加了非国有经济的职能;2008 年,按照大部制改革的要求,中小企业司又整建制划转到工业和信息化部;2015 年,按照中央编办关于工业和信息化部职责和机构调整的批复,中小企业司更名为中小企业局。由于负责中小企业促进工作的中小

企业局是工业和信息化部的内设司局，且历经几次改革，考虑到改革总是在不断进行中，本法未将主管部门的表述固定化，而是表述为负责中小企业促进工作综合管理的部门。

2. 国务院负责中小企业促进工作综合管理的部门的职责。按照本条规定，其职责是组织实施促进中小企业发展政策，对中小企业促进工作进行宏观指导、综合协调和监督检查。一是组织实施政策。国务院出台了许多促进中小企业发展的政策，这些政策涉及多个部门，不是工业和信息化部一个部门能落实的，要由工业和信息化部具体组织各有关部门实施这些政策，包括拟订相关政策措施等。二是宏观指导。中小企业促进工作由多个部门承担，各个部门有各自的职责，工业和信息化部主要是对中小企业促进工作在宏观上进行指导。三是综合协调。中小企业促进工作涉及方方面面，工业和信息化部承担综合性的协调性工作，协调解决有关重大问题，协调各个部门的工作。四是监督检查。工业和信息化部依法对本法的执行情况进行监督检查。

三、国务院有关部门的职责

按照本条第三款的规定，国务院有关部门根据国家促进中小企业发展政策，在各自职责范围内负责中小企业促进工作。中小企业促进工作涉及面广，涉及的部门多。例如，财税支持方面，涉及财政部门、税务部门；融资促进方面，涉及中国人民银行、国务院银行业监督管理机构等；其他方面还涉及人力资源部门、科技部门等。此外，中小企业按照不同行业，还有相应的行业管理部门。这些部门应当根据国家促进中小企业发展的政策，按照职责分工，在各自职责范围内负责相应的中小企业促进工作。

四、地方各级政府的职责

按照本条第四款的规定,县级以上地方各级人民政府根据实际情况建立中小企业促进工作协调机制,明确相应的负责中小企业促进工作综合管理的部门,负责本行政区域内的中小企业促进工作。调研中,一些地方的同志反映,2003 年以来,地方中小企业促进工作的管理体制存在弱化趋势。据了解,目前各地方负责中小企业促进工作的部门设置情况不完全一样。根据 2007 年国家发展改革委中小企业司时期的统计情况,当时各省的中小企业主管部门多数是正厅级或副厅级,层级设置普遍较高。此后,地方机构改革陆续进行,很多地方中小企业管理部门的层级出现了不同程度的下降。目前,全国省级中小企业主管部门可以分为四种情况:一是成立正厅级的中小企业发展促进局,作为市人民政府直属机构,如天津。二是设立副厅级的中小企业局。包括山西、山东、河南、广东等 9 个省。其中部分省是由省经信委管理的副厅级局,部分省是省经信委(工信委)内设的副厅级局。三是在经信委(工信委、工信厅)加挂中小企业局牌子。四是在工信主管部门设立中小企业处(局、办)以及相关处室,负责中小企业工作。一些地方的同志提出,由于管理体制不是很明确,且呈弱化趋势,对中小企业促进工作影响很大,建议进一步明确地方一级的管理体制。本条就是针对实践中地方管理体制不明确等情况而作出的规定。本条规定的根据实际情况建立中小企业促进工作协调机制,指的是不强制要求地方都要建立协调机制,即成立领导小组,而是由各地方根据本地区的实际情况决定是否建立协调机制。本条规定的明确相应的管理部门,是指县级以上地方各级人民政府必须要明确一个部门具体负责中小企业促进工作的综合管理。本法实施以后,没有明确管理部门的地方，应当按照本法规定明确相应的部门，负责本行政区域内的中小企业促进工作。

第六条 国家建立中小企业统计监测制度。统计部门应当加强对中小企业的统计调查和监测分析，定期发布有关信息。

【释义】 本条是关于对中小企业实行统计监测的规定。

一、国家建立中小企业统计监测制度

统计是人们为了认识、研究客观现象，对其数量特征进行搜集、整理和分析的活动。对中小企业实行统计监测，从而了解中小企业的运行状况很有必要。国家推动建立和完善中小企业的分类统计、监测、分析和发布体系，逐步建立中小企业市场监测、风险防范和预警机制。利用互联网、大数据等手段，及时了解中小企业运行和发展情况，对中小企业发展态势及时进行研判、科学预警，从而为研究制定和完善促进中小企业发展的政策和决策提供基础支撑。通过健全中小企业信息统计和监测系统，规范统计范围和口径，加强对各项统计数据的研究分析，便于及时掌握中小企业生产经营状况和发展趋势。这些数据为领导决策提供了及时、准确的参考依据，有关部门也通过数据了解了中小企业的发展状况，可以切实帮助中小企业解决生产经营中的困难和问题。

二、统计部门的职责

按照本条规定，统计部门应当加强对中小企业的统计调查和监测分析，定期发布有关信息。包括三个方面的职责：一是统计调查。这里讲的统计调查，是指按照统计调查制度规定的调查目的、调查内容、调查方法、调查组织方式等，向统计调查对象搜集原始统计资料的活动。二是监测分析。统计部门对于通过统计调查取得的信息应当进行分析。统计分析，是指运用统计分析方法和技术手段，对已经取得的原始统计资料，进行深入、系统地整理和研究，以获得反映中小企业发展情况及其发展趋势数据资料的活动。三是定期发布信息。为了使有关部门和企业事业单位能够及时了解统计信息，统计信息应当及时发布。同时为了做到准确、及时地发布统计信息，发布统计信息要遵守统计法及其他有关法律、行政法规以及国务院关于统计资料公布权限、程序、要求、期限等的规定。县级以上地方人民政府统计机构在公布统计信息时，还应当遵守地方性法规和本级政府规章的规定。统计信息要定期发布。政府的统计机构定期公布统计资料已经形成制度，如每年按时发表国民经济和社会发展统计公报；按时出版统计年鉴、统计月报等；定期召开新闻发布会，及时公布年度、季度、月度社会经济发展情况等。统计部门要建立和完善对中小企业的分类统计、监测、分析和发布制度，加强对规模以下企业的统计分析工作。

第七条　国家推进中小企业信用制度建设，建立社会化的信用信息征集与评价体系，实现中小企业信用信息查询、交流和共享的社会化。

【释义】　本条是关于推进中小企业信用制度建设及相关措施的规定。

一、国家推进中小企业信用制度建设

市场经济是信用经济，良好的信用对经济发展至关重要。对于企业而言，良好的信用是市场竞争的通行证，是企业宝贵的无形资产。企业信用制度建设是现代市场经济正常运行的必要条件，完善的企业信用体系可以提高经济活动效率，减少交易费用和机会成本,有利于政府宏观调控目标的实现。企业信用体系建设是整个社会信用体系建设的重中之重。中小企业在我国经济发展中占有重要的地位。它们在扩大就业、活跃市场、增加收入、维护社会稳定以及形成合理的国民经济结构方面起着大企业难以替代的作用。因此,大力发展我国中小企业对拉动内需、保持国民经济的稳定增长具有极其重要的意义。而融资难是当前困扰中小企业发展的主要障碍,中小企业融资难的原因是多方面的,除企业自身的原因之外,“中小企业征信体系不健全”是重要原因之一。对中小企业信用状况的调查了解比较困难,缺乏权威的征信系统可以参考。企业及企业主的信用状况对评价一笔贷款业务起着重要的作用,商业银行往往将其作为贷款评判标准之一。但目前我国尚未建立较为完善的包括企业及企业主在内的社会信用体系,特别是针对数量众多的中小企业,缺乏权威的征信系统,导致商业银行在提供中小企业融资服务时,不得不通过自身力量去调查核实大量的中小企业或企业主的信用状况,不仅难度很大,时间很长,而且实际上也很难获得中小企业或企业主的真实的信用状况,增加了商业银行中小企业融资的风险,在一定程度上也降低了商业银行对中小企业融资的意愿,使得商业银行融资速度变得缓慢。中小企业信用制度建设,是破解中小企业融资难的关键所在。因此,加强中小企业信用制度建设既迫切,也非常重要。我国中小企业的信用意识普遍较弱,在信用方面存在的问题也比较多。因此,本法明确规定,国家推进中小企业信用制度建设。中小企业信用制度建设主要包括:一是建立征信体系。二是建立交换体系,即共享。三是针对中小企业信用的惩戒机制不完善,建立失信惩戒机制。四是教育,有关方面要加强教育宣传。要教育广大中小企业树立信用意识，加强信用管理，重塑中小企业信用形象，为中小企业信用体系的构建打下一个坚实的基础，为社会主义市场经济的运行营造良好的信用环境。

二、建立社会化的信用信息征集与评价体系

所谓信用，指资金和信誉，是履行经济责任的能力及其可信任程度。实践中，中小企业的信息较为分散，难以集中采集；中小企业有的财务管理不规范，没有财务报表；有的财务信息不透明、经营运行暗箱操作，这些都是制约中小企业信用体系建立的重要方面。要解决这些问题，需要建立信用信息的征集与评价体系。企业信用信息征集，是企业信用体系建设的基础。企业征信是指在对企业的信用记录、经营水平、财务状况、所处外部环境等诸因素进行分析研究的基础上，就其信用能力（主要是偿债能力及其可偿债程度）所作的综合评价。在形式上表现为对履约能力及其可信程度所进行的一种综合分析和测定。在我国，对信用的评价通常采用对信用状况的五性分析，包括安全性、收益性、成长性、流动性和生产性。通过五性分析，就能对资信状况作出客观的评价。评价体系包括信用评价指标、信用评价方法、信用评价流程等。要建立中小企业商业信誉评估系统，推进信息的收集和分享。通过信息分享来改变银行与企业之间信息不对称的局面。因此有必要建立中小企业征信系统，设立社会信用调查和评估等评级机构，采取措施维护和管理信用秩序等，为商业银行支持中小企业融资提供有利条件。本条强调信用信息征集和评价体系的社会化，是指信用信息征集与评价，不应全部都由政府来承担，要实行社会化。要坚持“政府推动、市场运作”的原则，主要依靠市场的力量。目前，已经有一些民营的征信机构，承担对中小企业信用信息的采集与评价工作。

三、信用信息的查询、交流与共享

推进中小企业信用制度建设,可以依托全国信用信息共享平台,推动建立中小企业信用信息共享机制。全国企业信用信息公示系统(国家企业信用信息公示系统)已于2014年2月上线运行。公示的主要内容包括:市场主体的注册登记、许可审批、年度报告、行政处罚、抽查结果、经营异常状态等信息。通过公示系统可以查询企业的信用信息。国家发展改革委已经建立了全国信用信息共享交换平台,通过这个平台,可以实现企业信用信息的交流和共享。通过统一的信用信息平台,汇集工商注册登记、行政许可、税收缴纳、社保缴费等信息,推进小型微型企业信用信息共享,促进小型微型企业信用体系建设。在实现中小企业信用信息查询、交流和共享的同时,最终要实现社会化,即要加强中小企业信用信息查询、交流和共享的社会化服务。国家鼓励各类平台畅通与银行业金融机构间的信用信息渠道,便于金融机构对中小企业进行评级及授信。

第二章　财税支持

第八条　中央财政应当在本级预算中设立中小企业科目，安排中小企业发展专项资金。

县级以上地方各级人民政府应当根据实际情况，在本级财政预算中安排中小企业发展专项资金。

【释义】 本条是关于设立中小企业发展专项资金的规定。

一、中小企业发展专项资金的基本情况

2002 年 6 月通过的《中小企业促进法》，确立了中小企业发展专项资金的法律地位。根据《中小企业促进法》，2003 年中央财政预算增设中小企业科目，设立了中小企业发展专项资金。从 2004 年起，中央财政每年安排专项资金，支持中小企业技术进步、结构调整、专业化发展，改善中小企业服务环境等。2004 年至 2013 年的 10 年间，中央财政累计安排中小企业发展专项资金 87 亿元。

2014 年，财政部按照国务院规范中央对地方专项转移支付要求，会同有关部门将中小企业信用担保资金、地方特色产业中小企业发展资金、西藏及四川、云南、甘肃、青海四省藏区中小企业发展创业资金、科技型中小企业技术创新基金、科技型中小企业创业投资引导基金、中欧中小企业节能减排科研合作资金等统一整合，纳入中小企业发展专项资金，当年下达专项资金预算 116 亿元，用于支持中小企业科技创新、改善中小企业融资环境、完善中小企业服务体系、加强国际合作等。

2015年，财政部在2014年相关资金整合基础上，对中小企业发展专项资金进行改革，改革财政资金使用方式，减少职能交叉造成的资金使用重叠现象，统筹归并分散于各部门的中小企业扶持资金，形成合力，加大对中小企业创业、创新、融资以及社会化服务的支持力度。修订印发了《中小企业发展专项资金管理暂行办法》（财建〔2015〕458号），集中资金支持开展"小微企业创业创新基地城市示范"工作。

2015年，中央财政安排专项资金117亿元，除按合同约定兑付收尾项目资金外，专项资金70%以上用于支持开展"双创示范"。国务院财政、工信、科技、商务、工商五部门通过公开竞争选拔，将上海浦东新区等15个城市（区）纳入首批示范名单。为切实发挥示范带动作用，形成可复制、可推广的经验，15个城市设立了绩效目标，以创业创新基地为载体，为小型微型企业提供创业创新空间，改进公共服务，对接创业担保贷款贴息等政策措施，推动商事制度改革等体制机制创新，为小型微型企业健康发展营造良好的政策环境和制度环境。目前，"双创示范"工作进展顺利，政策效果不断显现。

2016年，中央财政安排专项资金87亿元，加大对"双创示范"工作的支持力度，扩大示范政策效应。五部门通过公开竞争选拔，将北京昌平区、重庆九龙坡区等15个城市（区）纳入第二批示范名单。中央财政除了对首批"双创示范"城市继续予以支持外，还按既定标准安排专项资金50多亿元用于支持第二批示范城市推进各项工作，让更多的小型微型企业享受到国家政策扶持，更好地促进创业和创新。总的看来，中央财政安排专项资金有效地推动了中小企业创新发展和结构调整，缓解了部分中小企业融资难等问题，成效较为显著。

2016年12月30日，财政部修订印发了新的《中小企业发展专项资金管理办法》，对中小企业发展专项资金的管理使用进一步作出规范。

二、中央一级中小企业发展专项资金

中央一级的中小企业发展专项资金，是指中央财政预算安排用于优化中小企业发展环境、引导地方扶持中小企业发展及民族贸易、少数民族特需商品定点生产企业发展的资金。中央一级中小企业发展专项资金旨在引领带动地方积极探索政府扶持中小企业的有效途径，支持改善中小企业发展环境，加大对薄弱环节的投入，突破制约中小企业发展的短板与瓶颈，建立扶持中小企业发展的长效机制。

三、地方中小企业发展专项资金

实际中，各地方特别是省一级的地方政府，基本上都结合本地区实际情况，在财政预算中安排不同规模的中小企业发展专项资金。如2014年5月23日出台的《天津市促进中小企业发展条例》明确规定，市人民政府应当每年在财政预算中安排一定比例的资金，作为中小企业发展专项资金，重点用于中小企业服务体系、公共服务平台、信用担保体系建设和信息咨询、管理培训以及促进中小企业结构调整等事项。地方中小企业发展专项资金的设立、管理和使用，由各地方人民政府根据本地实际情况，在遵循财政资金基本管理要求的前提下，自主安排资金规模、确定支持范围等。地方设立的中小企业发展专项资金，也要体现政策导向，增强针对性、连续性和可操作性，突出资金使用重点，加大对中小微企业孵化园、科技孵化器、商贸企业集聚区等建设的支持力度。

实践中需要注意的是，除了中小企业发展专项资金外，各级人民政府财政安排的专项资金还有其他形式，如节能专项资金、就业专项资金、可再生能源发展专项资金等，如果中小企业及相关单位、机构符合申请这些资金的相应条件，也可以按规定享受相关的专项资金支持。

第九条　中小企业发展专项资金通过资助、购买服务、奖励等方式，重点用于支持中小企业公共服务体系和融资服务体系建设。

中小企业发展专项资金向小型微型企业倾斜，资金管理使用坚持公开、透明的原则，实行预算绩效管理。

【释义】　本条是关于中小企业发展专项资金使用和管理的规定。

一、中小企业发展专项资金的支持方式

中小企业发展专项资金的支持对象，按照政府机构、事业单位和企业等分类；根据支持内容的不同视情况采取不同的支持方式，主要包括资助、购买服务、奖励等形式。

1. 资助。根据减少直接补贴的要求，目前中小企业发展专项资金的资助往往不直接拨付给企业，而是通过对创新城市示范等的资助，提升中小企业的创业创新环境。中小企业间接接受专项资金的支持。之所以尽量减少专项资金对具体中小企业点对点的无偿资助，主要是这种方式容易导致中小企业趁机套利，也与财政资金应减少直接补贴的方向不符。

2. 购买服务。以购买公共服务的方式支持中小企业，主要是指通过发挥市场机制作用，把政府直接提供的一部分公共服务事项以及政府履职所需的服务事项，按照一定的方式和程序，交由具备条件的社会力量和事业单位承担，并由政府根据合同约定向其支付费用。在购买服务过程中，实行政府采购、合同管理、绩效评价、信息公开。随着服务型政府的加快建设和公共财政体系的不断健全，政府购买公共服务将成为政府为中小企业提供公共服务的重要方式。

3. 奖励。关于专项资金以奖励方式促进中小企业发展，近年来比较普遍实行的是“以奖代补”，即将中小企业专项资金中的一部分和奖励经费统筹管理，以奖励的方式进行分配的一种办法。具体做法是，中小企业发展专项资金不再直接补贴到具体的企业和单位，而是对符合相关产业政策的中小企业、相关项目以及中小企业促进工作业绩突出的单位、机构进行奖励，以点带面，突出政策引导，激发企业创新动力和有关单位开展中小企业促进工作的积极性，最大限度地发挥专项资金使用效能。

二、中小企业发展专项资金的支持范围

在国家层面，由财政部会同工业和信息化部、科技部、商务部、国家工商行政管理总局等部门确定专项资金支持重点。财政部会同相关部门根据国家促进中小企业发展的决策部署适时适当调整专项资金支持的重点领域，并通过发布工作指南等组织实施。中小企业发展专项资金支持范围主要有以下几个方面：

1. 对小型微型企业创业创新基地城市示范的支持。各地申请小型微型企业创业创新基地城市示范，由省级财政部门会同同级相关部门向财政部等部门申报。申报城市应按照工作指南要求编制实施方案，财政部会同工业和信息化部、科技部、商务部、国家工商行政管理总局等部门按照工作指南明确的程序组织竞争性评审，确定示范城市。财政部负责确定示范期内对示范城市的资金支持总额，并根据资金需求、预算安排进度要求、管理绩效等因素分年拨付。工业和信息化部、科技部、商务部、国家工商行政管理总局等部门按照各自职责指导小型微型企业创业创新基地城市示范工作。

2. 对中小企业参加重点展会、完善中小企业公共服务体系、中小企业创新活动、融资担保及国内贸易信用保险等的支持。由省级财政、工信、科技、商务、工商行政管理等部门引导小型微型企业创业创新基地示范城市加大对重点工作的支持，推动示范城市积极开展先行先试，发挥好示范带动作用；具备条件的工作由财政部分别会同工业和信息化部、科技部、商务部、国家工商行政管理总局等部门专项组织实施，不断扩大中小企业受益范围，切实提高各专项工作的针对性和有效性。

3. 对其他促进中小企业发展的工作的支持。整合后的中小企业发展专项资金，在继续保持对原有各类专项领域的支持外，还应对其他促进中小企业发展的工作予以支持，如支持中小企业培训体系、管理咨询体系建设以及信息化建设等方面。

三、中小企业发展专项资金的支持重点

中小企业发展专项资金的支持重点，是公共服务体系和融资服务体系建设。根据改革要求，财政部门逐步取消竞争性领域专项资金投入，专项资金不再点对点支持个别企业和个别项目，因此中小企业发展专项资金应重点用于公共服务体系和融资服务体系建设，为中小企业创造良好的发展环境。

1. 公共服务体系。本法第七章对服务措施作出规定，其中包括国家建立健全社会化的中小企业公共服务体系，建立和完善中小企业公共服务机构，鼓励包括社会机构在内的各类服务机构为中小企业提供各种服务。公共服务体系建设是中小企业发展专项资金的支持重点。各级财政应统筹安排各类服务于中小企业发展的资金,创新资金投入方式,对中小企业公共服务体系等薄弱环节予以支持。

2. 融资服务体系。对于中小企业融资服务体系建设,主要通过设立融资担保基金等市场化方式予以支持。在推动建立普惠性的金融服务体系时,各级财政可以为中小企业加强财务等基础管理提供服务,解决融资难问题。实际中,中小企业的融资成本在利息之外,还有财务手续费、抵押费、评估费、审计费等大量附加成本,可以通过政府购买审计、评估、担保等专业服务,减轻中小企业融资成本负担。也可以将部分中小企业发展专项资金用于投资设立中小企业融资担保公司、设立政府性担保基金、对中小企业投保国内贸易信用保险等给予一定补偿。

四、中小企业发展专项资金的管理使用

1. 向小型微型企业倾斜。此次修订《中小企业促进法》,一个重要的方向就是加强对小型微型企业的积极扶持。中小企业发展专项资金作为财政支持的重要手段,应当在实际使用过程中重点向小型微型企业倾斜。在这一原则要求下,各级财政部门和具体管理使用专项资金的部门、机构应当在确定支持范围、评审发放等环节体现对小型微型企业的倾斜。

2. 公开、透明原则。所有使用财政资金的部门,原则上都要公开预决算。中小企业发展专项资金的管理应当遵循公开透明、公平公正、突出重点、加强监督的原则,实行专款专用、专项管理,确保资金使用规范、安全和高效。专项资金项目的确定要积极征求利益相关群体的意见，实行联合会审、专家评审等制度，建立科学的决策和筛选机制。除了遵守财政管理的有关要求外，还要定期向社会公开情况，确保专项资金的管理使用在阳光下运行。

3. 关于预算绩效管理。要根据预算确定的绩效目标，将中小企业发展专项资金的审批、分配、监督检查与绩效评价紧密结合，建立科学化、精细化的监管制度，提高财政专项资金的经济效益和社会效益。在中央层面，由财政部负责专项资金的预算管理和资金拨付，并对专项资金的管理情况和实施效果等开展预算监管和绩效管理。财政部会同相关部门建立定期评价和退出机制，根据实际工作需要组织开展绩效评价，并加强绩效评价结果的应用。财政部会同相关部门加强预算监管，对监管发现的问题及时督促整改，对违反规定截留、挤占、挪用专项资金的行为，依照《财政违法行为处罚处分条例》规定处理。地方财政部门应会同同级相关部门制定专项资金管理实施细则，对预算监管和绩效管理作出规定。

第十条　国家设立中小企业发展基金。国家中小企业发展基金应当遵循政策性导向和市场化运作原则，主要用于引导和带动社会资金支持初创期中小企业，促进创业创新。

县级以上地方各级人民政府可以设立中小企业发展基金。

中小企业发展基金的设立和使用管理办法由国务院规定。

【释义】　本条是关于中小企业发展基金的规定。

一、国家中小企业发展基金的基本情况

2002 年 6 月通过的《中小企业促进法》，对国家设立中小企业发展基金以及基金的组成、用途等事项作出规定。此后，国务院和有关部门陆续发布文件，对国家中小企业发展基金的设立和基金用途提出要求。如《国务院关于进一步促进中小企业发展的若干意见》（国发〔2009〕36号）提出，加快设立国家中小企业发展基金，发挥财政资金的引导作用，带动社会资金支持中小企业发展。《国务院关于进一步支持小型微型企业健康发展的意见》（国发〔2012〕14号）对国家中小企业发展基金的来源、规模等作出规定。

2015年9月1日，国务院第104次常务会议决定设立总规模为600亿元的国家中小企业发展基金。其中，中央财政出资150亿元，通过发挥杠杆作用和乘数效应，吸引民营和国有企业、金融机构、地方政府等共同参与，用市场化的办法，重点支持种子期、初创期成长型中小企业发展。2015年9月11日，国务院印发《国务院关于国家中小企业发展基金设立方案的批复》（国函〔2015〕142号）。根据这一批复，国家中小企业发展基金正式设立。

2015年12月2日，国家中小企业发展基金理事会召开成立大会暨第一次会议，成立了基金理事会。会议表决产生了基金理事会理事长、副理事长及理事会秘书人选，审议通过了基金理事会及理事会办公室工作规则，原则通过了首期基金设立方案。12月3日，财政部、工业和信息化部联合召开了国家中小企业发展基金工作会议会后，按照基金工作会议和理事会第一次会议要求，基金理事会启动了地方首支实体基金设立工作。经过各省市申报推荐、专家评审和答辩等环节，选定深圳市创新投资集团有限公司组建专职基金管理团队，负责首支实体基金的设立、募资、管理等事项。2015年12月25日，国家中小企业发展基金首支实体基金“中小企业发展基金（深圳有限合伙）”

在广东深圳完成注册设立。

2016年1月29日，财政部与工业和信息化部在深圳联合召开了中小企业发展基金（深圳有限合伙）成立会，签署了基金实体合伙协议及首批投资项目协议，首支实体基金正式启动运营。目前，财政部、工业和信息化部、科技部、国家发展改革委、国家工商行政管理总局五部门正在加紧推进后续子基金的设立工作，争取尽快推进相关基金的设立工作，积极发挥基金对中小企业的支持作用。

二、国家中小企业发展基金的运作原则

国家中小企业发展基金的运作方式，按照“落实国家战略、构建多元架构、实行市场运作、扩大惠及范围”的原则，实行所有权、管理权和托管权相分离，基金的发起设立、投资管理、到期退出均按照市场化原则操作。基金设立理事会，主要负责引导和监督，不干预基金的市场化运作。

1. 政策性导向。为落实国家战略，在国家中小企业发展基金的管理运作过程中，中央财政出资不以利润最大化为目的，通过适当让利等机制广泛吸引社会资本共同支持中小企业创业创新、不断做大做强，促进经济增长和扩大就业，落实党中央、国务院关于促进中小企业发展的决策部署。

2. 市场化运作。中小企业发展基金实行市场化运作。基金的发起设立、投资管理、到期退出均按商业化原则操作，实行所有权、管理权、托管权分离，设立理事会进行引导和监督，通过公开招标选择若干具备专业能力的基金管理机构负责运行管理。中小企业发展基金实体也实行市场化运作。根据基金合伙人协议合法经营，按规定向出资人报告基金运作情况，维护出资人权益，实现约定目标。基金重大投资事项必须通过协议约定的机制进行决策，确保实现国家政策目标；一般投资事项由基金实体内设的投资决策委员会决策。

三、国家中小企业发展基金的来源及主要用途

1. 基金来源。根据国家中小企业发展基金的设立方案，目前中央财政通过整合资金出资150亿元，通过制定优惠政策吸引社会资本共同出资组建若干基金实体，使基金总规模达到600亿元。单只基金实体中国家出资比例不高于35%。基金不断创新机制，通过多次放大，最终达到8～10倍以上的乘数效应。根据基金运行情况和实际需要，在风险可控的前提下，可整合部门资金适当增加中央财政投入。为实现国家战略意图和市场机制相统一，基金主要吸引的社会出资人包括：一是有实力的民营企业；二是符合相关法律法规规定、有出资意愿的金融机构；三是地方政府；四是国有企业等单位。

2. 主要用途。国家中小企业发展基金主要用于引导和带动社会资金，支持初创期中小企业，促进创业创新。基金不断扩大惠及范围，投向工业、农业、科技、教育、文化等各行业领域的种子期、初创期成长型中小企业。通过创新机制、加强沟通，使各类中小企业享受到国家政策，充分调动全社会创业创新的积极性。

四、关于地方中小企业发展基金

近年来，有的地方根据中小企业促进法和国务院有关文件精神，结合本地实际需要，探索设立本地的中小企业发展基金。2013年12月27日通过的《北京市促进中小企业发展条例》，以地方性法规的形式对北京市中小企业发展基金作出规定。根据该条例，北京市的中小企业发展基金由下列资金组成：市级财政预算安排的资金、基金收益、捐赠、其他社会资金。北京市中小

企业发展基金用于下列扶持中小企业的事项：初创期、成长期小型微型企业的股权投资；中小企业短期债权融资；建立中小企业信用担保体系；中小企业融资风险补偿；基金管理办法确定的其他事项。

此外，江苏、湖北、重庆等省市，福建宁德、山东潍坊、河南开封等设区的市也先后对设立本地区的中小企业发展基金提出要求，并探索实践。此次修改《中小企业促进法》，对地方设立中小企业发展基金的实践予以肯定，并在法律上作出授权，具有积极的意义。地方可以结合本地区中小企业发展的实际，根据需要设立中小企业发展基金。

五、关于中小企业发展基金的设立和使用管理办法

修订后的《中小企业促进法》根据当前中小企业发展基金的实际，删除了原法关于基金来源和用途的规定。中小企业发展基金的设立和使用管理是一项长期、长远的工作，系统性、专业性比较强，需要制定完善的制度予以保障，增强相关行为的合法性和有关部门执行政策的协调性。要通过制定设立和管理办法，统筹基金的运转方式，规定基金的来源、使用范围、管理、申请资格和程序、法律责任、争议解决等方面的具体内容，增强相关制度的可操作性和规范性，保证基金的保值增值，更好发挥其促进中小企业发展的作用。

目前，国家中小企业发展基金设立和使用管理的依据主要是国务院和有关部门发布的文件，其中最重要的依据是 2015 年 9 月 11 日国务院印发的《国务院关于国家中小企业发展基金设立方案的批复》（国函〔2015〕142 号）。下一步，国务院及有关部门要按照法律的要求，不断完善中小企业发展基金的设立和使用管理相关规定，对中小企业发展基金涉及的相关法律

关系和活动进行规范,使中小企业发展基金的具体运作有法可依。

实践中需要注意的是,根据本法规定,地方设立中小企业发展基金不是强制性要求。地方如果根据实际需要设立中小企业发展基金,要明确基金架构和组织形式、基金投资决策机制、后续监督机制、社会资本参与和退出方式、母子基金的运行和投资方式等基金运行的基本原则。地方没有设立本地区中小企业发展基金的,可以按照有关政策规定,申请国家或者上一级人民政府设立的中小企业发展基金的支持。

第十一条　国家实行有利于小型微型企业发展的税收政策,对符合条件的小型微型企业按照规定实行缓征、减征、免征企业所得税、增值税等措施,简化税收征管程序,减轻小型微型企业税收负担。

【释义】　本条是关于小型微型企业税收优惠的规定。

一、国家有关小型微型企业的税收优惠政策

近年来,国务院及有关部门根据《企业所得税法》等有关法律、行政法规的规定,在鼓励小型微型企业创新、促进小型微型企业融资、降低小型微型企业负担等方面出台了一系列税收优惠政策。主要包括:小型微利企业减半征收企业所得税政策;研究开发费用加计扣除政策;创新型企业固定资产加速折旧政策;重点就业群体创办小型微型企业的税收优惠政策;中小企业安置残疾人等群体的税收优惠政策;投资国家鼓励项目免征进口关税政策;创业投资企业和个人投资者所得税优惠政策;小规模纳税人增值税减免;城镇土地税减免及延期缴纳政策;贷款损失准备金税前扣除;借款合同免征印花税政策等。有的税收优惠政策涉及创业、创新的，在本法相关章节中作出规定，如重点就业群体创办中小企业、创业投资企业和个人投资者可以享受的相关税收优惠政策，在“创业扶持”一章中作出规定；研究开发费用加计扣除政策和创新型企业固定资产加速折旧政策在“创新支持”一章中作出规定。2017 年，国家税务总局对具体的税收优惠政策进行梳理，在其官方网站发布了“大众创业 万众创新”税收优惠政策指引，方便广大中小企业了解和掌握。

二、税收优惠的具体方式和主要税种

本条规定税收优惠的主要对象是小型微型企业。税收优惠的具体方式，主要有缓征、减征或免征相关税收。考虑到企业所得税和增值税是当前企业需要缴纳的主要税种，本条明确列举了在这两个税种方面对企业实行优惠。例如，根据《企业所得税法》和国务院的相关政策，对小型微利企业实行减半征收所得税，对小规模纳税人实行增值税减免。实际中，还可以采取缓征相关税收的做法，阶段性减轻小型微型企业的税收负担。

1. 小型微利企业减半征收企业所得税政策。通常情况下，企业所得税的税率为 25%。《企业所得税法》规定，符合条件的小型微利企业，减按 20% 的税率征收企业所得税。符合条件的小型微利企业，是指从事国家非限制和禁止行业，并符合下列条件的企业：一是工业企业，年度应纳税所得额不超过 30 万元，从业人数不超过 100 人，资产总额不超过 3000 万元；二是其他企业，年度应纳税所得额不超过 30 万元，从业人数不超过 80 人，资产总额不超过 1000 万元。

为降低企业负担，财政部先后出台文件，对小型微利企业实行减半征收企业所得税。例如，财政部 2011 年规定，自 2012 年 1 月 1 日至 2015 年 12 月 31 日，对年应纳税所得额低于 6 万元

（含6万元）的小型微利企业，其所得减按50%计入应纳税所得额。2015年将范围扩大至年应纳税所得额低于20万元（含20万元）的小型微利企业，并将优惠政策期限延长至2017年12月31日，随后又将范围扩大至年应纳税所得额在20万元到30万元（含30万元）之间的小型微利企业。

2017年国务院的政府工作报告提出，扩大小型微型企业享受减半征收所得税优惠的范围，年应纳税所得额上限由30万元提高到50万元。2017年4月19日召开的国务院常务会议将这一优惠政策的实施期限明确为2017年1月1日至2019年12月31日。

2. 增值税减免。财政部2014年提出，自2014年10月1日起至2015年12月31日，对月销售额2万元（含本数）至3万元的增值税小规模纳税人，免征增值税；对月营业额2万元至3万元的营业税纳税人，免征营业税。2015年，财政部提出将该政策继续执行至2017年12月31日。

此外，国家还对符合条件的中小企业在关税等方面的优惠作出规定。如国务院2009年提出，中小企业投资国家鼓励类项目，除《国内投资项目不予免税的进口商品目录》所列商品外，所需的进口自用设备以及按照合同随设备进口的技术及配套件、备件，免征进口关税。国务院2014年提出，小型微型企业从事国家鼓励发展的投资项目，进口项目自用且国内不能生产的先进设备，按照有关规定免征关税。

三、关于简化税收征管程序

在我国税收征管制度形成的历史上，出于严格管理的考虑，有关部门出台了一些制度、规定和办法，对确保税收及时、规范征收曾经起到了重要作用。但随着信息化的发展和小型微型企业的不断发展，如果继续延用原来规定，会导致审批手续烦琐、流经环节多、资料重复报送、实地调查多次进行，由此产生工作效率低、办事速度慢、办税成本高等问题，增加小型微型企业的纳税成本。

近年来，随着行政审批制度改革的不断深入，国务院有关部门积极推动税收征管改革，地方在简化税收征管程序方面也进行了积极探索。例如，积极推进后台审批业务前移，探索涉税事项集中审批，搭建数据应用平台，提升涉税信息质量。实行集中办理，由办税服务厅统一受理，限时办结。只要具备所需的材料，一次办结，避免拖延。对于不符合《行政许可法》规定的行政审批事项、审批程序和时限的征管程序，加以清理纠正。对流于形式、没有实际意义的程序环节，予以摒弃，避免多头重复审核以及不必要的实地调查等程序环节。明确审批权限，落实审批责任，真正做到谁受理、谁审核，谁审批、谁负责，在审批人员权责一致的前提下，减少审批环节。对审批条件明确，不涉及税款退免以及重大责任追究的项目，下放审批层级，提高审批效率。对业务处理简单，审批条件明确，能够当场办结的事项，可由纳税服务窗口人员直接审批办理。充分发挥信息支撑作用，对数据库中能够查询或已经报送电子信息的，可简化或免于报送相关资料。

实践中需要注意的是，本法的税收优惠措施规定得比较原则，具体的操作性规定，由相关税法、国务院及有关部门的文件作出规定。本法关于税收优惠对象小型微型企业的范围，与具体税收政策中“小型微利企业”、“小规模纳税人”的关系问题，要根据实际情况予以认定。在具体税收措施的适用对象上，要执行国务院及财政部等部门出台规定的适用范围，确定相关的小型微型企业是否符合相应的税收优惠条件。同时,国家根据实际情况,逐步扩大税收优惠政策的覆盖面,加大优惠力度,提高政策透明度,并根据经济发展适时调整,保证税收优惠政策的公平性与实效性。

第十二条　国家对小型微型企业行政事业性收费实行减免等优惠政策,减轻小型微型企业负担。

【释义】　本条是关于小型微型企业行政事业性收费优惠的规定。

一、行政事业性收费

行政事业性收费,是指依照法律法规等有关规定,按照国务院规定程序批准,在实施社会公共管理,以及在向公民、法人或者其他组织提供特定公共服务过程中,向特定对象收取并纳入财政管理的费用。历史上形成的某些收费项目虽然合法合规,但不尽合理。近年来,根据国务院的改革,凡未按规定权限和程序批准的行政事业性收费项目,均一律取消,按照这一要求,已取消了一大批行政事业型收费。根据 2017 年 4 月 1 日公布的全国性及中央部门和单位行政事业性收费目录清单,目前在国家层面保留的行政事业型收费主要涉及 26 个明确列举的部门和单位,50 个收费项目;另有 1 项考试考务费,涉及多个相关部门。

二、对小型微型企业行政事业性收费的优惠措施

对确需保留的行政事业性收费,国家根据促进小型微型企业发展工作的实际需要,实行减免等优惠政策,减轻小型微型企业负担。如对于高校毕业生自主创办小型微型企业的,在一定时间内,免收管理类、登记类和证照类等有关行政事业性收费。

有的地方根据本地实际，出台了更大力度的行政事业性收费优惠政策。如山东滨州于 2015 年规定，对个体工商户、小型微型企业，自首次注册登记之日起 3 年内免收各类行政事业性收费。

第三章　融资促进

第十三条　金融机构应当发挥服务实体经济的功能，高效、公平地服务中小企业。

【释义】 本条是关于金融机构服务中小企业实体经济的规定。

一、金融机构服务实体经济的功能

近年来，金融服务实体经济的能力稳中有进。但实际中，也存在“脱实向虚”“资金空转”等乱象，使得实体经济投资回报低，金融等虚拟经济相对于实体经济出现了过度发展，资源配置出现错位，给实体经济发展带来负面影响，并直接导致了中小企业融资难、融资贵等问题。金融结构亟待调整，需改善融资结构，推动银行战略转型，实现金融供给的互补。

金融安全是国家安全的重要组成部分，是经济平稳健康发展的重要基础；维护金融安全，是关系我国经济社会发展全局的一件带有战略性、根本性的大事，防止发生系统性金融风险是金融工作的永恒主题。金融机构要回归服务实体经济和社会发展的本源，强化监管以防控金融风险，深化金融改革以优化金融结构，发挥市场在金融资源配置中决定性的导向作用。同时，要完善金融市场体系，促进金融结构的调整。加强金融支持政策体系建设，发展普惠金融，规范互联网金融。继续推进金融市场改革，以改革来促进金融反哺实体效率的提升。

二、关于金融机构高效、公平地服务中小企业

在调研中，很多中小企业反映，有的银行贷款管理制度不适应中小企业贷款需求特点，服务主动性差、贷款门槛高、手续烦琐、贷款期限短。大多数小型微型企业缺乏银行认可的房产、土地等抵押品，很难拿到贷款；即便能够获得贷款，也程序繁杂、耗时数月，最终只能拿到最多 1 年期的贷款，贷款到期续借又需“先还后贷”，再经历初次贷款同样的手续。融资成本高，贷款利率上浮、担保费、抵押登记评估费、融资顾问费等，贷款综合成本往往超过 10%。因此，本条规定要求金融机构高效、公平地服务中小企业。金融机构应当在增加中小企业客户数量、简化流程方面采取措施，提高为中小企业提供服务的效率，最大限度地覆盖中小企业的融资需求，确保中小企业能公平享受金融服务。

第十四条　中国人民银行应当综合运用货币政策工具，鼓励和引导金融机构加大对小型微型企业的信贷支持，改善小型微型企业融资环境。

【释义】　本条是关于中国人民银行支持中小企业发展的职责的规定。

一、中国人民银行的职责

中国人民银行是我国的中央银行。中国人民银行在国务院领导下，制定和执行货币政策，防范和化解金融风险，维护金融稳定。货币政策的目标是保持货币币值的稳定，并以此促进经济增长。依照相关法律、法规，中国人民银行的主要职责包括：拟订金融业改革和发展战略规划，承担综合研究并协调解决金融运行中的重大问题、促进金融业协调健康发展的责任，参与评

估重大金融并购活动对国家金融安全的影响并提出政策建议，促进金融业有序开放；依法制定和执行货币政策；制定和实施宏观信贷指导政策；完善金融宏观调控体系，负责防范、化解系统性金融风险，维护国家金融稳定与安全，等等。

二、关于货币政策工具

中国人民银行在执行货币政策过程中，可以综合运用下列货币政策工具，鼓励和引导金融机构加大对小型微型企业的信贷支持：

1. 存款准备金。即中国人民银行要求银行业金融机构按照规定的比例交存储蓄准备金。存款准备金是指金融机构为保证客户提取存款和资金清算需要而准备的在中央银行的存款，中央银行要求的存款准备金占其存款总额的比例就是存款准备金率。存款准备金率通常是由中央银行决定的。存款准备金通常分为法定存款准备金和超额存款准备金，其中法定存款准备金是按央行的比例存放，超额存款准备金是金融机构除法定存款准备金以外在央行任意比例存放的资金。

2. 利率政策。即中国人民银行确定中央银行基准利息。利率政策是我国货币政策的重要组成部分，也是货币政策实施的主要手段之一。中国人民银行根据货币政策实施的需要，适时运用利率工具，对利率水平和利率结构进行调整，进而影响社会资金供求状况，实现货币政策的既定目标。

3. 再贴现。即中国人民银行为在中国人民银行开立账户的银行业金融机构办理再贴现。再贴现是中央银行通过买进商业银行持有的已贴现但尚未到期的商业票据，向商业银行提供融资支持的行为。商业汇票是购货单位为购买销货单位的产品，不及时进行货款支付，而在法律许可的范围之内签发的、在约定期限内予以偿还的债务凭据。在一般情况下，为保证购货方到期确能偿还债务，这种债务凭据须经购货方的开户银行予以承兑，即由其开户银行承诺，若票据到期但该客户因故无力偿还该债务，则由该银行出资予以代偿。

4. 中央银行贷款。即中国人民银行向商业银行提供贷款。中央银行贷款是指中央银行动用基础货币向专业银行和其他金融机构，以多种方式融通资金的总称，是中央银行资金运用的一个重要方面，也是中央银行实施货币政策，借以控制货币供应总量的重要手段。中央银行贷款业务是中央银行的重要资产业务，中央银行贷款是高能货币，是整个社会货币供应量和信用扩张的基础，中央银行通过再贷款的资金运用方式，影响基础货币，进而影响货币供应量和信用规模，从而调控经济。

5. 公开市场业务。公开市场业务是指中央银行通过买进或卖出有价证券，吞吐基础货币，调节货币供应量的活动。即中国人民银行在公开市场上买卖国债、其他政府债券和金融债券及外汇。与一般金融机构所从事的证券买卖不同，中央银行买卖证券的目的不是盈利，而是调节货币供应量。根据经济形势的发展，当中央银行认为需要收缩银根时，便卖出证券，相应地收回一部分基础货币，减少金融机构可用资金的数量；相反，当中央银行认为需要放松银根时，便买入证券，扩大基础货币供应，直接增加金融机构可用资金的数量。

除上述货币政策工具外，中国人民银行还可以综合运用其他货币政策工具，鼓励和引导金融机构加大对小型微型企业的信贷支持，改善小型微型企业融资环境。中国人民银行综合运用货币政策工具时，可以规定具体的条件和程序。

第十五条　国务院银行业监督管理机构对金融机构开展小型微型企业金融服务应当制定差异化监管政策，采取合理提高小型微型企业不良贷款容忍度等措施，引导金融机构增加小型微型企业融资规模和比重，提高金融服务水平。

【释义】　本条是关于国务院银行业监督管理机构支持中小企业发展的职责的规定。

一、国务院银行业监督管理机构的职责

国务院银行业监督管理机构，是指中国银行业监督管理委员会，简称中国银监会，是2003年4月25日成立的国务院直属事业单位。银监会根据国务院授权，统一监督管理银行、金融资产管理公司、信托投资公司及其他存款类金融机构，维护银行业的合法、稳健运行。根据《银行业监督管理法》等法律、法规的规定，中国银监会履行下列职责：依照法律、行政法规制定并发布对银行业金融机构及其业务活动监督管理的规章、规则；依照法律、行政法规规定的条件和程序，审查批准银行业金融机构的设立、变更、终止以及业务范围；依照法律、行政法规制定银行业金融机构的审慎经营规则；对银行业金融机构的业务活动及其风险状况进行非现场监管，建立银行业金融机构监督管理信息系统，分析、评价银行业金融机构的风险状况；对银行业金融机构的业务活动及其风险状况进行现场检查，制定现场检查程序，规范现场检查行为，等等。对金融机构开展业务制定监管政策，并具体负责相关监管政策的落实，是中国银监会的重要职责。

二、关于差异化监管政策

1. 差异化监管政策

差异化监管政策，是指银监会在监管过程中，对金融机构开展的小型微型企业金融服务制定的不同于其他业务的监管政策。实际中主要是在机构业务准入、风险资产权重、存贷比管理等方面对金融机构针对小型微型企业的金融服务，实施不同于其他金融业务的差异化监管。以正向激励为导向，从业务和机构两方面采取差异化监管政策，引导金融机构将信贷资源更多投向小型微型企业。例如，在风险可控的前提下，可以按照分类指导的原则，适当放宽小型微型企业金融市场准入标准，对小型微型企业贷款余额和客户数量超过一定比例的商业银行放宽机构准入限制，允许其批量筹建同城支行和专营机构网点；支持符合条件的银行发行小型微型企业专项金融债，对商业银行发行金融债所对应的一定标准以下的小型微型企业贷款，在计算存贷比时可不纳入存贷比考核；支持金融机构实行信贷资产证券化，将资产证券化腾挪出的信贷资源主要用于小型微型企业贷款；允许商业银行将单户授信一定标准以下的小型微型企业贷款视同零售贷款计算风险权重，降低资本占用。

与大中型企业金融服务相比，小型微型企业金融服务更加考验银行的管理智慧和专业水平。在风险利率定价机制有效实行的基础上，只要做到风险可控，小型微型企业信贷的平均收益水平完全能够不低于大中型企业。特别是对中小银行而言，承接大中型企业的金融业务往往存在信息不对称、议价能力偏低等劣势，难以获得理想的风险收益。相反，小型微型企业客户群体恰恰是中小银行发挥自身优势、探索差异化发展道路的关键。当然，依法监管是金融监管权法定原则的具体体现，也是遵守公开、公平、公正原则，在向小型微型企业提供优惠政策支持的同时，也要依法维护其他市场主体利益。金融监管部门在实施差异化监管过程中，不能偏离金融监管的基本要求。

2. 合理提高不良贷款容忍度等措施

不良贷款是世界各国银行业面临的共同难题，也一直是银行业关注的热点与难点。不良贷款占商业银行贷款的比重是影响银行业发展的重要因素。贷款不良率一方面作为商业银行信贷风险的有效衡量指标，另一方面作为各商业银行在经济运行平稳下核心竞争力与盈利能力的决定因素。近年来，银监会会同国务院有关部门为缓解小型微型企业融资难，出台的差异化监管政策中，适度提高对小型微型企业贷款不良率的容忍度，一直作为一项重要的举措。适度提高小型微型企业不良贷款容忍度，并相应调整绩效考核机制，有利于调动金融机构中小型微型企业服务部门和人员的工作积极性。

与合理提高小型微型企业不良贷款容忍度密切相关的措施，是简化金融机构对小型微型企业贷款呆账核销程序等相关的差异化支持政策。呆账核销，是指金融企业按其承担风险和损失的所有资产的一定比例计提准备资金用于弥补金融企业因各种原因造成的呆账损失。国务院多次提出，进一步研究完善小型微型企业贷款呆账核销有关规定，简化呆账核销程序，提高小型微型企业贷款呆账核销效率。财政部也不断放宽商业银行对小型微型企业不良贷款的核销权，简化核销程序，降低了核销的操作成本。在拨备充分、利率到位、相关担保手段有效的前提下，确保个别呆坏账不会影响对银行整体风险状况的评价，保持金融机构为小型微型企业提供金融服务的稳定性。

三、引导金融机构增加小型微型企业融资规模和比重

近年来，银监会针对小型微型企业融资实际情况，在实施差异化监管的基础上，对金融机构增加小型微型企业融资规模和比重提出了“两个不低于”的目标，即确保金融机构对小型微型

企业贷款增速不低于全部贷款的平均增速，增量不低于上年增量。除了银监会的政策措施外，有的地方建立了小型微型企业贷款风险补偿基金，对金融机构发放小型微型企业贷款按增量给予适当补助，对小型微型企业不良贷款损失给予适度风险补偿。

实践中需要注意的是，国务院银行业监督管理部门侧重宏观政策，具体实施主要由中国银监会的内设机构和设在各省、市、县的银监局、银监分局、监管办事处等派出机构履行相应职责。

第十六条 国家鼓励各类金融机构开发和提供适合中小企业特点的金融产品和服务。

国家政策性金融机构应当在其业务经营范围内，采取多种形式，为中小企业提供金融服务。

【释义】 本条是关于各类金融机构为中小企业提供产品和服务的规定。

一、对各类金融机构的原则要求

中小企业由于自身特点，在融资需求方面与大企业有所不同。近年来，各类金融机构根据中小企业的特点，积极开发和提供适合中小企业特点的产品和服务。例如，开发和提供“抵押贷、联保贷、租权贷、循环贷、物流贷”和“商户通、市场通、园区通、商会通、贸易通”等金融服务产品；开发和提供服务中小企业的贸易融资、保函、财务咨询、应收账款买断、应收账款质押等金融服务，受到广大中小企业的欢迎。随着科技创新型中小企业的不断发展，中小企业的融资需求还将继续呈现出新的特点，国家将积极采取措施，鼓励金融机构开发和提供适合中小企业特点的金融产品和服务。

二、对国家政策性金融机构的要求

1. 政策性金融机构

政策性金融机构是指由政府或政府机构发起、出资创立、参股或保证的,不以利润最大化为经营目的,在特定的业务领域内从事政策性融资活动,以贯彻和配合政府的社会经济政策或意图的金融机构。政策性金融机构有政府的财力支持和信用保证,具有特殊的融资机制,既不同于商业性金融机构,也不同于政府财政。政策性金融机构在符合国家宏观经济发展和产业政策要求前提下,行使自主的信贷决策权,独立进行贷款项目可行性评价和贷款审批,以保证贷款的安全和取得预期的社会经济效益以及相应的直接经济效益。政策性金融机构的服务领域或服务对象主要是受国家经济和社会发展政策重点或优先保护,需要以巨额、长期和低息贷款支持的项目或企业。目前,我国的政策性金融机构主要包括三大政策性银行,即国家开发银行、中国进出口银行、中国农业发展银行。此外,还有中国进出口信用保险公司等政策性金融机构,提供政策性信用保险业务等其他政策性金融服务。

2. 政策性金融机构为中小企业提供金融服务的形式

一般来说,政策性银行贷款利率较低、期限较长,有特定的服务对象,其放贷支持的主要是商业性银行在初始阶段不愿意进入或涉及不到的领域。例如,国家开发银行服务于国民经济发展的能源、交通等“瓶颈”行业和国家需要优先扶持领域,包括西部大开发、振兴东北老工业基地等,这些领域的贷款量占其总量的90%以上。中国进出口银行致力于扩大机电产品和高新技术产品出口以及支持对外承包工程和境外投资项目,面对当前的国内外经济形势和出口型中小企业的困境，从技术升级、产品更新、出口贸易融资等方面提供融资支持。中国农业发展银行主要承担国家政策性农村金融业务，代理财政性支农资金拨付，专司粮棉油收购、调销、储备贷款业务等，解决农、林、牧、副、渔业中小企业生产经营资金需求。政策性金融机构可以依托地方商业银行等中小金融机构和担保机构，开展以中小企业为主要服务对象的转贷款、担保贷款等业务，降低中小企业贷款成本。

需要注意的是，一般情况下，国家不应当过分干预金融机构在内的市场主体的经营自主权，不宜对按照市场化运作的金融机构提出强制性要求。但考虑到政策性金融机构承担了一定的政府职能，有其特殊性，在法律上用“应当”对其提出要求，并不违反市场化原则。同时，由于政策性金融机构本身的特殊性，其业务范围有严格的要求。本法鼓励政策性金融机构采取多种形式为中小企业提供金融服务，但应当按照国家有关政策要求，在业务范围内按照商业化原则自主决策，为中小企业提供金融服务也应满足其业务范围的要求。

第十七条　国家推进和支持普惠金融体系建设，推动中小银行、非存款类放贷机构和互联网金融有序健康发展，引导银行业金融机构向县域和乡镇等小型微型企业金融服务薄弱地区延伸网点和业务。

国有大型商业银行应当设立普惠金融机构，为小型微型企业提供金融服务。国家推动其他银行业金融机构设立小型微型企业金融服务专营机构。

地区性中小银行应当积极为其所在地的小型微型企业提供

金融服务，促进实体经济发展。

【释义】 本条是关于普惠金融的有关规定。

一、国家推进和支持普惠金融体系建设

普惠金融是指通过较低的运营成本，以小型微型企业、农民、城镇低收入人群等弱势群体为重点服务对象，为有金融服务需求的社会各阶层和群体提供适当、有效的金融服务。普惠金融的概念由联合国在 2005 年提出，普惠金融重视消除贫困、实现社会公平。普惠金融不是慈善和救助，而是为了帮助受益群体提升造血功能，要坚持商业可持续原则和市场化原则，坚持市场化和政策扶持相结合，建立健全激励约束机制，既要满足更多群体的需求，也要让供给方合理受益，确保发展可持续。

在我国当前情况下，普惠金融事关发展和公平，有利于促进创业创新和就业。相关部门积极推进普惠金融体系建设，要完善税收优惠、风险补偿、差异化监管等措施，并与促进创业创新等政策相衔接，发挥财政担保体系对发展普惠金融的支持作用，对普惠金融业务符合条件的金融机构可在货币信贷政策方面给予一定激励，支持商业银行完善服务网络。通过各项措施协同发力，用普惠便捷的金融服务促进就业扩大、经济升级和民生改善。

二、国家推动中小银行等有序健康发展

本法规定，国家推动中小银行、非存款类放贷机构和互联网金融有序健康发展。我国的中小银行是指除工、农、中、建、交五大商业银行以外的全国性商业银行、区域性股份制商业银行与城市商业银行（含城市信用社和农村信用社）。非存款类放贷机构是指经营放贷业务但不吸收公众存款的机构。互联网金融是指传统金融机构与互联网企业利用互联网技术和信息通信技术实现资金融通、支付、投资和信息中介服务的新型金融业务模式。中小银行、非存款类放贷机构和互联网金融具有经营机制较为灵活、经营理念比较开放、服务对象以中小企业为主的特点,能够为中小企业提供更为方便快捷的金融服务。根据当前我国金融市场发展的实际,国家逐步推进金融市场有序放开,营造金融机构充分竞争的环境,大力发展适应中小企业特别是小型微型企业需求的多层次金融机构体系。通过建立完善与中小银行、非存款类放贷机构和互联网金融相适应的监管制度,支持民间资本发起设立银行等金融机构,大力发展中小金融机构及普惠金融,推动互联网金融规范有序发展,降低专门服务小型微型企业的信贷机构的准入门槛,为中小企业融资提供更多的市场渠道。

三、国家引导银行业金融机构延伸网点和业务

由于我国各地区经济发展不平衡,一些地区县域、乡镇金融机构仍处于空白状态,尤其是中西部地区金融机构发展不足的问题更为突出,大量小型微型企业难以获得相应的金融服务。近年来,国家积极采取措施,引导金融机构向县域和乡镇等小型微型企业金融服务薄弱地区延伸网点和业务,强化商业金融对"三农"和县域小型微型企业的服务能力。国务院 2012 年提出,国家支持和鼓励符合条件的银行业金融机构重点到中西部设立村镇银行,强化小金融机构主要为小型微型企业服务的市场定位,引导小金融机构增加服务网点,向县域和乡镇延伸,符合条件的小额贷款公司可根据有关规定改制为村镇银行。在具体措施上,主要是引导银行业金融机构延伸网点和业务的同时,通过扩大县域分支机构业务授权,不断提高存贷比和涉农贷款比例,将涉农信贷投放情况纳入信贷政策导向效果评估和综合

考评体系。

四、关于普惠金融机构和小型微型企业金融服务专营机构

1. 普惠金融机构。根据本条规定，国有大型商业银行应当设立普惠金融机构，为小型微型企业提供金融服务。早在2009年，国务院就明确提出，国有商业银行和股份制银行都要建立小企业金融服务专营机构。2017年5月3日，国务院常务会议部署推动大中型商业银行设立普惠金融事业部，要求大型商业银行年内要完成普惠金融事业部的设立，聚焦服务小型微型企业、“三农”等，成为发展普惠金融的骨干力量。目前，根据国务院的要求，中、农、工、建、交五大国有商业银行均已设立普惠金融事业部。小型微型企业作为国有大型商业银行普惠金融机构的重点服务对象，按照商业可持续原则，普惠金融机构采取专门的信贷评审、风险管理、资源保障、绩效考核等机制，下放信贷审批权限，实行专业化经营管理，严格落实小型微型企业贷款增速不低于各项贷款平均增速、户数和审贷获得率不低于上年同期水平的要求。

2. 小型微型企业金融服务专营机构。根据本条规定，国家推动其他银行业金融机构设立小型微型企业金融服务专营机构。近年来，国家鼓励银行充分利用机构和网点优势，加大小型微型企业金融服务专营机构建设力度。据了解，在国家政策的推动下，目前许多银行都建立了小型微型企业金融服务专营机构，有的地方还成立了小型微型企业专营支行，专门为小型微型企业提供金融服务。

小型微型企业金融服务专营机构是银行业金融机构根据战略事业部模式建立、主要为小型微型企业提供授信服务的专业化机构。银行业金融机构在设立小型微型企业金融服务专营机

构时,可申请单独颁发金融许可证和营业执照。2008 年 12 月 1 日,中国银监会下发文件,对中小企业金融服务专营机构的业务范围、工作机制等提出了明确要求。

小型微型企业金融服务专营机构的业务范围包括针对小型微型企业的各类贷款、贸易融资、贴现、保理、贷款承诺、保证、信用证、票据承兑等表内外授信和融资业务,以及相关的中间服务业务。银行业金融机构设立专营机构,应当着重建立和完善小型微型企业授信“六项机制”,即应当建立利率风险定价机制、独立核算机制、高效审批机制、激励约束机制、专业人员培训机制和违约信息通报机制。

设立小型微型企业金融服务专营机构,应当在风险管理、设定合理的风险容忍度方面作出安排,建立单独的小型微型企业贷款风险分类和损失拨备制度,制定专项的不良贷款处置政策,建立合理的快速核销机制,在国家政策允许范围内简化不良贷款核销流程,以降低不良贷款率,提高业务人员开展小型微型企业金融服务的积极性,要注重开发、使用适应小型微型企业金融服务的专业化技术,以推动小型微型企业金融产品与服务的创新。

五、对地区性中小银行的要求

地区性中小银行由于资金规模相对较小,服务对象往往不会是资金需求规模大的大企业。地区性中小银行对所在地的中小企业的经营状况、企业家的经营能力和信用等信息的了解具有先天的优势。国家发展地区性中小银行的初衷,是为当地的中小企业获得融资便利提供有效的制度安排。近年来,地区性中小银行跨市、跨省发展现象比较普遍,有的市外、省外业务量已经过半;有的地区性中小银行不遵守营业范围要求,盲目到大城市异地扩张业务，参与房地产等投资，不为当地的实体经济服务。这些现象与国家发展地区性中小银行的初衷相背离，也在一定程度上影响了进驻区域的金融市场秩序。因此，本条规定，地区性中小银行应当积极为其所在地的小型微型企业提供金融服务，促进实体经济发展。这样规定的目的是适当限制地区性中小银行跨区域发展，引导其立足当地，扩大对其所在地小型微型企业的金融服务。监管部门和机构要根据法律的要求，认真履行监管职责，对中小银行违规跨区域经营的行为予以查处。需要说明的是，对地区性中小银行的这些限制，符合规范银行业金融机构的要求，与金融市场化改革并不冲突。

第十八条　国家健全多层次资本市场体系，多渠道推动股权融资，发展并规范债券市场，促进中小企业利用多种方式直接融资。

【释义】　本条是关于中小企业直接融资的规定。

一、中小企业直接融资

中小企业直接融资，是指在一定时期内，资金盈余单位通过直接与中小企业签订协议，或在金融市场上购买中小企业所发行的有价证券，将货币资金提供给中小企业使用，从而完成资金融通的过程。直接融资是与间接融资相对应的概念，是指没有金融中介机构介入的资金融通方式。商业信用、企业发行股票和债券，以及企业之间、个人之间的直接借贷，均属于直接融资。直接融资与间接金融相比，投融资双方都有较多的选择自由，实行资金直供，作为一种重要的融资方式，直接融资是缓解中小企业融资难的有效途径之一。

中小企业直接融资的基本特点是，拥有暂时闲置资金的单位与中小企业直接进行资金融通,不经过任何中介环节,有利于降低中小企业融资成本。具体而言,中小企业直接融资具有以下几个特点:一是直接性。中小企业直接从资金供应者手中获得资金,并与其建立直接的债权债务关系。二是分散性。直接融资是不同企业之间、企业和个人之间进行的,融资活动分散于各种场合,具有一定的分散性。三是信誉的差异性。不同的企业或者个人,其信誉好坏有较大的差异,债权人往往难以全面、深入了解债务人的信誉状况。四是部分不可逆性。在直接融资中,通过发行股票所取得的资金,不需要返还。投资者无权中途要求退回股金,而只能到市场上去出售股票,股票只能够在不同的投资者之间互相转让。五是相对较强的自主性。在法律允许的范围内,中小企业和投资者可以分别决定融资、投资的对象和数量。

作为多渠道解决中小企业融资难问题的重要制度设计,本条旨在推进多层次资本市场体系建设,加强对社会资本的政策引导力度,逐步提高直接融资比重,鼓励、推动服务中小企业的直接融资的发展,提高融资效率,引导和帮助中小企业通过直接融资,解决发展资金不足问题。

二、国家健全多层次资本市场体系

在资本市场上,不同的投资者与融资者都有不同的规模大小与主体特征,存在对资本市场金融服务的不同需求。投资者与融资者对投融资金融服务的多样化需求决定了资本市场应该是一个多层次的市场体系。从整个金融市场体系协调和发展来看,多层次资本市场是坚实的基础。

从20世纪90年代初期上海证券交易所和深圳证券交易所成立至今,经过多年的改革和发展,我国已经形成了以债券和股票为主体的多种证券形式并存，包括证券交易所、市场中介机构和监管机构的初步健全的全国性资本市场体系，有关交易规则和监管办法也正在日益完善。资本市场在改革投融资体制，促进产业结构调整，优化资源配置，完善企业法人治理结构，提高金融市场效率，维护金融安全等方面发挥了非常重要的作用。

在当前形势下，国家不断健全完善多层次资本市场体系，有利于满足资本市场上资金供求双方的多层次化的要求，有利于提供优化准入机制和退市机制，提高上市公司的质量，有利于防范和化解我国的金融风险。根据我国中小企业发展的实际和融资面临的困难，国家不断健全完善多层次资本市场体系，对丰富中小企业直接融资渠道也具有非常重要的意义。坚持优化发行条件、简化审核程序、提高融资效率、严格责任主体，促进资本市场均衡协调健康发展。通过完善资本市场的体制机制，为不同规模、不同类型、不同成长阶段的企业提高差异化的投融资服务，进一步发挥资本市场在促进中小企业发展中的重要作用，推进符合条件的中小企业通过公开发行股票、公司债券、再融资加快发展。

三、多渠道推动股权融资

股权融资是指通过主板、中小企业板、创业板、场外交易市场、各类产权交易市场等多层次资本市场，以及私募股权投资和创业（风险）投资等进行融资。2004 年以来，国家推出中小企业板和创业板，推动中小企业上市融资。国家支持符合条件的创业企业上市或发行票据融资，并鼓励创业企业通过债券市场筹集资金。积极推动尚未盈利的互联网和高新技术企业到创业板发行上市制度，推动在上海证券交易所建立战略新兴产业板。

国家充分发挥股权众筹作为传统股权融资方式有益补充的作用，增强金融服务小型微型企业和创业创新者的能力。国家支持运营规范、发展成熟的股权市场跨区域开展业务，破除地方政府过度行政保护，更好发挥股权市场为中小企业多渠道股权融资功能，促进支持中小企业发展；同时，为股权市场发展创造更加市场化的竞争发展环境，充分发挥市场机制作用，跨区域优化金融资源配置，通过良性竞争，持续改善面向中小企业的市场服务，最大程度地激发股权市场活力，服务促进中小企业发展。

四、发展并规范债券市场

债券市场是发行和买卖债券的场所，是我国金融体系中不可或缺的部分。中小企业通过债券市场进行直接债务融资，是指通过中小企业集合债、中小企业集合信托、中小企业集合票据、公司债、短期融资券、中小企业私募债等金融工具进行融资。发展并规范债券市场，主要包括以下几个方面：

一是积极发展债券市场。完善公司债券公开发行制度。发展适合不同投资者群体的多样化债券品种。丰富适合中小型微型企业的债券品种。统筹推进符合条件的资产证券化发展。支持和规范商业银行、证券经营机构、保险资产管理机构等合格机构依法开展债券承销业务。

二是强化债券市场信用约束。规范发展债券市场信用评级服务。完善发行人信息披露制度，提高投资者风险识别能力，减少对外部评级的依赖。建立债券发行人信息共享机制。探索发展债券信用保险。完善债券增信机制，规范发展债券增信业务。强化发行人和投资者的责任约束，健全债券违约监测和处置机制，支持债券持有人会议维护债权人整体利益，切实防范道德风险。

三是深化债券市场互联互通。在符合投资者适当性管理要求的前提下,完善债券品种在不同市场的交叉挂牌及自主转托管机制,促进债券跨市场顺畅流转。鼓励债券交易场所合理分工、发挥各自优势。促进债券登记结算机构信息共享、顺畅连接,加强互联互通。提高债券市场信息系统、市场监察系统的运行效率,逐步强化对债券登记结算体系的统一管理,防范系统性风险。

四是加强债券市场监管协调。充分发挥公司信用类债券部际协调机制作用,各相关部门按照法律、法规赋予的职责,各司其职,加强对债券市场准入、信息披露和资信评级的监管,建立投资者保护制度,加大查处债券市场虚假陈述、内幕交易、价格操纵等各类违法违规行为的力度。

第十九条　国家完善担保融资制度,支持金融机构为中小企业提供以应收账款、知识产权、存货、机器设备等为担保品的担保融资。

【释义】　本条是关于中小企业担保融资的规定。

建立完善的担保融资体系,是解决中小企业融资难的重要举措。中小企业一般拥有的不动产较少,应收账款、知识产权、存货、机器设备等是中小企业融资时可以提供的主要担保物。因此,国家应当加强担保融资制度的建设,使中小企业可以充分发挥其应收账款、知识产权、存货、机器设备等融资担保作用,破解自身融资难的问题。

一、我国有关担保融资的法律制度

担保是促进资金融通和商品流通,保障债权实现的重要方式。1995 年 6 月,我国就出台了《担保法》,明确抵押人可以用其所有或者依法可以处分的机器、交通运输工具和其他财产设定抵押权融资;依法可以转让的商标专用权,专利权、著作权中的财产权也可以设定质权融资。2007 年 3 月颁布的《物权法》在《担保法》的基础上,对担保制度进行了完善,规定企业可以现有的或者将有的生产设备、原材料、半成品、产品进行抵押,债务人不履行到期债务或者发生当事人约定的实现抵押权的情形,债权人有权就实现抵押权时的动产优先受偿。同时,在权利质押中增加了应收账款的内容,明确债务人可以用应收账款设定质权。2007 年 9 月,中国人民银行出台的《应收账款质押登记办法》对应收账款作出了界定,明确应收账款是指权利人因提供一定的货物、服务或设施而获得的要求义务人付款的权利,包括现有的和未来的金钱债权以及产生的收益,但不包括因票据或其他有价证券而产生的付款请求权。包括但不限于:(1)销售产生的债权,包括销售货物,供应水、电、气、暖,知识产权的许可使用等;(2)出租产生的债权,包括出租动产或不动产;(3)提供服务产生的债权;(4)公路、桥梁、隧道、渡口等不动产收费权;(5)提供贷款或其他信用产生的债权。由于中小企业很少有自己所有的不动产,因此采用应收账款与企业拥有的专利权、商标权、著作权以及存货、机器设备等进行担保融资的情况更为普遍。本条根据《担保法》《物权法》的有关规定,明确国家健全完善的担保融资制度建设,支持金融机构为中小企业提供以应收账款、知识产权、存货、机器设备等担保物进行融资。因此,应当在现行法律的基础上,根据中小企业的特点,进一步完善相关的法律及规定,使中小企业通过应收账款、知识产权、存货、机器设备等融资更为便捷、高效。

二、动产抵押权,以应收账款、知识产权设立质权的登记

不论是以机器设备等动产设定抵押权融资,还是以应收账

款、知识产权设定质权融资,办理相关的权利登记都具有重要的法律意义。

(一)动产抵押权的登记。根据《物权法》的规定,企业以动产抵押的,应当向抵押人住所地的工商行政管理部门办理登记。抵押权自抵押合同生效时设立;未经登记,不得对抗善意第三人。所谓"不得对抗善意第三人"有两方面的含义:一是抵押合同签订后,如果中小企业将抵押财产转让,对于善意取得该财产的第三人,贷款的银行无权追偿,只能要求中小企业重新提供新的担保或者要求及时还贷。二是抵押合同签订后,如果中小企业以机器设备等又设定了新的抵押权,而后设定的抵押权进行了登记,那么,实现抵押权时,后设立的抵押权可以优于前位未办理抵押登记的抵押人受偿。因此,实践中银行为了保障自己的债权,一般要求中小企业以动产抵押的要办理抵押登记。

(二)应收账款质权登记。根据《物权法》的规定,以应收账款融资的,当事人应当订立书面合同。应收账款质权自信贷征信机构办理出质登记时设立,即不办理登记,质权不生效。

(三)知识产权质权登记。以依法可以转让的商标专用权,专利权、著作权中的财产权出质的,出质人与质权人应当订立书面合同,并向其管理部门办理出质登记。质押合同自登记之日起生效。根据《商标法》《专利法》和《著作权法》的规定,国务院工商行政管理部门商标局是注册商标的主管部门;国务院专利行政部门和省、自治区、直辖市人民政府管理专利工作的部门是专利权的主管部门;国务院著作权行政管理部门和各省、自治区直辖市人民政府的著作权行政管理部门是著作权的主管部门,因此,以专利权、商标权和著作权设立质权的,应当分别向以上主管部门进行登记。

三、动产登记平台和应收账款登记平台

2007 年 10 月，国家工商行政管理总局发布了《动产抵押登记办法》，并于 2016 年 7 月对该办法进行了修订。该办法根据《担保法》《物权法》等法律规定，明确企业以动产抵押的，应当向抵押人住所地的县级工商行政管理部门办理登记。抵押权自抵押合同生效时设立；未经登记，不得对抗善意第三人。目前工商行政管理部门正在积极推动动产抵押登记信息化建设工作，通过建立互联网动产抵押登记系统、设立动产抵押登记电子档案等方式，为当事人提供便利条件。

关于应收账款的登记平台，2007 年 10 月，中国人民银行征信中心建立了我国首个基于互联网运行的应收账款质押登记公示系统，面向全社会提供应收账款质押登记及查询服务。在此基础上，征信中心先后开发上线了融资租赁、所有权保留、留置权、存货及仓单质押等登记业务，并实现了以上物权的统一公示与查询。该系统提供的主要服务有：一是登记。用户通过互联网在线将相关登记信息录入并提交，登记的内容仅包含与物权有关的信息，在登记系统可进行初始登记、变更登记、展期登记、异议登记或注销登记。二是查询。用户可以在线对所有在公示期限内登记的内容进行查询，以防范交易风险。三是证明验证。为了便于司法部门和其他利害关系人核实证明文件的真伪，登记系统设置证明验证功能，提供登记证明文件和查询证明文件的在线验证服务。登记的内容主要包括：一是应收账款质押登记。应收账款质押登记的目的是公示应收账款已设立质押，取得对抗第三人的法律效力。二是应收账款转让登记。应收账款转让是指应收账款债权人将应收账款出让给银行等以获取资金的一种筹资方式，其本质属于债权转让。通过登记，可以避免同一应收账款先转让后质押或者先质押后转让而产生的权利冲突,保护交易安全。此外,该中心还办理租赁登记、所有权保留登记、租购登记等。随着动产抵押平台和应收账款质押平台的不断完善,将进一步促进和规范中小企业利用动产和应收账款进行融资。

第二十条　中小企业以应收账款申请担保融资时,其应收账款的付款方,应当及时确认债权债务关系,支持中小企业融资。

国家鼓励中小企业及付款方通过应收账款融资服务平台确认债权债务关系,提高融资效率,降低融资成本。

【释义】　本条是关于应收账款融资的规定。

一、规定应收账款融资的重要性

应收账款是指权利人因提供一定的货物、服务或设施而获得的要求义务人付款的权利,包括现有的和未来的金钱债权以及产生的收益,但不包括因票据或其他有价证券而产生的付款请求权。应收账款是中小企业重要的流动资产。通过应收账款融资,有利于盘活中小企业的存量资产,提高融资效率,解决中小企业融资难、融资成本高的问题,促进应收账款融资规模稳步增长。近些年来,我国十分重视发挥应收账款在中小企业融资中的作用。为了加大金融对中小企业的支持力度,推动开展中小企业应收账款融资,本条对应收账款融资主要从以下两方面作出了规定:首先,中小企业以应收账款申请融资时,其应收账款的付款方,应当通过应收账款融资服务平台及时上传应付账款信息,或者对应收账款债权人上传的应收账款信息进行确认,也可以采取其他方式及时确认债权债务关系,不得无故拖延,影响中小企业融资。其次,要充分发挥应收账款融资服务平台的作用。国家鼓励中小企业及付款方通过应收账款融资服务平台确认债权、债务关系,提高融资效率,降低融资成本。

二、应收账款融资服务平台建设

2013 年 12 月,中国人民银行征信中心建立的应收账款融资服务平台试点运行。该平台通过使用数字证书、电子签名、设定并公示回款账户,帮助金融机构防范信贷风险,有效拓宽了中小企业融资渠道,为资金供需双方提供迅速、便捷、有效的应收账款融资信息合作服务,促成融资交易的达成,解决了中小企业与资金提供方信息沟通成本高、发送通知难、异地融资调查难等问题。该平台为参与机构提供应收账款融资的信息合作服务,具体包括账款信息的上传与确认、应收账款有效融资需求的传递与融资意向的反馈、融资成交信息反馈、应收账款债权转让或者质押通知等。鉴于应收账款融资服务平台在应收账款融资中承担着重要的作用,本条明确了应收账款融资服务平台的法律地位,因此,对于服务平台的运营方来说,需要不断加强平台服务功能建设,完善其服务功能,使平台能够准确、及时推送上线企业的相关信息,为应收账款融资参与方提供便捷的注册、信息上传、确认与反馈等服务。国有大企业、大型民营企业应当积极加入平台,支持中小企业开展应收账款融资业务,及时通过平台确认和支付中小企业的应收账款。通过服务平台的运作,进一步优化企业商业信用环境,形成应收账款债务人及时还款约束机制,规范应收账款履约行为,减少恶意拖欠账款的行为,推动优化社会整体商业信用环境,营造守法诚信的社会氛围。

三、加强应收账款各项工作的落实

2017 年 4 月,中国人民银行、工业和信息化部会同财政部、商务部、国资委、银监会、外汇局决定共同开展小微企业应收账款融资专项行动。该行动的主要目的就是要充分发挥应收账款融资服务平台等金融基础设施作用，推动供应链核心企业支持中小企业应收账款融资，引导金融机构和其他融资服务机构扩大应收账款融资业务规模，构建供应链上下游企业互信互惠、协同发展的生态环境，优化商业信用环境，促进金融与实体经济良性互动发展。本条对应收账款的规定，对于进一步健全应收账款制度，明确应收账款各方当事人的权利和义务，完善应收账款融资服务平台建设，保障相关部门依法开展各项工作，都具有十分重要的意义。

第二十一条　县级以上人民政府应当建立中小企业政策性信用担保体系，鼓励各类担保机构为中小企业融资提供信用担保。

【释义】　本条是关于中小企业利用信用担保融资的规定。

信用担保是指中小企业在向银行融资过程中，根据合同约定，由依法设立的担保机构以保证的方式为债务人提供担保，在债务人不能依约履行债务时，由担保机构承担偿还债务的责任，以保障债权的实现。发展中小企业信用担保是世界各国弥补信贷市场失灵、缓解中小企业融资难的通行做法。

一、我国中小企业信用担保的政策

我国从20世纪90年代末就开始重视中小企业信用担保的问题。1999年6月，国家经贸委发布了《关于建立中小企业信用担保体系试点的指导意见》，标志着我国开始建立中小企业信用担保体系。2000年8月，国务院办公厅转发国家经贸委《关于鼓励和促进中小企业发展的若干政策意见》，提出组建国家信用再担保机构和完善社会化信用体系。2006 年 12 月,国家发展改革委等部门针对中小企业信用担保中存在的担保机构总体规模较小、实力较弱、抵御风险能力不强、行政管理不完善等问题,提出以下主要措施:一是加大对担保体系建设资金投入的力度。在国家用于促进中小企业发展的各种专项资金(基金)中,安排部分资金用于支持中小企业信用担保体系建设。要求各地区要结合实际,积极筹措资金,加大对中小企业信用担保体系建设的支持力度。鼓励中小企业信用担保机构出资人增加资本金投入。对于由政府出资设立,经济效益和社会效益显著的担保机构,各地区要视财力逐步建立合理的资本金补充和扩充机制,采取多种形式增强担保机构的资本实力,提高其风险防范能力。二是明确政府部门的职责。全国中小企业信用担保体系建设工作由国家发展改革委牵头,财政部、中国人民银行、国家税务总局、银监会参加,及时研究解决工作中的重大问题。地方各级人民政府应当将中小企业信用担保体系建设工作纳入中小企业成长工程。三是建立损失补偿机制。要求各地区可根据实际,逐步建立主要针对从事中小企业贷款担保的担保机构的损失补偿机制。鼓励有条件的地区建立中小企业信用担保基金和区域性再担保机构,以参股、委托运作和提供风险补偿等方式支持担保机构的设立与发展,完善中小企业信用担保体系的增信、风险补偿机制。四是实施税收优惠政策。对符合条件的中小企业信用担保机构免征三年营业税的税收优惠政策。开展贷款担保业务的担保机构,按照不超过当年年末责任余额 1% 的比例以及税后利润的一定比例提取风险准备金。风险准备金累计达到其注册资本金 30% 以上的,超出部分可转增资本金。担保机构实际发生的代偿损失,可按照规定在企业所得税税前扣除。五是灵活确定担保费率。对主要从事中小企业贷款担保的担保机构,担保费率实行与其运营风险成本挂钩的办法。基准担保费率可按银行同期贷款利率的50%执行,具体担保费率可依项目风险程度在基准费率基础上上下浮动30% ~50%,也可经担保机构监管部门同意后由担保双方自主商定。六是鼓励、支持金融机构与担保机构加强互利合作。根据双方的风险控制能力合理确定担保放大倍数。推出更多适合中小企业多样化融资需求的金融产品和服务项目。政策性银行可依托中小商业银行和担保机构,开展以中小企业为主要服务对象的转贷款、担保贷款业务。金融机构要在控制风险的前提下,合理下放对小企业贷款的审批权限,简化审贷程序,提高贷款审批效率。对运作规范、信用良好、资本实力和风险控制能力较强的担保机构承保的优质项目,可按人民银行利率管理规定适当下浮贷款利率。七是要为担保机构登记和信息查询提供便利。对于担保机构办理代偿、清偿、过户等手续的费用,按国家有关规定予以减免。在办理有关登记手续过程中,有关部门不得指定评估机构对抵押物进行强制性评估。各部门和有关方面支持担保机构开展与担保业务有关的信息查询。有条件的地方要建立互联互通机制,实现可公开企业信用信息与担保业务信息的互联互通和资源共享。八是加强担保机构内部管理。各地区要指导和督促担保机构加强内部管理,规范经营行为,完善各种规章制度,努力提高经营水平和防控风险能力。要建立健全担保机构的信用评级制度,督促担保机构到有资质的评级机构进行信用评级,并将信用等级向社会公布。根据实际情况对担保机构实行备案管理。

为了进一步推进中小企业信用担保体系建设,2012年4月,国务院颁布了《关于进一步支持小型微型企业健康发展的意见》，该意见中继续强调要加大中央财政资金的引导支持力度，鼓励担保机构提高小型微型企业担保业务规模，降低对小型微型企业的担保收费。同时明确对符合条件的信用担保机构继续免征营业税政策。积极发展再担保机构，强化分散风险、增加信用功能。改善信用保险服务，定制符合小型微型企业需求的保险产品，扩大服务覆盖面。推动建立担保机构与银行业金融机构间的风险分担机制。加快推进企业信用体系建设，切实开展企业信用信息征集和信用等级评价工作。该意见还特别提出可以引导外资设立面向小型微型企业的担保机构，加快推进利用外资设立担保公司试点工作。2014 年 10 月，国务院出台的《关于扶持小型微型企业健康发展的意见》，再次提出要进一步完善小型微型企业融资担保政策。大力发展政府支持的担保机构，引导其提高小型微型企业担保业务规模，合理确定担保费用。进一步加大对小型微型企业融资担保的财政支持力度，综合运用业务补助、增量业务奖励、资本投入、代偿补偿、创新奖励等方式，引导担保、金融机构和外贸综合服务企业等为小型微型企业提供融资服务。

二、实践中的做法

近些年来，一些地方根据法律规定和有关政策的要求，结合当地的实际情况，按照“政府推动、社会参与、市场运作、互利合作”的原则，发展和监管并举，建立多种资金来源、多种形式参与、多层次结构的中小企业信用担保体系。有的地方出台担保代偿补偿资金管理办法，建立担保代偿补偿机制；有的地方每年财政安排一定资金建立本级财政信用担保机构风险补偿资金；有的地方组建省级担保集团，创新和完善比例再担保模式，充分发挥再担保增信分险作用；有的地方建立多渠道、多层面创造有利条件建立和壮大政府全额出资或控股(参股)的政策性担保机构、商业性担保机构和互助性担保机构。为了充分发挥融资担保支持小微企业的作用,规范融资担保公司的行为,切实防范风险,2017年8月2日,国务院公布了《融资担保公司监督管理条例》,该条例自2017年10月1日起施行。该条例在现行有关政策的基础上,针对目前存在的主要问题,完善了相关的措施,主要包括:国家推动建立政府性融资担保体系,发展政府支持的融资担保公司,建立政府、银行业金融机构、融资担保公司合作机制,扩大为小微企业和提供融资担保业务的规模并保持较低的费率水平;各级人民政府财政部门通过资本金投入、建立风险分担机制等方式,对主要为小微企业服务的融资担保公司提供财政支持;政府支持的融资担保公司应当增强运用大数据等现代信息技术手段的能力,为小微企业融资需求服务;被纳入政府推动建立的融资担保风险分担机制的融资担保公司,应当按照国家有关规定降低对小微企业的融资担保费率。该条例以行政法规的形式,对涉及中小企业信用担保体系的有关问题作出明确规定,有利于进一步提升政策措施的稳定性和权威性。

三、本条的主要内容

根据本条规定,县级以上人民政府应当建立中小企业政策性信用担保体系,充分发挥各级人民政府在中小企业政策性信用担保体系中的主导作用。各级人民政府及有关部门可以通过发展政府支持的担保机构、建立担保金补偿机制等方式,进一步落实政府部门的职责。同时,要充分发挥各类担保机构的作用,通过税收优惠等方面的政策,增强担保机构为中小企业服务的意愿和能力,鼓励各类担保机构积极为有市场、有效益、信用好的中小企业开展担保业务,切实缓解中小企业融资难、担保难等问题，加快做大做强一批中小企业。

需要说明的是，由于本次修订第三章“融资促进”增加了一些新的规定，所以，本条内容是对原法第十九条、第二十条有关信用担保的内容进行了整合，虽然条文的字数有所减少，但实质内容都得到了保留。

第二十二条　国家推动保险机构开展中小企业贷款保证保险和信用保险业务，开发适应中小企业分散风险、补偿损失需求的保险产品。

【释义】　本条是关于中小企业贷款保证保险和信用保险的规定。

促进中小企业融资的措施中，保险的作用不容忽视。通过保险产品融资，不仅可以解决中小企业担保物不足等问题，还可以分散银行的贷款分险，增加银行贷款的安全性，是解决中小企业融资难的重要手段。

一、保证保险和信用保险的含义

根据本条规定，国家推动保险机构开展与中小企业贷款有关的保险业务主要有两部分：一是保证保险。该保险是为了满足中小企业生产经营活动的融资需求，由中小企业向保险公司投保，以贷款银行为被保险人的保险，贷款银行以此保险作为主要担保方式向中小企业发放信用贷款，在中小企业未按贷款合同约定履行还贷义务时，由保险公司按照保险合同约定赔偿银行的贷款损失。投保人和被保险人就是贷款合同的借款方和贷款方，保险人是依据《保险法》取得经营保证保险业务的保险公司。保证保险的性质属于保险，而不是《担保法》中的保证。二是信用保险。该保险是债权人向保险人投保，当债务人不能履行其义务时，由保险人承担赔偿责任。作为债权人的中小企业投保了信用保险以后，可以将保单作为一种保证手段抵押给贷款银行进行融资，通过向贷款银行转让保险赔款，保证银行能及时收回贷款。

二、保证保险和信用保险在中小企业融资中的作用

2012 年 4 月，国务院颁布的《关于进一步支持小型微型企业健康发展的意见》中明确指出，要积极发展小型微型企业贷款保证保险和信用保险。2014 年 8 月，国务院印发的《关于加快发展现代保险服务业的若干意见》中再次强调，加快发展中小企业信用保险和贷款保证保险，增强中小企业融资能力。本条从法律上对保险机构提出了要求，明确保险机构通过开展保证保险和信用保险业务，为中小企业贷款提供便利。鼓励保险公司开展这两项业务的意义就在于：在中小企业未按约定履行还贷义务，且贷款银行追索未果等情况下，可以依照保险合同约定的事由，由保险公司承担大部分银行的贷款损失。因此，这两项保险一方面能有效帮助中小企业解决抵押物不足、融资成本高等难题，增强中小企业获取贷款的能力；另一方面有助于进一步提升金融服务水平，增强金融风险防控能力，保障银行贷款的安全回收。除了保证保险和信用保险外，保险机构还应当不断开发适应于中小企业需求的保险产品，以全面满足中小企业融资的需求，分散银行的贷款风险，通过保险补偿银行可能出现的损失。

三、需要说明的问题

信用保险与保证保险不是同一险种。主要体现在：一是投保人不相同。保证保险由债务人投保，而信用保险由债权人投保。二是保证保险是债务人应债权人的要求投保自己的信用风

险,债权人是被保证人,由保险公司出具保证书担保,保险公司实际上是保证人;而信用保险是债权人通过填写保险单来承保的,债权人承保的是他的信用风险。三是在保证保险中,履约的全部义务由义务人自己承担,并不发生风险转移,在义务人没有能力承担的情况下才由保险人代为履行义务。因此,保证保险对保险人来说,风险相对比较小;在信用保险中,被保险人交纳保费是为了把义务人不履行义务的风险转嫁给保险人,保险人可能需要把保费的大部分或全部用于赔付,信用保险的承保风险比较大,所以,信用保险一般由政府设立专门的政策性保险公司经营,或者由政府资助商业保险公司经营。

第二十三条　国家支持征信机构发展针对中小企业融资的征信产品和服务,依法向政府有关部门、公用事业单位和商业机构采集信息。

国家鼓励第三方评级机构开展中小企业评级服务。

【释义】 本条是关于征信业务和第三方评级服务的规定。

一、关于征信业务

征信业务是对企业和个人的信用信息进行采集、整理、保存、加工,并向信息使用者提供的活动。征信业在欧美国家已有100多年的历史。最初是提供赊销服务的小业主之间互相交换欠债不还的客户名单,以避免因继续交易给这些客户造成更大的损失。后来征信业逐渐演变成银行等机构提供借款人信用信息的一种专业服务。从20世纪70年代开始,许多国家认识到征信发挥的重要作用,征信业迅速发展并形成了完整的体系。许多征信机构不但采集企业和个人的负面信息,也开始逐步采集正面信息,以便全面反映企业和个人的信用状况。征信机构利用自身拥有的数据库,推出了越来越多的产品和服务。除了传统的信用报告查询,征信机构还通过信用评分、市场服务、欺诈监测等一系列增值服务,在社会经济生活中发挥着重要的作用。

我国中小企业普遍规模小、资金少,一些企业内部财务制度不规范,纳税意识淡薄,存在偷税骗税问题。有的企业为了获得贷款,向银行提供虚假财务会计报告等信息。企业规模越小,政府和社会各方面对其监督的难度就越大,企业的失信行为难以追究,也更容易导致信用的恶化。对于银行来说,搜集中小企业信息资料难度大、成本高,加之搜集的信息资料可信度较差,因此很难全面了解和掌握中小企业经营、财务等方面的真实情况。为了规避风险,一些银行不愿向中小企业提供贷款,加剧了中小企业融资难、贷款难的问题。信用缺失、信用危机不仅使中小企业处于融资难、贷款难的困境,而且也严重制约了我国经济发展,因此,建立有效的中小企业征信体系,培育与市场经济相适应的信用环境十分必要。通过建立和完善中小企业征信制度,使银行能够便捷、低成本地从征信机构获得可信的信息资料,解决中小企业和银行之间信息不对称的问题,有助于银行及时作出放贷决定,减少交易成本,缓解中小企业的融资压力,保证交易的安全。

为了防范金融风险、促进金融业发展,2006 年 3 月,中国人民银行设立中国人民银行征信中心,专门负责企业和个人征信系统(即金融信用信息基础数据库)的建设、运行和维护。2013 年 3 月 15 日施行的《征信业管理条例》,明确了中国人民银行征信中心是由国家设立的金融信用信息基础数据库的定位。该征信中心不以营利为目的,由国务院征信业监督管理部门监督管理。目前,征信中心在全国31个省、自治区和5个计划单列市设有征信分中心。截至2015年4月底,征信系统收录自然人8.6亿多,收录企业及其他组织近2068万户。征信系统全面收集企业和个人的信息。其中,以银行信贷信息为核心,还包括社保、公积金、环保、欠税、民事裁决与执行等公共信息。该系统接入了商业银行、农村信用社、信托公司、财务公司、汽车金融公司、小额贷款公司等各类放贷机构;征信系统的信息查询端口遍布全国各地的金融机构网点,信用信息服务网络覆盖全国,形成了以企业和个人信用报告为核心的征信产品体系。金融信用信息基础数据库接收从事信贷业务的机构按照规定提供的信贷信息,为信息主体和取得信息主体本人书面同意的信息使用者提供查询服务。除了中国人民银行的征信中心外,根据《征信机构管理办法》的规定,在我国可以设立个人信用征信机构和企业信用征信机构。征信机构作为提供信用信息服务的机构,通过合法采集企业、个人的信用信息,加工整理形成信用报告等征信产品,有偿提供给经济活动中的需求方,使其能了解交易活动中对方的信用状况,有利于防范信用风险,保障交易的安全。设立征信机构应当遵守法律、行政法规和中国人民银行的规定,诚信经营,不得损害国家利益、社会公共利益,不得侵犯他人合法权益。

经过十几年的发展,我国已基本上形成了较完善的征信体系,其提供的征信服务涵盖了信用调查、信用征集、信用评级、信用担保及信用咨询等项目。目前,我国一些地方仍在探索适合地方中小企业发展的征信模式并取得了一些成绩,如有的地方开始探索将企业征信系统和个人征信系统互相链接,互相补充。通过评估体系或模式,确立和量化中小企业法人代表信用与其个人信用之间的关联性,将评级结果公布在银行信贷登记咨询系统上,对银行的信贷决策起到重要的参考作用。有的地方由财政投资组建信用服务中介机构,开展企业和个人信用信息联合征信体系。中介机构通过市场化运作机制实现各成员单位之间的信用信息互联、互通和互用;政府协调相关部门按信用征集的内容,定期将征信数据通过信用中介机构形成公共信息数据库。征信需求者在相关网站可以查到这些企业的信用信息。在中小企业、银行和政府间形成一种良好的互动关系。

根据本条第一款的规定,国家支持征信机构发展针对中小企业融资的征信产品和服务,依法向政府有关部门、公用事业单位和商业机构采集信息。有关部门、单位和机构应当依法配合征信机构的工作,保障征信机构能够全面、准确地采集到了中小企业的信息,对中小企业的信用作出客观、准确的信用评价,使具有良好信用记录的中小企业获得较多的贷款等交易机会。同时,通过开展征信业务,强化中小企业的信用意识,约束中小企业的信用行为。通过征信体系的不断完善,全面提高全社会信用意识,形成“守信激励、失信惩戒”的社会风气。

二、关于第三方评级服务

除了发挥征信机构的作用外,本次修订时增加了“国家鼓励第三方评级机构开展中小企业评级服务”的内容。根据本条第二款的规定,国家鼓励第三方评级机构开展中小企业评级服务。第三方评级是由专业的信用评级机构通过规范化的程序和科学化的方法,对中小企业的经营能力、负债情况、管理水平、是否有不良信用记录或者违法违规行为等综合指标进行全面的分析,给予不同的信用等级评价。建立第三方评级服务制度,对于企业本身、银行、金融监管、社会信用环境都具有十分重要的意义。第三方评级服务的特点主要体现在：首先，评级结果较为客观、公正。第三方评级机构是站在中小企业和金融机构之外第三方的立场，本着“公开、公平、公正”的原则开展评级工作，与中小企业和金融机构不存在利害关系，有助于保障评级工作的质量。其次，第三方评级机构具有专业化的优势。评级机构一般集中了各方面的人才，对于涉及经济、法律、财务等方面的业务都比较精通，保证了评级工作的准确性和专业性。此外，由第三方评级机构为中小企业开展评级服务，可以降低调查的成本，提高效率，实现资源共享。因此，应当提高中小企业参加信用评级的积极性，提高全社会对信用评级的认知度。对于第三方评级机构来说，需要针对中小企业的特点和目前存在的问题，设计出更符合中小企业的信用评级体系，并制定出相应的评级标准和信用等级。银行在对中小企业进行贷款时，可以将第三方评级结果作为中小企业获得贷款和进行交易活动的重要考察指标，这样既避免重复评级，也有助于形成全社会统一的信用评级标准，推动信用评级业务的发展。目前有的地方规定，中小企业根据第三方评级机构评定的信用等级，可以申请信用贷款，无需担保，并且根据信用等级的高低实行不同幅度的优惠利率，取得了较好的社会效果。第三方评级业务与征信业务一样，可以解决金融机构和中小企业之间信息不对称的问题，有助于减少银行审核贷款的成本，加快放贷的进度，提高了中小企业融资的便利性，为中小企业创造更多的融资机会。

第四章 创业扶持

第二十四条 县级以上人民政府及其有关部门应当通过政府网站、宣传资料等形式,为创业人员免费提供工商、财税、金融、环境保护、安全生产、劳动用工、社会保障等方面的法律政策咨询和公共信息服务。

【释义】 本条是关于法律政策咨询和公共信息服务的规定。

本条对原法第二十五条进行了修改。原法第二十五条规定:“地方人民政府应当根据实际情况,为创业人员提供工商、财税、融资、劳动用工、社会保障等方面的政策咨询和信息服务。”本次修改,在服务提供主体上,将“地方人民政府”修改为“县级以上人民政府及其有关部门”,扩大服务主体范围。在提供服务的方式上,增加了“通过政府网站、宣传资料等形式”“免费”的规定,增强了可操作性。在服务内容上,将“融资”修改为“金融”,增加“环境保护、安全生产”,内容更全面。

一、关于服务提供主体

本次修改,将原法规定的“地方人民政府”修改为“县级以上人民政府及其有关部门”,既包括县级以上地方人民政府及其有关部门,也包括国务院及其有关部门。

县级以上人民政府及其有关部门在职责范围内负责中小企业促进等相关工作,有的还是相关政策的制定者,熟悉与本单位、本部门相关的中小企业法律法规和政策信息，因此法律规定由它们为创业者提供法律政策咨询和公共信息服务，本条规定的是“应当”提供，是法定义务。县级以上人民政府及其有关部门应当增强服务意识和服务能力，履行好法定职责。

二、关于服务提供方式

2015 年《国务院办公厅关于简化优化公共服务流程方便基层群众办事创业的通知》（国办发〔2015〕86 号）提出，要以创业创新需求为导向，明确有关政策支持、法律和信息咨询、知识产权保护、就业技能培训等综合服务事项；以公共服务公平、可及为目标，明确公共教育、劳动就业、社会保障、医疗卫生、住房保障、文化体育、扶贫脱贫等与群众日常生产生活密切相关的公共服务事项。公共服务事项目录和办事指南等须通过政府网站、宣传手册等形式向社会公开。《国务院关于加快推进“互联网 + 政务服务”工作的指导意见》（国发〔2016〕55 号）、《国务院办公厅印发〈关于全面推进政务公开工作的意见〉实施细则的通知》（国办发〔2016〕80 号）、《国务院关于印发“十三五”推进基本公共服务均等化规划的通知》（国发〔2017〕9 号）、《国务院办公厅关于印发政务信息系统整合共享实施方案的通知》（国办发〔2017〕39 号）等也对该问题作了规定。

为深入推进互联网政务信息数据和便民服务平台建设，提升政府网上服务能力，《国务院办公厅关于印发政府网站发展指引的通知》（国办发〔2017〕47 号）提出，各省（区、市）人民政府、国务院有关部门要依托政府门户网站，整合本地区、本部门政务服务资源与数据，加快构建权威、便捷的一体化互联网政务服务平台。政府网站要设置统一的办事服务入口，发布本地区、本部门政务服务事项目录，集中提供在线服务。《国务院办公厅关于创新管理优化服务 培育壮大经济发展新动能 加快新旧动能接续转换的意见》(国办发〔2017〕4 号)强调,推广“互联网+政务服务”,普及网上预约、审批、咨询,全面实行并联审批、阳光审批、限时办结等制度,提高审批协同性,持续改进对小微企业、初创企业的服务。为企业开办和成长“点对点”提供政策、信息、法律、人才、场地等全方位服务。

本次修订,在服务提供方式上增加了两项内容:一是规定“通过政府网站、宣传资料等形式”,体现了为创业者提供灵活、便捷服务的精神。实践中,可以通过政府网站、宣传资料的形式,也可以通过开办讲座等形式,具体形式根据实际情况确定,但要尽可能让创业者持续、便捷地获得服务。二是规定提供的服务应当免费,避免借机乱收费、增加创业者负担。

三、关于服务内容

服务内容包括工商、财税、金融、环境保护、安全生产、劳动用工、社会保障等方面的法律政策咨询和公共信息服务。

工商涉及成立企业的审批、登记条件和程序等内容。财税涉及企业税种、税率、税收优惠、纳税方式、纳税程序以及政府财政资金扶持等内容。环境保护涉及企业成立以及生产经营过程中需要遵守的环境保护法律、法规、政策等内容。安全生产涉及企业生产经营过程中需要达到的生产条件等内容。劳动用工涉及劳动合同相关问题以及国家对企业吸收就业困难等群体就业的鼓励措施等内容。社会保障涉及企业缴纳社会保险费率、缴纳方式等内容。本条列举的上述内容是创业者普遍面临和重点关注的问题。本法修订过程中,有的建议增加列举其他方面的内容,考虑到无论如何列举,都难免挂一漏万,本条用了“等方面”作兜底规定,意味着包括但不限于列举出来的几项。

第二十五条　高等学校毕业生、退役军人和失业人员、残疾人员等创办小型微型企业，按照国家规定享受税收优惠和收费减免。

【释义】 本条是关于对特殊群体的创业扶持的规定。

原法第二十二条第二款、第三款规定："失业人员、残疾人员创办中小企业的，所在地政府应当积极扶持，提供便利，加强指导。""政府有关部门应当采取措施，拓宽渠道，引导中小企业吸纳大中专学校毕业生就业。"本条将该两款规定进行合并后作了修改。一是增加"退役军人"，扩大了扶持对象；二是强调"享受税收优惠和收费减免"，明确了扶持措施。

一、关于高等学校毕业生、失业人员的税收优惠

2015年《国务院关于大力推进大众创业万众创新若干政策措施的意见》（国发〔2015〕32号）提出，使有梦想、有意愿、有能力的科技人员、高校毕业生、农民工、退役军人、失业人员等各类市场创业主体"如鱼得水"。完善普惠性税收措施，落实促进高校毕业生、残疾人、退役军人、登记失业人员等创业就业税收政策。

2017年，财政部、国家税务总局和人力资源社会保障部发布《关于继续实施支持和促进重点群体创业就业有关税收政策的通知》（财税〔2017〕49号），继续对下列人员创业提供税收优惠政策：（1）在人力资源社会保障部门公共就业服务机构登记失业半年以上的人员；（2）零就业家庭、享受城市居民最低生活保障家庭劳动年龄内的登记失业人员；（3）毕业年度内高校毕业生（实施高等学历教育的普通高等学校、成人高等学校应届毕业的学生）。持《就业创业证》（注明"自主创业税收政策"或"毕业年度内自主创业税收政策"）或《就业失业登记证》（注明"自主创业税收政策"或附着《高校毕业生自主创业证》）的上述

人员从事个体经营的，在3年内按每户每年8000元为限额依次扣减其当年实际应缴纳的增值税、城市维护建设税、教育费附加、地方教育附加和个人所得税。限额标准最高可上浮20%。对商贸企业、服务型企业、劳动就业服务企业中的加工型企业和街道社区具有加工性质的小型企业实体，在新增加的岗位中，当年新招用在人力资源社会保障部门公共就业服务机构登记失业半年以上且持《就业创业证》或《就业失业登记证》（注明“企业吸纳税收政策”）人员，与其签订1年以上期限劳动合同并依法缴纳社会保险费的，在3年内按实际招用人数予以定额依次扣减增值税、城市维护建设税、教育费附加、地方教育附加和企业所得税优惠。定额标准为每人每年4000元，最高可上浮30%。

二、关于退役军人的税收优惠

《兵役法》第六十条规定，退出现役义务兵就业享受国家扶持优惠政策。第六十三条规定，军官退出现役，国家采取转业、复员、退休等办法予以妥善安置。作转业安置的，按照有关规定实行计划分配和自主择业相结合的方式安置；作复员安置的，按照有关规定由安置地人民政府接收安置，享受有关就业优惠政策。《退役士兵安置条例》第二十三条规定：“对从事个体经营的退役士兵，按照国家规定给予税收优惠，给予小额担保贷款扶持，从事微利项目的给予财政贴息。除国家限制行业外，自其在工商行政管理部门首次注册登记之日起3年内，免收管理类、登记类和证照类的行政事业性收费。”第二十四条规定：“国家鼓励用人单位招收录用或者聘用自主就业的退役士兵，用人单位招收录用或者聘用自主就业退役士兵符合规定条件的，依法享受税收等优惠。”

2014年，财政部、国家税务总局和民政部发布的《关于调整完善扶持自主就业退役士兵创业就业有关税收政策的通知》(财税〔2014〕42号)规定了以下优惠措施:第一,对自主就业退役士兵从事个体经营的,在3年内按每户每年8000元为限额依次扣减其当年实际应缴纳的营业税、城市维护建设税、教育费附加、地方教育附加和个人所得税。限额标准最高可上浮20%。第二,对商贸企业、服务型企业、劳动就业服务企业中的加工型企业和街道社区具有加工性质的小型企业实体,在新增加的岗位中,当年新招用自主就业退役士兵,与其签订1年以上期限劳动合同并依法缴纳社会保险费的,在3年内按实际招用人数予以定额依次扣减营业税、城市维护建设税、教育费附加、地方教育附加和企业所得税优惠。定额标准为每人每年4000元,最高可上浮50%。上述优惠措施于2016年12月31日届满。2017年,财政部、国家税务总局和民政部又颁布《关于继续实施扶持自主就业退役士兵创业就业有关税收政策的通知》(财税〔2017〕46号)延续了上述优惠措施(执行期限为2017年1月1日至2019年12月31日)。

三、关于残疾人员的税收优惠

《残疾人保障法》第三十四条规定:"国家鼓励和扶持残疾人自主择业、自主创业。"第三十五条规定:"地方各级人民政府和农村基层组织,应当组织和扶持农村残疾人从事种植业、养殖业、手工业和其他形式的生产劳动。"第三十六条第一款规定:"国家对安排残疾人就业达到、超过规定比例或者集中安排残疾人就业的用人单位和从事个体经营的残疾人,依法给予税收优惠,并在生产、经营、技术、资金、物资、场地等方面给予扶持。国家对从事个体经营的残疾人,免除行政事业性收费。"《残疾人就业条例》第十九条规定:"国家鼓励扶持残疾人自主择业、自主创业。对残疾人从事个体经营的,应当依法给予税收优惠,有关部门应当在经营场地等方面给予照顾,并按照规定免收管理类、登记类和证照类的行政事业性收费。”“国家对自主择业、自主创业的残疾人在一定期限内给予小额信贷等扶持。”

2016 年《财政部、国家税务总局关于促进残疾人就业增值税优惠政策的通知》(财税〔2016〕52 号)规定了相关税收优惠政策。2016 年《国务院关于印发“十三五”加快残疾人小康进程规划纲要的通知》(国发〔2016〕47 号)提出,对符合条件的自主创业、灵活就业残疾人,按规定给予税费减免和社会保险补贴,帮助安排经营场所、提供启动资金支持。

四、关于其他人员的税收优惠

除了高等学校毕业生、退役军人和失业人员、残疾人员创业的税收优惠政策,相关法律、法规等还规定了其他人员创业的税收优惠。例如,2011 年中组部、人力资源社会保障部发布的《关于支持留学人员回国创业的意见》(人社部发〔2011〕23 号)提出,留学人员回国创办企业的,按有关规定享受相应的税收优惠政策。2016 年《国务院办公厅关于支持返乡下乡人员创业创新促进农村一二三产业融合发展的意见》(国办发〔2016〕84 号)提出,通过财政补贴、政府购买服务、落实税收优惠等政策,支持返乡下乡人员利用大数据、物联网、云计算、移动互联网等新一代信息技术开展创业创新。

第二十六条　国家采取措施支持社会资金参与投资中小企业。创业投资企业和个人投资者投资初创期科技创新企业的,按照国家规定享受税收优惠。

【释义】 本条是关于支持社会资金投资中小企业的规定。

原法第十七条规定:“国家通过税收政策鼓励各类依法设立的风险投资机构增加对中小企业的投资。”本次修改将投资主体由“风险投资机构”修改为“社会资金”,并增加规定“创业投资企业和个人投资者投资初创期科技创新企业的,按照国家规定享受税收优惠”。明确了鼓励措施。

一、关于政府创业投资引导基金的引导作用

政府创业投资引导基金的投资领域在一定程度上体现了国家对某些领域的支持,对社会投资机构有很高的参考价值和引导作用,是调动社会资金积极性的重要方式。

2009 年《国务院关于进一步促进中小企业发展的若干意见》(国发〔2009〕36 号)提出,鼓励有关部门和地方政府设立创业投资引导基金,引导社会资金设立主要支持中小企业的创业投资企业,积极发展股权投资基金。

2012 年《中共中央、国务院关于深化科技体制改革加快国家创新体系建设的意见》提出,建立政府引导资金和社会资本共同支持初创科技型企业发展的风险投资机制,实施科技型中小企业创业投资引导基金及新兴产业创业投资计划,引导创业投资机构投资科技型中小企业。

2015 年《国务院办公厅关于发展众创空间推进大众创新创业的指导意见》(国办发〔2015〕9 号)提出,发挥国家新兴产业创业投资引导基金对社会资本的带动作用,重点支持战略性新兴产业和高技术产业早中期、初创期创新型企业发展。2015 年《国务院关于大力推进大众创业万众创新若干政策措施的意见》(国发〔2015〕32 号)提出,不断扩大社会资本参与新兴产业创投计划参股基金规模,做大直接融资平台,引导创业投资更多向创业企业起步成长的前端延伸。加快实施新兴产业“双创”

三年行动计划，建立一批新兴产业“双创”示范基地，引导社会资金支持大众创业。

2016年《促进中小企业发展规划（2016—2020年）》（工信部规〔2016〕223号）提出，发挥国家中小企业发展基金作用。通过国家中小企业发展基金，带动地方、创业投资机构及其他社会资本投资种子期、初创期成长型中小企业。

二、关于税收优惠政策

2015年《中共中央、国务院关于深化体制机制改革加快实施创新驱动发展战略的若干意见》（中发〔2015〕8号）提出，研究制定天使投资相关法规。按照税制改革的方向与要求，对包括天使投资在内的投向种子期、初创期等创新活动的投资，统筹研究相关税收支持政策。研究扩大促进创业投资企业发展的税收优惠政策，适当放宽创业投资企业投资高新技术企业的条件限制，并在试点基础上将享受投资抵扣政策的创业投资企业范围扩大到有限合伙制创业投资企业法人合伙人。

2017年财政部、国家税务总局发布《关于创业投资企业和天使投资个人有关税收试点政策的通知》（财税〔2017〕38号），确定京津冀、上海、广东、安徽、四川、武汉、西安、沈阳8个全面创新改革试验区域和苏州工业园区作为创业投资企业和天使投资个人有关税收试点，相关政策包括：

1. 公司制创业投资企业采取股权投资方式直接投资于种子期、初创期科技型企业（统称初创科技型企业）满2年的，可以按照投资额的70%在股权持有满2年的当年抵扣该公司制创业投资企业的应纳税所得额；当年不足抵扣的，可以在以后纳税年度结转抵扣。

2. 有限合伙制创业投资企业采取股权投资方式直接投资

于初创科技型企业满 2 年的，该合伙创投企业的合伙人分别按以下方式处理：(1)法人合伙人可以按照对初创科技型企业投资额的 70% 抵扣法人合伙人从合伙创投企业分得的所得；当年不足抵扣的，可以在以后纳税年度结转抵扣。(2)个人合伙人可以按照对初创科技型企业投资额的 70% 抵扣个人合伙人从合伙创投企业分得的经营所得；当年不足抵扣的，可以在以后纳税年度结转抵扣。

3. 天使投资个人采取股权投资方式直接投资于初创科技型企业满 2 年的，可以按照投资额的 70% 抵扣转让该初创科技型企业股权取得的应纳税所得额；当期不足抵扣的，可以在以后取得转让该初创科技型企业股权的应纳税所得额时结转抵扣。天使投资个人在试点地区投资多个初创科技型企业的，对其中办理注销清算的初创科技型企业，天使投资个人对其投资额的 70% 尚未抵扣完的，可自注销清算之日起 36 个月内抵扣天使投资个人转让其他初创科技型企业股权取得的应纳税所得额。

该通知还规定，“初创科技型企业”应当符合以下条件：(1)在中国境内(不包括港、澳、台地区)注册成立、实行查账征收的居民企业；(2)接受投资时，从业人数不超过 200 人，其中具有大学本科以上学历的从业人数不低于 30%；资产总额和年销售收入均不超过 3000 万元；(3)接受投资时设立时间不超过 5 年；(4)接受投资时以及接受投资后 2 年内未在境内外证券交易所上市；(5)接受投资当年及下一纳税年度，研发费用总额占成本费用支出的比例不低于 20%。

享受该通知规定税收试点政策的创业投资企业，应同时符合以下条件：(1)在中国境内(不含港、澳、台地区)注册成立、实行查账征收的居民企业或合伙创投企业，且不属于被投资初创科技型企业的发起人;(2)符合《创业投资企业管理暂行办法》(国家发展改革委等10部门令第39号)规定或者《私募投资基金监督管理暂行办法》(证监会令第105号)关于创业投资基金的特别规定,按照上述规定完成备案且规范运作;(3)投资后2年内,创业投资企业及其关联方持有被投资初创科技型企业的股权比例合计应低于50%;(4)创业投资企业注册地须位于本通知规定的试点地区。

享受该通知规定的税收试点政策的天使投资个人,应同时符合以下条件:(1)不属于被投资初创科技型企业的发起人、雇员或其亲属(包括配偶、父母、子女、祖父母、外祖父母、孙子女、外孙子女、兄弟姐妹,下同),且与被投资初创科技型企业不存在劳务派遣等关系;(2)投资后2年内,本人及其亲属持有被投资初创科技型企业股权比例合计应低于50%;(3)享受税收试点政策的天使投资个人投资的初创科技型企业,其注册地须位于本通知规定的试点地区。

享受该通知规定的税收试点政策的投资,仅限于通过向被投资初创科技型企业直接支付现金方式取得的股权投资,不包括受让其他股东的存量股权。

该通知规定的企业所得税政策自2017年1月1日起试点执行,个人所得税政策自2017年7月1日起试点执行。执行日期前2年内发生的投资,在执行日期后投资满2年,且符合该通知规定的其他条件的,可以适用该通知规定的税收试点政策。

三、早期创投风险补偿机制

2015年《科技部关于进一步推动科技型中小企业创新发展的若干意见》(国科发高〔2015〕3号)提出,鼓励各类社会资本设立天使投资、创业投资等股权投资基金,支持科技型中小企业创业活动。探索建立早期创投风险补偿机制，在投资损失确认后可按损失额的一定比例，对创业投资企业进行风险补偿。

第二十七条　国家改善企业创业环境，优化审批流程，实现中小企业行政许可便捷，降低中小企业设立成本。

【释义】　本条是关于优化审批流程的规定。

原法第二十六条规定："企业登记机关应当依法定条件和法定程序办理中小企业设立登记手续，提高工作效率，方便登记者。不得在法律、行政法规规定之外设置企业登记的前置条件；不得在法律、行政法规规定的收费项目和收费标准之外，收取其他费用。"本次修改，一是使关于行政审批的表述更简练、准确，二是把涉企收费相关内容放在第八章"权益保护"中，理顺逻辑结构。

一、关于企业市场准入

2013 年《中共中央关于全面深化改革若干重大问题的决定》提出，实行统一的市场准入制度，在制定负面清单基础上，各类市场主体可依法平等进入清单之外领域。推进工商注册制度便利化，削减资质认定项目，由先证后照改为先照后证，把注册资本实缴登记制度逐步改为认缴登记制。2014 年《国务院关于促进市场公平竞争维护市场正常秩序的若干意见》（国发〔2014〕20 号）提出，制定市场准入负面清单，国务院以清单方式明确列出禁止和限制投资经营的行业、领域、业务等，清单以外的，各类市场主体皆可依法平等进入；地方政府需进行个别调整的，由省级政府报经国务院批准。2015 年出台了《国务院关于实行市场准入负面清单制度的意见》（国发〔2015〕55 号）和《关于开展市场准入负面清单制度改革试点的工作方案》。

2016年5月9日，李克强总理在全国推进简政放权放管结合优化服务改革电视电话会议上的讲话中指出，要在降门槛、同规则、同待遇上下功夫。特别是要坚持“两个毫不动摇”，不断增强国有经济活力、控制力、影响力，提高核心竞争力，更好激发非公经济和民间投资的活力，支持民营企业扩大投资。凡是法律法规未明确禁入的行业和领域，都应允许各类市场主体进入；凡是已向外资开放或承诺开放的领域，都应向国内民间资本放开；凡是影响民间资本公平进入和竞争的不合理障碍，都要统统打掉。要在相关试点基础上，抓紧建立市场准入负面清单制度，破除民间投资进入电力、电信、交通、油气、市政公用、养老、医疗、教育等领域的不合理限制和隐性壁垒，坚决取消对民间资本单独设置的附加条件和歧视性条款，做到一视同仁、同股同权，切实保障民营资本的合法权益。

2017年5月，国务院印发《关于进一步削减工商登记前置审批事项的决定》（国发〔2017〕32号），本届政府已将全部226项工商登记前置审批事项中的87%改为后置审批或取消。

二、关于行政审批

《国务院关于促进市场公平竞争维护市场正常秩序的若干意见》（国发〔2014〕20号）提出，大力减少行政审批事项。投资审批、生产经营活动审批、资质资格许可和认定、评比达标表彰、评估等，要严格按照《行政许可法》和国务院规定的程序设定；凡违反规定程序设定的应一律取消。省级人民政府设定临时性的行政许可，要严格限定在控制危险、配置有限公共资源和提供特定信誉、身份、证明的事项，并须依照法定程序设定。建立健全政务中心和网上办事大厅，集中办理行政审批，实行一个部门一个窗口对外，一级地方政府“一站式”服务，减少环节，提高效率。禁止变相审批。严禁违法设定行政许可、增加行政许可条件和程序;严禁以备案、登记、注册、年检、监制、认定、认证、审定、指定、配号、换证等形式或者以非行政许可审批名义变相设定行政许可;严禁借实施行政审批变相收费或者违法设定收费项目;严禁将属于行政审批的事项转为中介服务事项,搞变相审批、有偿服务;严禁以加强事中事后监管为名,变相恢复、上收已取消和下放的行政审批项目。《国务院关于规范国务院部门行政审批行为改进行政审批有关工作的通知》(国发〔2015〕6号)、《国务院办公厅关于清理规范国务院部门行政审批中介服务的通知》(国办发〔2015〕31号)等对行政审批改革作了进一步要求。

2016年5月9日,李克强总理在全国推进简政放权放管结合优化服务改革电视电话会议上的讲话中指出,本届政府成立之初,国务院部门各类审批达1700多项。三年多来,经过不懈努力,国务院部门共取消和下放行政审批事项618项,占原有审批事项的36%,本届政府承诺的目标提前超额完成。非行政许可审批彻底终结。连续两次修订政府核准的投资项目目录,中央层面核准的项目数量累计减少约76%,95%以上的外商投资项目、98%以上的境外投资项目改为网上备案管理。各地在承接上级下放权限的同时,积极推进本层级的"放管服"改革,多数省份行政审批事项减少50%左右,有的达到70%。2016年再削减国务院部门行政审批事项和中央指定地方实施行政审批事项50项以上,削减国务院部门设置的职业资格比例达到70%以上,削减一批生产许可证、经营许可证和资质认定。为更好发挥投资对稳增长、调结构、惠民生的关键性作用,中央层面核准的企业投资项目削减比例要达到90%以上,简化整合投资项目报建审批，保留的审批事项要纳入全国统一的投资项目在线审批监管平台，实行“一站式”网上并联审批，明确标准、缩短流程、限时办结。要进一步提高放权的协同性、联动性，对跨部门、跨领域、跨地域的审批事项，相同或相近类别的要一并取消或下放，关联审批事项要全链条整体取消或下放。

2017 年发布《国务院关于调整工业产品生产许可证管理目录和试行简化审批程序的决定》（国发〔2017〕34 号），目录调整后，取消、转认证、下放幅度达 50% 持续降低企业制度性交易成本。

三、关于商事登记制度

《国务院关于促进市场公平竞争维护市场正常秩序的若干意见》（国发〔2014〕20 号）提出，改革工商登记制度。简化手续，缩短时限，鼓励探索实行工商营业执照、组织机构代码证和税务登记证“三证合一”登记制度。

“三证合一”登记制度是指将企业登记时依次申请，分别由工商行政管理部门核发工商营业执照、质量技术监督部门核发组织机构代码证、税务部门核发税务登记证，改为一次申请、由工商行政管理部门核发一个营业执照的登记制度。“三证合一”登记制度改革可以进一步便利企业注册。2015 年《国务院办公厅关于加快推进“三证合一”登记制度改革的意见》（国办发〔2015〕50 号）对“三证合一”登记制度改革提出了具体要求：

1. 统一申请条件和文书规范。要以方便企业办事、简化登记手续、降低行政成本为出发点，按照企业不重复填报登记申请文书内容和不重复提交登记材料的原则，依法梳理申请事项，统一明确申请条件，整合简化文书规范，实行“一套材料”和“一表登记”申请，并在“一窗受理”窗口公示申请条件和示范文本。

2. 规范申请登记审批流程。整合优化申请、受理、审查、核准、公示、发照等程序,缩短登记审批时限。“一个窗口”统一受理企业申请并审核后,申请材料和审核信息在部门间共享,实现数据交换、档案互认。电子登记档案与纸质登记档案具有同等法律效力。各地区要结合本地区实际,制定简明易懂的“三证合一”登记办事指南,明确企业设立(开业)登记、变更登记、注销登记等各个环节的操作流程。

3. 优化登记管理服务方式。要坚持公开办理、限时办理、透明办理,坚持条件公开、流程公开、结果公开。除涉及国家秘密、商业秘密或个人隐私外,要及时公开登记企业的基础信息。各相关部门要切实履行对申请人的告知义务,及时提供咨询服务,强化内部督查和社会监督,提高登记审批效率。

4. 建立跨部门信息传递与数据共享的保障机制。要加大信息化投入,按照统一规范和标准,改造升级各相关业务信息管理系统,实现互联互通、信息共享。充分利用统一的信用信息共享交换平台,推动企业基础信息和相关信用信息在政府部门间广泛共享和有效应用。积极推进“三证合一”申请、受理、审查、核准、公示、发照等全程电子化登记管理,最终实现“三证合一”网上办理。

5. 实现改革成果共享应用。实行“三证合一”登记制度改革后,企业的组织机构代码证和税务登记证不再发放。企业原需要使用组织机构代码证、税务登记证办理相关事务的,一律改为使用“三证合一”后的营业执照办理。实行更多证照合一的,只要与本意见的原则和要求相一致,都可以先行先试。各地区、各部门、各单位都要予以认可和应用。

2016 年 5 月 9 日,李克强总理在全国推进简政放权放管结合优化服务改革电视电话会议上的讲话中指出，大幅砍掉各类不必要的证照，在“三证合一”基础上，把涉及企业的社会保险登记证、统计登记证也整合进来，尽快推行“五证合一、一照一码”。要推进工商登记全程电子化试点，加快推行电子营业执照。同步推进“证照分离”改革试点，除涉及国家安全、生态安全和公众健康等重大公共利益外，能分离的“证”都要分离出去，切实解决“办照容易办证难”问题。强化现有制度规定与“三证合一、一照一码”的有效衔接、联动实施，真正实现“一照走天下”。

2017 年 5 月《国务院办公厅关于加快推进“多证合一”改革的指导意见》（国办发〔2017〕41 号）提出，将涉及企业（包括个体工商户、农民专业合作社）登记、备案等有关事项和各类证照（包括工商营业执照、组织机构代码证、税务登记证、社会保险登记证和统计登记证等，统称涉企证照事项）进一步整合到营业执照上，实现“多证合一、一照一码”。

第二十八条　国家鼓励建设和创办小型微型企业创业基地、孵化基地，为小型微型企业提供生产经营场地和服务。

【释义】　本条是关于支持创业基地、孵化基地建设的规定。

本条是新增加的内容。小型微型企业在发展初期，面临人才、技术、资金、场地、服务等多方面困难，创业基地、孵化基地作为创业服务机构，为小型微型企业提供相关服务，有利于培育、扶持小型微型企业快速成长。

一、关于创业基地、孵化基地的发展

2010 年科学技术部制定的《科技企业孵化器认定和管理办

法》规定，科技企业孵化器，是以促进科技成果转化、培养高新技术企业和企业家为宗旨的科技创业服务载体。孵化器是国家创新体系的重要组成部分，是创新创业人才培养的基地，是区域创新体系的重要内容。2016 年工业和信息化部制定的《国家小型微型企业创业创新示范基地建设管理办法》规定，小型微型企业创业创新示范基地，是由法人单位建设或运营，聚集各类创业创新服务资源，为小微企业提供有效服务支撑的载体和场所。

本条规定的小型微型企业创业基地、孵化基地范围较宽，主要是指依法成立、为小型微型企业的创立、成长提供相关服务的载体。实践中创业基地和孵化基地使用的具体名称比较多样的，如创业园、孵化器、科技园、创业创新示范基地、创客空间等。

我国自 1987 年创办科技企业孵化器以来，国家出台许多政策，鼓励和支持建设了大量企业创业基地、孵化基地，为培育小型微型企业发挥了重要作用。分别制定了科技企业孵化器的“十五”“十一五”“十二五”“十三五”发展规划。2009 年《国务院关于进一步促进中小企业发展的若干意见》（国发〔2009〕36 号）提出，支持小企业创业基地建设，改善创业和发展环境。2012 年《国务院关于进一步支持小型微型企业健康发展的意见》（国发〔2012〕14 号）提出，实施创办小企业计划，培育和支持 3000 家小企业创业基地。积极发展各类科技孵化器，到 2015 年，在孵企业规模达到 10 万家以上。2015 年《国务院关于大力推进大众创业万众创新若干政策措施的意见》（国发〔2015〕32 号）提出，加强海外科技人才离岸创业基地建设，把更多的国外创业创新资源引入国内。2015 年《国务院关于加快构建大众创业万众创新支撑平台的指导意见》（国发〔2015〕53 号）提出，大力发展专业空间众创。鼓励各类科技园、孵化器、创业基地、农民工返乡创业园等加快与互联网融合创新，打造线上线下相结合的大众创业万众创新载体。鼓励各类线上虚拟众创空间发展，为创业创新者提供跨行业、跨学科、跨地域的线上交流和资源链接服务。鼓励创客空间、创业咖啡、创新工场等新型众创空间发展，推动基于“互联网＋”的创业创新活动加速发展。

二、关于为中小企业提供场地和服务

2012 年《国务院关于进一步支持小型微型企业健康发展的意见》（国发〔2012〕14 号）提出，经济技术开发区、高新技术开发区以及工业园区等各类园区要集中建设标准厂房，积极为小型微型企业提供生产经营场地。对创办 3 年内租用经营场地和店铺的小型微型企业，符合条件的，给予一定比例的租金补贴。2013 年工业和信息化部等《关于促进劳动密集型中小企业健康发展的指导意见》（工信部联企业〔2013〕542 号）提出，加快建设小企业创业基地、科技孵化器、商贸企业集聚区等，各类园区要集中建设标准厂房和仓储设施，积极为企业提供生产经营场地。对创办三年内租用经营场地和店铺的劳动密集型中小企业，符合条件的，给予一定比例的租金补贴。

根据《科技企业孵化器认定和管理办法》的规定，科技企业孵化器的主要功能是为科技型创业企业创业者提供创业培训、辅导、咨询，提供研发、试制、经营的场地和共享设施，以及政策、法律、财务、投融资、企业管理、人力资源、市场推广和加速成长等方面的服务。

根据《国家小型微型企业创业创新示范基地建设管理办法》的规定，国家小型微型企业创业创新示范基地应当提供以下服务中的至少四种服务功能：（1）信息服务。具有便于入驻企业查询的、开放的信息服务系统；具有在线服务、线上线下联动功能。(2)创业辅导。为创业人员或入驻小微企业提供创业咨询、开业指导、创业辅导和培训等服务。(3)创新支持。具有知识产权转化或组织技术服务资源的能力,能够进行研发项目、科研成果和资本等多方对接。(4)人员培训。为创业人员、企业经营者、专业技术人员和员工提供各类培训。(5)市场营销。组织企业参加各类展览展销、贸易洽谈、产品推介与合作等活动。(6)投融资服务。提供融资信息、组织开展投融资推介和对接等服务。(7)管理咨询。为企业提供发展战略、财务管理、人力资源、市场营销等咨询服务。(8)专业服务。为企业提供法律咨询及援助、代理会计、专利申请、审计、评估等服务。

创业基地、孵化基地可以直接为中小企业提供服务,也可以请第三方专业机构提供服务。

三、关于国家的鼓励措施

国家鼓励建设和创办小型微型企业创业基地、孵化基地,要坚持政府引导、市场主导的原则,一方面加强政府在宏观规划、政策支持和资源整合等方面的引导和指导作用,另一方面发挥市场在资源配置中的决定性作用,吸收社会力量参与创业基地、孵化基地建设,形成建设主体多元化、运行机制多样化。目前我国创业基地、孵化基地的投资主体多元,既有政府部门、高校院所、投融资机构和企事业单位,也有企业家、天使投资人、龙头企业、新兴服务机构和创业媒体等。在运营方面,有的是建设方负责运营,有的是委托给第三方运营。有的是公益性的,有的是营利性的。企业化运营的创业基地、孵化基地数量和比重不断上升。

国家的鼓励措施主要体现在以下几个方面:

一是提供用地支持。2012年《国务院关于进一步支持小型微型企业健康发展的意见》(国发〔2012〕14 号)提出,规划建设小企业创业基地、科技孵化器、商贸企业集聚区等,地方各级政府要优先安排用地计划指标。

二是提供资金支持。2014 年《国务院关于扶持小型微型企业健康发展的意见》(国发〔2014〕52 号)提出,加大中小企业专项资金对小企业创业基地(微型企业孵化园、科技孵化器、商贸企业集聚区等)建设的支持力度。《国家科技企业孵化器“十三五”发展规划》(国科办高〔2017〕55 号)提出,加大财政资金投入力度,加强对孵化器的宏观引导和公共服务产品供给。运用后补助方式,以孵化业绩指标为考量激励孵化器提高孵化绩效;实施精准资助,激励孵化器切实服务创业团队和初创期企业,引导孵化器重点提升创业辅导、融资、市场开发等“软服务”能力;探索运用“创新创业券”等手段,鼓励创新源头向创业端投入技术成果,促进产学研融合,激励各类专业机构以孵化器为平台向科技创业者和创业企业提供有效服务,培育创业服务市场;发挥财政资金母基金杠杆作用,引导社会资金与民间资金建立天使孵化基金。综合利用各级财政专项资金、小微企业创业创新基地城市示范资金、“双创”示范基地资金等,重点支持孵化机构在研发创新、投资能力、教育培训、导师服务、创业赛事、国际化拓展、品牌性创新创业活动等方面的投入,支持孵化平台建设。

三是实行税收优惠。“十一五”期间,国家即开始试行孵化器税收减免政策。2016 年财政部、国家税务总局发布的《关于科技企业孵化器税收政策的通知》(财税〔2016〕89 号)规定,自 2016 年 1 月 1 日至 2018 年 12 月 31 日,对符合条件的孵化器自用以及无偿或通过出租等方式提供给孵化企业使用的房产、土地,免征房产税和城镇土地使用税;自 2016 年 1 月 1 日至 2016

年4月30日,对其向孵化企业出租场地、房屋以及提供孵化服务的收入,免征营业税;在营业税改征增值税试点期间,对其向孵化企业出租场地、房屋以及提供孵化服务的收入,免征增值税。符合非营利组织条件的孵化器的收入,按照《企业所得税法》及其实施条例和有关税收政策规定享受企业所得税优惠政策。

需要注意的是,国家在支持和鼓励建设和创立创业基地、孵化基地过程中,要注重完善创业基地、孵化基地标准,在布局和规模上要确保科学合理,增强职业化队伍建设,提升其链接与整合国内外创新创业资源的能力,提高其为中小企业的服务质量,实现创业基地、孵化基地的可持续发展。

第二十九条　地方各级人民政府应当根据中小企业发展的需要,在城乡规划中安排必要的用地和设施,为中小企业获得生产经营场所提供便利。

国家支持利用闲置的商业用房、工业厂房、企业库房和物流设施等,为创业者提供低成本生产经营场所。

【释义】　本条是关于为中小企业提供生产经营场所的规定。

原法第二十二条第一款规定:"政府有关部门应当积极创造条件,提供必要的、相应的信息和咨询服务,在城乡建设规划中根据中小企业发展的需要,合理安排必要的场地和设施,支持创办中小企业。"调研中有的部门、企业提出,土地是稀缺资源,许多地方将建设用地指标优先分配给大型企业,中小企业面临"用地难"问题,发展受到影响。有的地方经济转型、企业改制过程中留下许多闲置厂房等,政府通过资金扶持、租金补贴、税收优惠等政策，支持产权方单独或与社会资本合作将闲置资源改造为中小企业创业基地、孵化基地，产权方盘活了资产、中小企业获得实惠、政府完成产业升级，取得良好效果。因此本次修订新增加规定，国家支持利用闲置的商业用房、工业厂房、企业库房和物流设施等，为创业者提供低成本生产经营场所。国务院相关文件对此也作了规定。

一、关于在城乡规划中安排必要的用地和设施

《城乡规划法》第二条规定，城乡规划包括城镇体系规划、城市规划、镇规划、乡规划和村庄规划。第十二条、第十三条规定，全国城镇体系规划由国务院城乡规划主管部门会同国务院有关部门组织编制，用于指导省域城镇体系规划、城市总体规划的编制。省域城镇体系规划由省、自治区人民政府组织编制，报国务院审批。第三条、第十四条、第十五条规定，城市和镇应当依照本法制定城市规划和镇规划。城市总体规划由城市人民政府组织编制。县人民政府所在地镇的总体规划由县人民政府组织编制，报上一级人民政府审批。其他镇的总体规划由镇人民政府组织编制，报上一级人民政府审批。第三条、第二十二条规定，县级以上地方人民政府确定应当制定乡规划、村庄规划的区域。乡、镇人民政府组织编制乡规划、村庄规划，报上一级人民政府审批。

城市总体规划、镇总体规划以及乡规划和村庄规划的编制，应当依据国民经济和社会发展规划，并与土地利用总体规划相衔接。《中小企业促进法》本条规定"在城乡规划中安排必要的用地和设施"，是由城乡规划的制定主体根据本地中小企业发展的实际情况决定的。如果本地中小企业的用地和设施无法满足中小企业发展需要，就应当安排相关用地和设施。安排用地

和设施，可以是直接针对企业，也可以是针对创业基地、孵化基地等为中小企业提供服务的机构。

一些地方也对该问题作了规定。例如，2013 年制定的《北京市促进中小企业发展条例》第十二条第一款规定："本市将中小企业发展空间纳入全市产业发展空间布局。市和区县规划、建设、国土资源等行政部门在制定和实施土地利用年度计划和城乡建设规划时，应当统筹考虑小企业创业基地建设用地需求，优先安排小企业创业基地用地指标，为小型微型企业预留发展空间。"2014 年制定的《天津市促进中小企业发展条例》第十四条第一款规定："市和区县规划、建设、土地等行政管理部门在制定城乡规划和土地利用年度计划时，应当充分考虑小型微型企业创业基地建设用地需求，优先安排小型微型企业创业基地用地指标。"

二、关于利用闲置资源为中小企业提供生产经营场地

2015 年《国务院关于大力推进大众创业万众创新若干政策措施的意见》（国发〔2015〕32 号）提出，推动实施小微企业创业基地城市示范。鼓励有条件的地方出台各具特色的支持政策，积极盘活闲置的商业用房、工业厂房、企业库房、物流设施和家庭住所、租赁房等资源，为创业者提供低成本办公场所和居住条件。

一些地方性法规规定了利用闲置资源建设创业基地为中小企业提供生产经营场所和服务。《天津市促进中小企业发展条例》第十四条第二款规定，鼓励各类资本在重点产业集聚区和功能区以及利用存量国有建设用地、闲置商务楼宇和工业厂房等，建设、改造小型微型企业创业基地。2011 年《上海市促进中小企业发展条例》第九条第二款规定，本市鼓励和支持各类资本利用开发区、高新产业园以及闲置厂房等存量房产投资建设

中小企业创业园区，为中小企业提供生产、经营场所和相关配套服务。

第三十条 国家鼓励互联网平台向中小企业开放技术、开发、营销、推广等资源，加强资源共享与合作，为中小企业创业提供服务。

【释义】 本条是关于鼓励网络平台向中小企业开放的规定。

本条是本次修订新增加的内容。随着信息技术特别是大数据、云计算、物联网技术的发展，互联网与各领域的融合发展已成为不可阻挡的时代潮流。很多创业创新属于网络技术领域，传统行业的创业创新与网络技术运用密不可分，网络技术和资源的运用对很多创业的成功具有决定性作用。互联网企业特别是大型互联网企业在技术开发、数据分析、产品推广、支付结算、商业模式运用、资金筹集、人才储备等方面拥有丰富资源，通过网络平台向中小企业开放这些资源，有利于实现这些资源的价值最大化，减轻中小企业创业负担，同时也为平台聚集新的资源，形成平台与中小企业的互利共赢。

一、相关规定

2015 年《国务院关于积极推进“互联网 +”行动的指导意见》（国发〔2015〕40 号）提出，鼓励大型互联网企业和基础电信企业利用技术优势和产业整合能力，向小微企业和创业团队开放平台入口、数据信息、计算能力等资源，提供研发工具、经营管理和市场营销等方面的支持和服务，提高小微企业信息化应用水平，培育和孵化具有良好商业模式的创业企业。

2016 年《国务院办公厅关于建设大众创业万众创新示范基地的实施意见》（国办发〔2016〕35 号）提出，鼓励大型互联网企业、行业领军企业通过网络平台向各类创业创新主体开放技术、开发、营销、推广等资源，加强创业创新资源共享与合作，构建开放式创业创新体系。2017年《国务院关于印发“十三五”促进就业规划的通知》（国发〔2017〕10号）提出，完善新兴产业和现代服务业发展政策，鼓励大型互联网企业、行业领军企业通过网络平台向各类创业创新主体开放技术、开发、营销、推广等资源，打通科技和经济结合的通道，加强创业创新资源共享与合作，切实将人才优势和科技优势转化为产业优势和经济优势。

二、关于互联网平台向中小企业开放的具体内容

互联网企业通过建立开放平台向中小企业开放相关资源。开放平台对中小企业提供接口，让中小企业开发的产品或提供的服务在该平台上运行，利用平台技术和资源完善、推广该产品或服务。平台也可以利用平台用户提供的优质产品或服务提高平台吸引力、提升平台自身价值。目前许多大型互联网企业如谷歌、微软、腾讯、阿里巴巴、百度等都建设了开放平台。

互联网开放平台可以为中小企业提供各种服务，如通过平台资源为创业者提供创业辅导、融资等服务；提供应用开发和测试平台，为创业者开发产品创造条件；提供社交平台、销售平台资源，帮助创业者推广产品；提供大数据分析服务，为创业者提供科学的市场分析报告，帮助创业者确定合理的运营策略；提供支付接口，为创业者提供支付结算便捷服务。

第三十一条 国家简化中小企业注销登记程序，实现中小企业市场退出便利化。

【释义】 本条是关于中小企业市场退出便利化的规定。

本条为本次修订新增加的内容。目前法律、法规规定的程

序比较烦琐，企业退出成本较高，有些情况下不利于企业及时退出市场，影响社会资源利用效率。2014 年《国务院关于促进市场公平竞争维护市场正常秩序的若干意见》（国发〔2014〕20 号）提出，简化和完善企业注销流程，试行对个体工商户、未开业企业以及无债权债务企业实行简易注销程序。2015 年以来，一些地方开展了企业简易注销登记改革试点。2016 年，国家工商行政管理总局发布《关于全面推进企业简易注销登记改革的指导意见》（工商企注字〔2016〕253 号）。本次修订根据各方面建议和实践情况，增加了本条规定。

一、关于法律、法规对企业注销的规定

《公司法》《公司登记管理条例》等法律、法规对企业注销作了规定。根据《公司法》的规定，公司因下列原因解散的，应当进行清算：(1)公司章程规定的营业期限届满或者公司章程规定的其他解散事由出现；(2)股东会或者股东大会决议解散；(3)依法被吊销营业执照、责令关闭或者被撤销；(4)公司经营管理发生严重困难，继续存续会使股东利益受到重大损失，通过其他途径不能解决的，经持有公司全部股东表决权百分之十以上的股东请求，人民法院裁判解散公司。公司清算结束后，清算组应当制作清算报告，报股东会、股东大会或者人民法院确认，并报送公司登记机关，申请注销公司登记，公告公司终止。

《公司登记管理条例》第四十三条第一款规定：“公司申请注销登记，应当提交下列文件：（一）公司清算组负责人签署的注销登记申请书；（二）人民法院的破产裁定、解散裁判文书，公司依照《公司法》作出的决议或者决定，行政机关责令关闭或者公司被撤销的文件；（三）股东会、股东大会、一人有限责任公司的股东、外商投资的公司董事会或者人民法院、公司批准机关备案、确认的清算报告;(四)《企业法人营业执照》;(五)法律、行政法规规定应当提交的其他文件。"

《企业法人登记管理条例》第二十一条规定:"企业法人办理注销登记,应当提交法定代表人签署的申请注销登记报告、主管部门或者审批机关的批准文件、清理债务完结的证明或者清算组织负责清理债权债务的文件。经登记主管机关核准后,收缴《企业法人营业执照》、《企业法人营业执照》副本,收缴公章,并将注销登记情况告知其开户银行。"

《税收征收管理法实施细则》第十五条第一款规定:"纳税人发生解散、破产、撤销以及其他情形,依法终止纳税义务的,应当在向工商行政管理机关或者其他机关办理注销登记前,持有关证件向原税务登记机关申报办理注销税务登记;按照规定不需要在工商行政管理机关或者其他机关办理注册登记的,应当自有关机关批准或者宣告终止之日起15日内,持有关证件向原税务登记机关申报办理注销税务登记。"第十六条规定:"纳税人在办理注销税务登记前,应当向税务机关结清应纳税款、滞纳金、罚款,缴销发票、税务登记证件和其他税务证件。"

二、关于开展企业简易注销改革试点情况

《国务院关于促进市场公平竞争维护市场正常秩序的若干意见》(国发〔2014〕20号)提出,探索对资产数额不大、经营地域不广或者特定小微企业实行简易破产程序。简化和完善企业注销流程,试行对个体工商户、未开业企业以及无债权债务企业实行简易注销程序。《国务院关于大力推进大众创业万众创新若干政策措施的意见》(国发〔2015〕32号)规定,开展企业简易注销试点,建立便捷的市场退出机制。2015年,国家工商行政管理总局印发《关于开展企业简易注销改革试点的通知》(工商企注字〔2015〕2 号），在上海市浦东新区、江苏省盐城市、宁波市、深圳市组织开展未开业企业、无债权债务企业简易注销试点。通过企业简易注销登记改革试点，让真正有退出需求、债务关系清晰的企业快捷便利退出市场，重新整合资源，享受到商事制度改革的红利。企业简易注销登记有助于提升市场退出效率，提高社会资源利用效率；有助于降低市场主体退出成本，对于进一步提高政府效能，优化营商环境，持续激发市场活力，释放改革红利具有重要意义。

之后，国家工商行政管理总局又印发《关于进一步推动企业简易注销改革试点有关工作的通知》（工商企注字〔2015〕142 号），明确只要各地试点方案符合相关文件原则，直接按照改革试点规定开展试点工作，试点实施方案报工商总局备案即可。

三、关于全面实行企业简易注销登记改革情况

2016 年，国家工商行政管理总局发布的《关于全面推进企业简易注销登记改革的指导意见》（工商企注字〔2016〕253 号）主要有以下内容：

1. 适用和禁止适用情形：（1）对领取营业执照后未开展经营活动、申请注销登记前未发生债权债务或已将债权债务清算完结的有限责任公司、非公司企业法人、个人独资企业、合伙企业，由其自主选择适用一般注销程序或简易注销程序。（2）企业有下列情形之一的，不适用简易注销程序：涉及国家规定实施准入特别管理措施的外商投资企业；被列入企业经营异常名录或严重违法失信企业名单的；存在股权（投资权益）被冻结、出质或动产抵押等情形；有正在被立案调查或采取行政强制、司法协助、被予以行政处罚等情形的；企业所属的非法人分支机构未办理注销登记的；曾被终止简易注销程序的；法律、行政法规或

者国务院决定规定在注销登记前需经批准的；不适用企业简易注销登记的其他情形。(3)人民法院裁定强制清算或裁定宣告破产的，有关企业清算组、企业管理人可持人民法院终结强制清算程序的裁定或终结破产程序的裁定，向被强制清算人或破产人的原登记机关申请办理简易注销登记。

2. 程序要求：(1)企业申请简易注销登记应当先通过国家企业信用信息公示系统《简易注销公告》专栏主动向社会公告拟申请简易注销登记及全体投资人承诺等信息（强制清算终结和破产程序终结的企业除外），公告期为45日。(2)登记机关应当同时通过国家企业信用信息公示系统将企业拟申请简易注销登记的相关信息推送至同级税务、人力资源和社会保障等部门，涉及外商投资企业的还要推送至同级商务主管部门。(3)公告期内，有关利害关系人及相关政府部门可以通过国家企业信用信息公示系统《简易注销公告》专栏"异议留言"功能提出异议并简要陈述理由。(4)公告期满后，企业方可向企业登记机关提出简易注销登记申请。

3. 提交的材料：企业在申请简易注销登记时只需要提交《申请书》《指定代表或者共同委托代理人授权委托书》《全体投资人承诺书》（强制清算终结的企业提交人民法院终结强制清算程序的裁定，破产程序终结的企业提交人民法院终结破产程序的裁定），营业执照正、副本即可，不再提交清算报告、投资人决议、清税证明、清算组备案证明、刊登公告的报纸样张等材料。

《国务院关于强化实施创新驱动发展战略进一步推进大众创业万众创新深入发展的意见》（国发〔2017〕37号）强调，全面实施企业简易注销登记改革，实现市场主体退出便利化。建设全国统一的电子营业执照管理系统，推进无介质电子营业执照建设和应用。国家工商行政管理总局印发《关于做好新形势下企业登记注册工作有关问题的通知》(工商企注字〔2017〕132号)提出,全面推进企业简易注销登记工作。

第五章 创新支持

第三十二条 国家鼓励中小企业按照市场需求，推进技术、产品、管理模式、商业模式等创新。

中小企业的固定资产由于技术进步等原因，确需加速折旧的，可以依法缩短折旧年限或者采取加速折旧方法。

国家完善中小企业研究开发费用加计扣除政策，支持中小企业技术创新。

【释义】 本条是关于创新鼓励和优惠政策的规定。

原法第二十九条规定："国家制定政策，鼓励中小企业按照市场需要，开发新产品，采用先进的技术、生产工艺和设备，提高产品质量，实现技术进步。""中小企业技术创新项目以及为大企业产品配套的技术改造项目，可以享受贷款贴息政策。"本次修改，增加了鼓励管理模式、商业模式等创新的内容，将"贷款贴息政策"修改为固定资产加速折旧、研究开发费用加计扣除，更符合目前鼓励中小企业创新的实践。

一、关于鼓励创新

技术和产品是企业生存之本，只有不断创新才能保持企业在市场中的竞争力。管理模式创新可以提高企业运行效率、降低企业成本，是完善企业治理结构的重要措施。我国许多法律对技术、产品和管理模式创新作了规定。《科学技术进步法》第十六条第二款规定，国家设立科技型中小企业创新基金，资助中小企业开展技术创新。《节约能源法》第五十七条规定，县级以上各级人民政府应当把节能技术研究开发作为政府科技投入的重点领域，支持科研单位和企业开展节能技术应用研究，制定节能标准，开发节能共性和关键技术，促进节能技术创新与成果转化。《建筑法》第四条规定，国家提倡采用先进技术、先进设备、先进工艺、新型建筑材料和现代管理方式。《网络安全法》第十八条第二款规定，国家支持创新网络安全管理方式，运用网络新技术，提升网络安全保护水平。

近年来，创业者借助现代信息通信技术，通过商业模式等创新创业成功的情况越来越多，在电子商务、共享经济等领域尤其突出。2015 年《国务院关于大力推进大众创业万众创新若干政策措施的意见》（国发〔2015〕32 号）提出，依托“互联网 +”、大数据等，推动各行业创新商业模式，建立和完善线上与线下、境内与境外、政府与市场开放合作等创业创新机制。《国务院关于加快构建大众创业万众创新支撑平台的指导意见》（国发〔2015〕53 号）进一步提出，全球分享经济快速增长，基于互联网等方式的创业创新蓬勃兴起，众创、众包、众扶、众筹等大众创业万众创新支撑平台快速发展，新模式、新业态不断涌现，线上线下加快融合，对生产方式、生活方式、治理方式产生广泛而深刻的影响，动力强劲，潜力巨大。但这些模式在发展过程中也面临行业准入、信用环境、监管机制等方面的问题。

二、关于缩短折旧年限和加速折旧

固定资产的价值在长期使用中逐渐转分摊到企业产品中，企业需要对固定资产进行折旧，计提的折旧费算入企业生产经营成本中。在计算应纳税所得额时，企业按照规定计算的固定资产折旧，准予扣除。

《企业所得税法实施条例》第五十九条规定，企业应当自固定资产投入使用月份的次月起计算折旧；停止使用的固定资产，应当自停止使用月份的次月起停止计算折旧。第六十条规定："除国务院财政、税务主管部门另有规定外，固定资产计算折旧的最低年限如下：(一)房屋、建筑物，为20年；(二)飞机、火车、轮船、机器、机械和其他生产设备，为10年；(三)与生产经营活动有关的器具、工具、家具等，为5年；(四)飞机、火车、轮船以外的运输工具，为4年；(五)电子设备，为3年。"

《企业所得税法》第三十二条规定："企业的固定资产由于技术进步等原因，确需加速折旧的，可以缩短折旧年限或者采取加速折旧的方法。"缩短折旧年限和加速折旧可以使企业尽早计提固定资产折旧费用，在企业发展早期计算应纳税所得额时能够扣除更多的折旧费用，对促进企业创新、减轻企业特别是初创期企业纳税负担具有重要作用。

缩短折旧年限，是指在法律、法规规定的折旧年限基础上适当缩短年限。根据《企业所得税法实施条例》第九十八条的规定，采取缩短折旧年限方法的，最低折旧年限不得低于该条例第六十条规定折旧年限的60%。也即，如果条例规定的折旧年限为10年，采取缩短折旧年限确定后的最低折旧年限不得低于6年。根据2009年《国家税务总局关于企业固定资产加速折旧所得税处理有关问题的通知》(国税发〔2009〕81号)的规定，若为购置已使用过的固定资产，其最低折旧年限不得低于《企业所得税法实施条例》规定的最低折旧年限减去已使用年限后剩余年限的60%。最低折旧年限一经确定，一般不得变更。

加速折旧方法可以采取双倍余额递减法或者年数总和法。

根据《国家税务总局关于企业固定资产加速折旧所得税处理有关问题的通知》的规定，双倍余额递减法，是指在不考虑固定资产预计净残值的情况下，根据每期期初固定资产原值减去累计折旧后的金额和双倍的直线法折旧率计算固定资产折旧的一种方法。应用这种方法计算折旧额时，由于每年年初固定资产净值没有减去预计净残值，所以在计算固定资产折旧额时，应在其折旧年限到期前的两年期间，将固定资产净值减去预计净残值后的余额平均摊销。计算公式如下：年折旧率＝2÷预计使用寿命（年）×100%；月折旧率＝年折旧率÷12；月折旧额＝月初固定资产账面净值×月折旧率。年数总和法，又称年限合计法，是指将固定资产的原值减去预计净残值后的余额，乘以一个以固定资产尚可使用寿命为分子、以预计使用寿命逐年数字之和为分母的逐年递减的分数计算每年的折旧额。计算公式如下：年折旧率＝尚可使用年限÷预计使用寿命的年数总和×100%；月折旧率＝年折旧率÷12；月折旧额＝（固定资产原值－预计净残值）×月折旧率。

2015年，财政部、国家税务总局发布的《关于进一步完善固定资产加速折旧企业所得税政策的通知》（财税〔2015〕106号）提出，对轻工、纺织、机械、汽车4个领域重点行业的企业2015年1月1日后新购进的固定资产，可由企业选择缩短折旧年限或采取加速折旧的方法。对上述行业的小型微利企业2015年1月1日后新购进的研发和生产经营共用的仪器、设备，单位价值不超过100万元的，允许一次性计入当期成本费用在计算应纳税所得额时扣除，不再分年度计算折旧；单位价值超过100万元的，可由企业选择缩短折旧年限或采取加速折旧的方法。

三、关于加计扣除

研发费用加计扣除是指对研发费用在实际发生的数额基础上加成一定比例，在计算应纳税所得额时予以扣除。研发费用加计扣除是税收优惠措施，用于鼓励企业加大研发投入实施创新。

《企业所得税法》第三十条规定，企业开发新技术、新产品、新工艺发生的研究开发费用可以在计算应纳税所得额时加计扣除。《企业所得税法实施条例》第九十五条规定，《企业所得税法》第三十条所称研究开发费用的加计扣除，是指企业为开发新技术、新产品、新工艺发生的研究开发费用，未形成无形资产计入当期损益的，在按照规定据实扣除的基础上，按照研究开发费用的50%加计扣除；形成无形资产的，按照无形资产成本的150%摊销。

2015年财政部、国家税务总局、科学技术部发布的《关于完善研究开发费用税前加计扣除政策的通知》(财税〔2015〕119号)作了进一步规定：

研发活动是指企业为获得科学与技术新知识，创造性运用科学技术新知识，或实质性改进技术、产品(服务)、工艺而持续进行的具有明确目标的系统性活动。研发费用的具体范围包括：1. 人员人工费用。直接从事研发活动人员的工资薪金、基本养老保险费、基本医疗保险费、失业保险费、工伤保险费、生育保险费和住房公积金，以及外聘研发人员的劳务费用。2. 直接投入费用。(1)研发活动直接消耗的材料、燃料和动力费用。(2)用于中间试验和产品试制的模具、工艺装备开发及制造费，不构成固定资产的样品、样机及一般测试手段购置费，试制产品的检验费。(3)用于研发活动的仪器、设备的运行维护、调整、检验、维修等费用,以及通过经营租赁方式租入的用于研发活动的仪器、设备租赁费。3. 折旧费用。用于研发活动的仪器、设备的折旧费。4. 无形资产摊销。用于研发活动的软件、专利权、非专利技术(包括许可证、专有技术、设计和计算方法等)的摊销费用。5. 新产品设计费、新工艺规程制定费、新药研制的临床试验费、勘探开发技术的现场试验费。6. 其他相关费用。与研发活动直接相关的其他费用,如技术图书资料费、资料翻译费、专家咨询费、高新科技研发保险费,研发成果的检索、分析、评议、论证、鉴定、评审、评估、验收费用,知识产权的申请费、注册费、代理费,差旅费、会议费等。此项费用总额不得超过可加计扣除研发费用总额的 10% 。7. 财政部和国家税务总局规定的其他费用。

企业委托外部机构或个人进行研发活动所发生的费用,按照费用实际发生额的 80% 计入委托方研发费用并计算加计扣除,受托方不得再进行加计扣除。委托外部研究开发费用实际发生额应按照独立交易原则确定。委托方与受托方存在关联关系的,受托方应向委托方提供研发项目费用支出明细情况。企业委托境外机构或个人进行研发活动所发生的费用,不得加计扣除。企业共同合作开发的项目,由合作各方就自身实际承担的研发费用分别计算加计扣除。企业集团根据生产经营和科技开发的实际情况,对技术要求高、投资数额大,需要集中研发的项目,其实际发生的研发费用,可以按照权利和义务相一致、费用支出和收益分享相配比的原则,合理确定研发费用的分摊方法,在受益成员企业间进行分摊,由相关成员企业分别计算加计扣除。企业为获得创新性、创意性、突破性的产品进行创意设计活动而发生的相关费用,可按照本通知规定进行税前加计扣除。

不适用税前加计扣除政策的行业包括烟草制造业、住宿和餐饮业、批发和零售业、房地产业、租赁和商务服务业、娱乐业以及财政部和国家税务总局规定的其他行业。

2017 年 5 月，财政部、国家税务总局、科学技术部发布的《关于提高科技型中小企业研究开发费用税前加计扣除比例的通知》（财税〔2017〕34 号）规定，科技型中小企业开展研发活动中实际发生的研发费用，未形成无形资产计入当期损益的，在按规定据实扣除的基础上，在 2017 年 1 月 1 日至 2019 年 12 月 31 日期间，再按照实际发生额的 75% 在税前加计扣除；形成无形资产的，在上述期间按照无形资产成本的 175% 在税前摊销。

第三十三条　国家支持中小企业在研发设计、生产制造、运营管理等环节应用互联网、云计算、大数据、人工智能等现代技术手段，创新生产方式，提高生产经营效率。

【释义】　本条是关于鼓励应用互联网、云计算、大数据、人工智能等现代技术手段的规定。

本条是本次修订新增加的内容。互联网、云计算、大数据、人工智能等技术的发展和应用引发新的产业革命，各国对此纷纷推出新的产业发展战略，美国推出“先进制造业伙伴计划”，德国推出“工业 4.0”，我国颁布《中国制造 2025》。2016 年工业和信息化部《促进中小企业发展规划（2016—2020 年）》（工信部规〔2016〕223 号）提出，深入推进中小企业信息化进程，鼓励小微企业在研发设计、生产制造、市场营销、仓储物流、运营管理等环节应用互联网、云计算、大数据、物联网等技术，创新生产方式和营销方式，提高效率，形成发展新优势和新动能。

一、关于互联网

互联网技术已经运用到社会生活的各个方面，正在实现与各领域的深度融合。2015年《国务院关于积极推进“互联网+”行动的指导意见》（国发〔2015〕40号）提出，在全球新一轮科技革命和产业变革中，互联网与各领域的融合发展具有广阔前景和无限潜力，已成为不可阻挡的时代潮流，正对各国经济社会发展产生着战略性和全局性的影响。积极发挥我国互联网已经形成的比较优势，把握机遇，增强信心，加快推进“互联网+”发展，有利于重塑创新体系、激发创新活力、培育新兴业态和创新公共服务模式，对打造大众创业、万众创新和增加公共产品、公共服务“双引擎”，主动适应和引领经济发展新常态，形成经济发展新动能，实现中国经济提质增效升级具有重要意义。

二、关于云计算

云计算是指通过网络将分散的计算、存储、软件等资源进行集中管理和动态分配，使信息技术能力按实际需要进行供给，具有快速弹性、可扩展、资源池化、广泛网络接入和多租户等特征，是信息技术服务模式的重大创新。云计算概念始于2006年，但云计算技术发展迅速，目前已得到广泛应用。云计算技术使中小企业无需单独配置大量计算机硬件和软件，在需要计算、存储能力时向云计算服务提供商购买即可，可以有效节约计算资源、降低中小企业运行成本。

2015年《国务院关于促进云计算创新发展培育信息产业新业态的意见》（国发〔2015〕5号）提出，建立产业创新联盟，发挥骨干企业的引领作用，培育一批特色鲜明的创新型中小企业，健全产业生态系统。2017年工业和信息化部发布的《云计算发展三年行动计划(2017—2019 年)》提出,通过举办创客大赛等形式,支持中小企业、个人开发者基于云计算平台,开展大数据、物联网、人工智能、区块链等新技术、新业务的研发和产业化,培育一批基于云计算的平台经济、分享经济等新兴业态,进一步拓宽云计算应用范畴。

三、关于大数据

大数据是以容量大、类型多、存取速度快、应用价值高为主要特征的数据集合,正快速发展为对数量巨大、来源分散、格式多样的数据进行采集、存储和关联分析,从中发现新知识、创造新价值、提升新能力的新一代信息技术和服务业态。利用大数据分析,能够更好地发现事物内在规律,预测发展趋势,提高决策效率和科学性,可以有效提高政府治理水平、经济运行水平及效率。对于企业来讲,大数据引导商业模式创新,催生新业态,已成为互联网等新兴领域促进业务创新增值、提升企业核心价值的重要驱动力。

我国人口众多、经济规模大、活跃度高,数据资源丰富,大数据技术应用领域广泛,为中小企业开发、利用大数据提供了很好的条件。2015 年国务院《促进大数据发展行动纲要》(国发〔2015〕50 号)提出,培育一批面向全球的骨干企业和特色鲜明的创新型中小企业。加强大数据应用创新能力建设,建立政产学研用联动、大中小企业协调发展的大数据产业体系。

一些地方出台了相关鼓励措施。例如,《贵州省大数据发展应用促进条例》第八条规定,省、市、州人民政府可以设立大数据发展应用专项资金,用于大数据发展应用研究和标准制定、产业链构建、重大应用示范工程建设、创业孵化等;县级人民政府根据需要,可以相应设立大数据发展应用专项资金。依法设立大数据发展基金，引导社会资本投资大数据发展应用。鼓励金融机构创新金融产品，完善金融服务，支持大数据发展应用；鼓励社会资金采取风险投资、创业投资、股权投资等方式，参与大数据发展应用；鼓励、支持符合条件的大数据企业依法进入资本市场融资。

四、关于人工智能

人工智能是让计算机以人的思维和意识方式对相关事物作出反应、采取行动。2015年《国务院关于积极推进“互联网+”行动的指导意见》（国发〔2015〕40号）提出，加快人工智能核心技术突破，促进人工智能在智能家居、智能终端、智能汽车、机器人等领域的推广应用，培育若干引领全球人工智能发展的骨干企业和创新团队。

2016年国家发展改革委、科学技术部、工业和信息化部、中央网信办发布的《“互联网+”人工智能三年行动实施方案》提出，推动公共服务平台、领军企业和创新型企业加强合作，汇聚人工智能创新创业资源，提供相关研发工具、检验评测、安全、标准、知识产权、创业咨询等专业化的创新创业服务。支持在制造、教育、环境、交通、商业、健康医疗、网络安全、社会治理等重要领域开展人工智能应用试点示范，推动人工智能的规模化应用，全面提升我国人工智能的集群式创新创业能力。

2016年国务院颁布的《“十三五”国家战略性新兴产业发展规划》提出，鼓励领先企业或机构提供人工智能研发工具以及检验评测、创业咨询、人才培养等创业创新服务。发展多元化、个性化、定制化智能硬件和智能化系统，重点推进智能家居、智能汽车、智慧农业、智能安防、智慧健康、智能机器人、智能可穿戴设备等研发和产业化发展。鼓励各行业加强与人工智能融合，逐步实现智能化升级。利用人工智能创新城市管理，建设新型智慧城市。推动专业服务机器人和家用服务机器人应用，培育新型高端服务产业。

五、关于其他现代技术手段

除了互联网、云计算、大数据、人工智能，中小企业还可以利用物联网等现代技术手段创新生产方式，提高生产经营效率。

物联网是基于互联网、传感器等技术实现物与物之间的相互连接和协同，根据国际电信联盟的定义，物联网也包括解决人与物、人与人之间的互连。

2013 年《国务院关于推进物联网有序健康发展的指导意见》（国发〔2013〕7 号）提出，支持符合现行软件和集成电路税收优惠政策条件的物联网企业按规定享受相关税收优惠政策，经认定为高新技术企业的物联网企业按规定享受相关所得税优惠政策。

2014 年财政部、工业和信息化部发布的《国家物联网发展及稀土产业补助资金管理办法》规定，产业补助资金支持物联网领域的技术研发与产业化、应用示范、标准研究与制订、公共服务平台建设、国家级物联网创新示范区建设。

2016 年工业和信息化部发布的《信息通信行业发展规划物联网分册（2016—2020 年）》提出，打造 10 个具有特色的产业集聚区，培育和发展 200 家左右产值超过 10 亿元的骨干企业，以及一批“专精特新”的中小企业和创新载体。

2017 年《工业和信息化部办公厅关于全面推进移动物联网（NB - IoT）建设发展的通知》（工信厅通信函〔2017〕351 号）提出，鼓励各地因地制宜，开展移动物联网试点示范，并逐步扩大应用行业和领域范围。

第三十四条　国家鼓励中小企业参与产业关键共性技术研究开发和利用财政资金设立的科研项目实施。

国家推动军民融合深度发展，支持中小企业参与国防科研和生产活动。

国家支持中小企业及中小企业的有关行业组织参与标准的制定。

【释义】　本条是关于鼓励、支持中小企业参与科研项目开发和实施、军民融合和标准制定的规定。

本条是本次修改新增加的内容。技术研发投入大、周期长、收益慢，中小企业缺乏积极性，影响创新能力提升，国家鼓励中小企业参与科技研发，既可以充分发挥中小企业人力资源在国家创新战略中的重要作用，又可以通过为中小企业创造机会，促进中小企业成长。国家支持中小企业参与国防科研和生产活动，是落实国家军民融合战略的重要措施。支持中小企业等参与标准制定工作，有利于提升标准制定的科学化、民主化，也有利于中小企业积极实施创新。

一、关于参与关键共性技术研发和利用财政资金设立的科研项目实施

产业关键共性技术是能够在多个行业或领域广泛应用，并对整个产业或多个产业产生影响和瓶颈制约的技术，例如高性能铅酸电池制造技术、集成电路专用设备和材料技术、半导体制造装备高精密陶瓷部件制造技术等。工业和信息化部《产业关键共性技术发展指南(2015 年)》确定了 205 项优先发展的关键共性技术，其中，节能环保与资源综合利用 48 项，原材料工业 42 项，装备制造业 49 项，消费品工业 27 项，电子信息与通信业 39 项。

产业关键共性技术是制约我国产业持续健康发展和提升产业核心竞争力的难题，加强产业关键共性技术研发是实现产业技术创新的重要途径。由于产业关键共性技术研发是一项难度大、周期长的基础性工作，需要国家加大投入，吸收科研院所、企业等多方力量工作参与。

2012 年《国务院关于进一步支持小型微型企业健康发展的意见》（国发〔2012〕14 号）提出，实施中小企业创新能力建设计划，鼓励有条件的小型微型企业建立研发机构，参与产业关键共性技术研发、国家和地方科技计划项目以及标准制定。2015 年《中共中央、国务院关于深化体制机制改革加快实施创新驱动发展战略的若干意见》提出，市场导向明确的科技项目由企业牵头、政府引导、联合高等学校和科研院所实施。鼓励构建以企业为主导、产学研合作的产业技术创新战略联盟。更多运用财政后补助、间接投入等方式，支持企业自主决策、先行投入，开展重大产业关键共性技术、装备和标准的研发攻关。2016 年国务院发布的《国家创新驱动发展战略纲要》提出，引导领军企业联合中小企业和科研单位系统布局创新链，提供产业技术创新整体解决方案。

利用财政资金设立科研项目，是国家实施创新驱动的重要举措。《2016 年国民经济和社会发展统计公报》显示，我国 2016 年全年研究与试验发展经费支出 15500 亿元，比上年增长 9.4%，与国内生产总值之比为 2.08%，其中基础研究经费 798 亿元。全年国家重点研发计划共安排 42 个重点专项 1163 个科技项目，国家科技重大专项共安排 224 个课题，国家自然科学基金共资助 41184 个项目。国家科技成果转化引导基金累计设立 9 个子基金，资金总规模 173.5 亿元。

2015年《科学技术部关于进一步推动科技型中小企业创新发展的若干意见》（国科发高〔2015〕3号）提出，支持科技型中小企业建立研发机构。支持科技型中小企业建立企业实验室、企业技术中心、工程技术研究中心等研发机构，提升对技术创新的支撑与服务能力。对拥有自主知识产权并形成良好经济社会效益的科技型中小企业研发机构给予重点扶持。

二、关于军民融合

2013年《中共中央关于全面深化改革若干重大问题的决定》提出，推动军民融合深度发展。健全国防工业体系，完善国防科技协同创新体制，改革国防科研生产管理和武器装备采购体制机制，引导优势民营企业进入军品科研生产和维修领域。

2015年，习近平总书记首次提出把军民融合上升为国家战略。2017年1月，中共中央政治局会议决定设立中央军民融合发展委员会，由习近平任主任。2017年6月，习近平总书记在中央军民融合发展委员会第一次全体会议上指出，当前和今后一个时期是军民融合的战略机遇期，也是军民融合由初步融合向深度融合过渡、进而实现跨越发展的关键期。要优化军民融合发展的制度环境，坚决拆壁垒、破坚冰、去门槛，加快调整完善市场准入制度，从政策导向上鼓励更多符合条件的企业、人才、技术、资本、服务等在军民融合发展上有更大作为。

国防科技和武器装备领域是军民融合发展的重点，也是衡量军民融合发展的重要标志。《中小企业促进法》本次修订增加规定："国家推动军民融合深度发展，支持中小企业参与国防科研和生产活动。"这是在立法中落实国家军民融合战略的体现，对中小企业发展以及推进军民深度融合都有重要意义。

三、关于参与标准制定

根据我国《标准化工作指南》的规定，标准是指为了在一定范围内获得最佳程序，经协商一致制定并由公认机构批准，为各种活动或其结果提供规则、指南或特性，供共同使用和重复使用的一种文件。

我国现行《标准化法》将标准分为国家标准、行业标准、地方标准和企业标准。《标准化法实施条例》规定，制定标准应当发挥行业协会、科学技术研究机构和学术团体的作用。制定国家标准、行业标准和地方标准的部门应当组织由用户、生产单位、行业协会、科学技术研究机构、学术团体及有关部门的专家组成标准化技术委员会，负责标准草拟和参加标准草案的技术审查工作。

2012 年《国务院关于进一步支持小型微型企业健康发展的意见》（国发〔2012〕14 号）提出，实施中小企业创新能力建设计划，鼓励有条件的小型微型企业建立研发机构，参与产业关键共性技术研发、国家和地方科技计划项目以及标准制定。2016 年工业和信息化部《促进中小企业发展规划（2016—2020 年）》（工信部规〔2016〕223 号）提出，支持中小企业参与标准制定，不断提升产品和服务质量。

《中小企业促进法》本次修订，从法律层面明确国家支持中小企业及中小企业的有关行业组织参与标准的制定，对鼓励中小企业创新、完善我国标准化体系具有很好的推动作用。

第三十五条　国家鼓励中小企业研究开发拥有自主知识产权的技术和产品，规范内部知识产权管理，提升保护和运用知识产权的能力；鼓励中小企业投保知识产权保险；减轻中小企业申请和维持知识产权的费用等负担。

【释义】　本条是关于中小企业知识产权开发和保护的规定。

知识产权是指在科学技术、文学艺术等领域中，发明者、创造者等对自己的创造性劳动成果依法享有的专有权，其中包括专利、商标、著作权及相关权利、集成电路布图设计、地理标志、植物新品种、商业秘密、传统知识、遗传资源以及民间文艺等。知识产权是企业特别是现代科技企业的核心竞争力，中小企业是知识产权申请的重要主体。新产品研发成本高、知识产权管理制度不完善、知识产权维护成本过高等因素导致中小企业在开发拥有自主知识产权的技术和产品、维护知识产权方面面临很多困难，影响企业创新热情和竞争力。因此，本次修订新增加了关于知识产权开发、保护的规定。

一、关于鼓励中小企业研究开发拥有自主知识产权的技术和产品

2012年《国务院关于进一步支持小型微型企业健康发展的意见》（国发〔2012〕14号）提出，提高小型微型企业知识产权创造、运用、保护和管理水平。

2015年《国务院关于新形势下加快知识产权强国建设的若干意见》（国发〔2015〕71号）提出，发挥市场配置创新资源的决定性作用，强化企业创新主体地位和主导作用，促进创新要素合理流动和高效配置。加快简政放权、放管结合、优化服务，加强知识产权政策支持、公共服务和市场监管，着力构建公平公正、开放透明的知识产权法治环境和市场环境，促进大众创业、万众创新。

2016年，国家知识产权局、工业和信息化部发布的《关于全面组织实施中小企业知识产权战略推进工程的指导意见》提出，国家支持产业发展的资金和基金向促进科技成果产权化、知识产权产业化方向倾斜。到2020年，中小企业发明专利授权量

占全国发明授权总量的比例大幅度提高。

二、关于规范内部知识产权管理

企业知识产权保护观念不强、知识产权管理制度不健全，容易导致知识产权受侵害、维权困难等。2013 年，我国制定了国家推荐标准《企业知识产权管理规范》(GB/T29490 -2013)，规定了企业策划、实施、检查、改进知识产权体系的要求，包括相关文件的制作、管理人员的职责、员工管理、软硬件设施等。工业和信息化部也分别于 2013 年和 2016 年发布了《工业企业知识产权管理指南》和《制造业创新中心知识产权指南》。这些规范和指南对企业完善内部知识产权管理制度具有积极指导作用。

2016 年，国家知识产权局、工业和信息化部发布的《关于全面组织实施中小企业知识产权战略推进工程的指导意见》提出，力争 5 年内，培训 100 万名中小企业知识产权工作者和经营管理人员，提高中小企业知识产权管理人员专业水平和综合素质；鼓励和引导中小企业设立专职知识产权管理岗位，推动一批中小企业贯彻实施《企业知识产权管理规范》国家标准，并对通过知识产权管理体系认证的中小企业予以合理的资助和奖励。

三、关于鼓励中小企业投保知识产权保险

知识产权保险可以分散知识产权风险，减轻中小企业负担。2010 年，我国首次实施知识产权保险，当时在佛山启动了专利侵权保险。2012 年，我国正式启动专利保险试点工作。2014 年国务院颁布的《深入实施国家知识产权战略行动计划(2014—2020 年)》提出，增加知识产权保险品种，扩大知识产权保险试点范围，加快培育并规范知识产权保险市场。2014 年国家知识产权局发布的《关于知识产权支持小微企业发展的若干意见》(国知发管字〔2014〕57 号)提出，加快推动知识产权保险服务纳入小微企业产业引导政策，完善小微企业风险补偿机制。2016年中国保监会发布的《中国保险业发展“十三五”规划纲要》提出，加快发展科技保险，推进专利保险试点，为科技企业自主创新、融资、并购等提供全方位的保险服务。

2016年《国家知识产权局关于在广州市等地区和单位开展专利质押融资及专利保险试点示范工作的通知》确定在南京市、济南市、深圳市、成都市、镇江市、嘉兴市、株洲市、宝鸡市、佛山市禅城区9个地区开展专利保险示范，在烟台市、安阳市、佛山市、惠州市、江门市、肇庆市、德阳市、上海市闵行区、界首市、重庆高新技术产业开发区、中国平安财产保险股份有限公司、江泰保险经纪股份有限公司12个地区和单位开展专利保险试点。试点示范时间自2016年8月起，为期3年。

2016年国家知识产权局、工业和信息化部《关于全面组织实施中小企业知识产权战略推进工程的指导意见》（国知发管字〔2016〕101号）提出，完善知识产权间接融资渠道，鼓励商业银行、保险公司、担保公司、众筹平台公司等金融机构参与知识产权质押融资活动；推动各类金融机构创新知识产权金融服务，为中小企业提供知识产权资产证券化、专利保险等新型金融产品。发展知识产权直接融资渠道，引导和鼓励重点产业知识产权运营基金、相关政府性投资基金、天使基金、创业投资基金等，参与中小微企业开展知识产权运营活动。

四、关于减轻中小企业申请和维持知识产权的费用等负担

申请和维持知识产权的费用对中小企业带来经济负担，有的中小企业为了节约开支放弃维持知识产权。降低知识产权申请和维持费用，也是减轻中小企业负担的一个途径。2015年《国务院关于新形势下加快知识产权强国建设的若干意见》（国

发〔2015〕71号）提出，制定专利收费减缴办法，合理降低专利申请和维持费用。2016年，财政部、国家发展改革委制定了《专利收费减缴办法》，根据该办法，上年度月均收入低于3500元（年4.2万元）的个人、企业应纳税所得额低于30万元的企业，事业单位、社会团体、非营利性科研机构可以请求减缴专利申请费（不包括公布印刷费、申请附加费）、发明专利申请实质审查费、年费（自授予专利权当年起6年内的年费）和复审费。专利申请人或者专利权人为个人或者单位的，减缴85%，两个或者两个以上的个人或者单位为共同专利申请人或者共有专利权人的，减缴70%。

一些地方也出台了措施。例如，《中关村国家知识产权制度示范园区知识产权专项资金使用管理办法（暂行）》规定，无偿资助支持园区企业开展专利战略研究，包括建设和完善专题专利数据库、开展专利竞争情报研究、建立专利预警机制、健全和完善企业专利管理体系，提高企业知识产权综合运用能力，以及用于支持园区专利工作产学研结合、推进园区企业专利技术转化实施，开展企业专利试点。无偿资助项目分为一般项目和重点项目，一般项目的资助额度为5～10万元，重点项目的资助额度为15万元。《深圳市知识产权专项资金管理办法》规定，市政府每年从市财政预算中安排用于加强深圳市知识产权工作发展的知识产权专项资金，专项资金80%以上用于资助发明专利、PCT专利申请、境外商标注册、计算机软件著作权登记等项目。《洛阳市知识产权专项资金管理办法》规定，设立洛阳市知识产权专项资金，已被国家知识产权局受理的发明专利申请，以实际发生费用为基础进行资助。其中每件专利申请后资助额不超过1000元，进入实质审查后每件专利再资助1000元。已被国家知识产权局受理的实用新型专利和外观设计专利申请，以实际发生费用为基础进行资助，但每件实用新型专利资助额不超过500元，每件外观设计专利资助额不超过300元。

第三十六条　县级以上人民政府有关部门应当在规划、用地、财政等方面提供支持，推动建立和发展各类创新服务机构。

国家鼓励各类创新服务机构为中小企业提供技术信息、研发设计与应用、质量标准、实验试验、检验检测、技术转让、技术培训等服务，促进科技成果转化，推动企业技术、产品升级。

【释义】　本条是关于推动建立和发展创新服务机构、鼓励创新服务机构为中小企业提供服务的规定。

原法第三十条规定："政府有关部门应当在规划、用地、财政等方面提供政策支持，推进建立各类技术服务机构，建立生产力促进中心和科技企业孵化基地，为中小企业提供技术信息、技术咨询和技术转让服务，为中小企业产品研制、技术开发提供服务，促进科技成果转化，实现企业技术、产品升级。"本次修订，将"建立生产力促进中心和科技企业孵化基地"修改为"推动建立和发展各类创新服务机构"，主要是考虑到生产力促进中心和科技企业孵化基地不足以涵盖所有的创新服务机构。另外，"推动建立"意味着并非必须政府直接建立，而是可以通过提供相关方面的支持，充分发挥社会力量建立各类创新服务机构。将"提供技术信息、技术咨询和技术转让服务"修改为"提供技术信息、研发设计与应用、质量标准、实验试验、检验检测、技术转让、技术培训等服务"，扩展了服务内容，有利于为中小企业提供更全面的服务。

一、关于创新服务机构

创新服务机构是指为企业创新提供相关服务的机构，包括生产力促进中心、技术转移中心、技术创新服务中心、科技企业孵化器等。科技企业孵化器相关内容在第四章中已有介绍，此不赘述。

1993 年《国家科学技术委员会关于建立生产力促进中心的若干意见》(〔93〕国科发工字 371 号)决定在地方和行业逐步推动建立生产力促进中心。根据该意见的规定，生产力促进中心是面向企业，特别是面向乡镇企业和中小企业的新型综合性科技服务机构，其宗旨是组织科技力量为企业服务，从技术、人才、管理等方面促进企业科技进步，不断增强企业技术创新能力和市场竞争能力。

2001 年《国家经济贸易委员会、教育部关于在部分高等学校建立国家技术转移中心的通知》(国经贸技术〔2001〕909 号)决定在全国重点高等学校已建立技术转移机构的基础上，首批认定基础比较好、科技力量比较强、科研成果比较多的清华大学、上海交通大学、西安交通大学、华东理工大学、华中科技大学、四川大学 6 所大学的技术转移机构为国家技术转移中心。2003 年《国家经济贸易委员会、教育部、中国科学院关于建立国家技术转移中心的通知》(国经贸技术〔2003〕246 号)决定在中国科学院北京地区有关科研机构、沈阳分院、上海分院建立国家技术转移中心。近年来，我国建立了包括地方、国家和国际技术转移中心在内的大量技术转移机构，有的依托大学、科研机构，有的依托创业园区，有的是独立的公司化运作。2017 年科学技术部发布的《“十三五”技术市场发展专项规划》显示，截至 2015 年末，全国已有国家技术转移示范机构 453 家，区域性、行业性技术转移联盟 30 余个，以挖掘企业需求为核心的跨区域技术转移协作网络——中国创新驿站站点 92 家，技术(产权)交易机构30多家，技术交易服务平台10余个，技术市场管理与技术转移从业人员50余万名。

2000年《国家经济贸易委员会关于加强中小企业技术创新服务体系建设的意见》规定，技术创新服务中心是技术创新体系的重要组成部分，是各地经贸委指导、联系和推动中小企业技术创新工作的纽带和桥梁，是加快科技成果向现实生产力转化的服务站。

二、关于支持措施

2004年《科学技术部关于进一步加快生产力促进中心发展的意见》(国科发高字〔2004〕283号)提出，各地方、各部门要在登记注册、规划、用地、资金投入等方面为生产力促进中心提供支持。各地方应通过设立"生产力促进中心专项"等措施，加大对生产力促进中心的投入力度。2011年《科学技术部办公厅关于印发生产力促进中心服务产业集群服务基层科技专项行动实施意见的通知》(国科办高〔2011〕31号)提出，支持高新区、农业科技园区、可持续发展试验区、高新技术产业化基地、火炬计划特色产业基地和软件产业基地建立生产力促进中心，并在国家级示范中心认定中单列计划，重点扶持。2011年科学技术部发布的《生产力促进中心"十二五"发展规划纲要》(国科发高〔2011〕243号)提出，科技部加大对生产力促进中心的支持力度。进一步落实扶持政策；优先支持生产力促进中心承担现代服务业的重大任务；结合863计划、科技支撑计划、火炬计划，加大支持力度。地方科技行政部门要根据本规划，制定本地生产力促进中心发展计划，加强对生产力促进中心的支持和管理，鼓励设立生产力促进中心专项资金。地方科技部门要将行政管理改革中能够赋予科技中介机构的职能，优先委托生产力促进中心。

2011年《国家发展改革委、科学技术部关于加快推进民营企业研发机构建设的实施意见》(发改高技〔2011〕1901号)提出,支持发展技术创新服务机构和平台。在民营企业相对集中、产业集群优势明显的区域,各地可扶持发展技术转移中心、技术创新服务中心、科技企业孵化器、生产力促进中心等各类技术创新服务机构,支持建立分析测试、技术评估、技术转移、技术咨询、研发设计等公共技术支持平台,为中小民营企业提供技术创新和服务支撑。

2013年《科学技术部、北京市人民政府关于建设国家技术转移集聚区的意见》(国科发火〔2013〕456号)决定在中关村西区共建国家技术转移集聚区。科技部各相关科技计划积极支持集聚区内技术转移机构、国际(内)技术转移项目及公共服务平台等建设,产业化类计划优先将集聚区作为项目推荐渠道。北京市统筹各级经费支持集聚区条件建设、技术转移服务能力建设、集聚区入驻机构的房租补贴,支持国内外技术转移项目的引进、消化和吸收等。

2016年《国务院关于印发北京加强全国科技创新中心建设总体方案的通知》(国发〔2016〕52号)提出,大力发展市场化、专业化、社会化的创新服务机构和组织,逐步建立依托专业机构管理科研项目的市场化机制。

2016年国务院颁布的《"十三五"国家科技创新规划》(国发〔2016〕43号)提出,围绕国家重大科技需求,与相关领域具有创新优势的国家合作建设一批联合研究中心和国际技术转移中心。鼓励外商投资战略性新兴产业、高新技术产业、现代服务业,鼓励国外跨国公司、研发机构、研究型大学在华设立或合作设立高水平研发机构和技术转移中心。完善技术转移区域中心、国际技术转移中心布局与功能，支持地方和有关机构建立完善区域性、行业性技术市场，打造链接国内外技术、资本、人才等创新资源的技术转移网络。

2016 年国务院颁布的《促进科技成果转移转化行动方案》（国办发〔2016〕28 号）提出，健全区域性技术转移服务机构。支持地方和有关机构建立完善区域性、行业性技术市场，形成不同层次、不同领域技术交易有机衔接的新格局。通过优化整合后的技术创新引导专项（基金）、基地和人才专项，加大对符合条件机构、基地和人才的支持力度。

三、关于创新服务机构的服务

2011 年《科学技术部办公厅关于印发生产力促进中心服务产业集群服务基层科技专项行动实施意见的通知》提出，推动企业、高校院所和科研机构等围绕产业技术创新的关键问题，开展技术合作，引导或参与建立一批产业技术创新战略联盟。加快技术转移，提高创新效率，促进知识成果传播、转化、应用，加速科技成果产业化。支持企业加强创新发展的系统谋划。开展专题辅导，帮助企业申报和承担各级科技计划项目。协助企业引进和培训各类创新人才。推动传统行业企业技术和产品的改造升级。引导生产力促进中心运用现代信息技术手段，针对企业技术创新和公共科技服务需求，重点发展研发设计、知识产权、技术交易、科技创新创业、科技金融、信息咨询等专业化服务，提升服务的科技含量，支持生产力促进中心承担现代服务业等科技计划任务。探索市场化服务的机制，加强服务手段、商业模式、服务内容的创新，培育科技服务新业态，进一步提升服务的专业化、产业化水平。

2011 年科学技术部发布的《生产力促进中心"十二五"发展

规划纲要》提出了生产力促进中心的重点任务包括服务产业集群，培育发展动力；支撑企业成长，提升竞争实力；密切产学研用，激发创新活力；强化体系联盟，形成资源合力；深化自身建设，夯实服务内力。《2015 年全国生产力促进中心统计报告》显示，截至 2015 年，全国生产力促进中心达到 2688 家（国家级示范生产力促进中心 247 家），总资产 284.4 亿元，服务企业数量达到 44.2 万个，中心年度总服务收入 57.6 亿元。2015 年国家向生产力促进中心投入 22.61 亿元，占生产力促进中心总投入的 73%。生产力中心组织形式多样，其中企业法人占 26.17%，事业单位法人占 48.56%，社会团体法人占 1.31%，民办非企业法人占 9.43%，非独立法人占 14.52%。开展的服务主要包括咨询服务、信息服务、技术服务、培训服务、人才和技术中介、培育科技型企业，其中技术服务收入占比 50%。

2001 年《国家经济贸易委员会、教育部关于在部分高等学校建立国家技术转移中心的通知》提出，国家技术转移中心是相关高等学校组织与整合科技资源的机构，其主要任务是：（1）共性技术的开发和扩散。围绕国家产业结构调整和重点企业技术创新工作，组织有关高等学校，并联合有关重点企业共同参与行业共性、关键性技术的开发和扩散，突破产业结构调整中的关键技术瓶颈，并形成向产业转移的有效机制。（2）推动和完善企业技术中心建设。推动高等学校以多种形式与国家重点企业共建以企业技术中心为主要形式的研究开发机构，使优秀的科技人力资源与企业的技术创新紧密结合，提高企业研究开发水平和技术储备能力。（3）促进高等学校科技成果转化及技术转移。培育和孵化具有市场潜力的科技成果；组织多学科联合攻关队伍，对科技成果进行系统集成，为企业提供先进实用的工程化技术；评估与保护学校的知识产权；协助技术发明人寻找风险投资和管理人才。(4)加强国际技术创新合作。有关高等学校要充分发挥自身的综合优势，积极参与国际间的技术转移工作；联合国家重点企业，做好引进技术的消化吸收、开发创新工作；吸收海外留学人员回国创业和开展科学研究。(5)为企业提供综合服务。根据企业在技术创新过程中的需求，为企业提供技术、人力资源和信息、商情、咨询、金融、培训、法律、管理等综合服务；受企业委托，对科技成果的技术水平进行鉴定和对产业化前景进行评价；加强与中国技术创新信息网的信息交流，广泛收集、整理高校科技成果，利用网络手段提高信息的交换范围和效率。

根据2000年《国家经济贸易委员会关于加强中小企业技术创新服务体系建设的意见》的规定，技术创新服务中心的主要任务是：(1)信息服务。通过信息网络和各种媒体为企业提供国家政策法规、行业发展趋势、投融资渠道、科技成果、技术需求、企业管理、市场营销、人力资源等信息服务，帮助企业提高市场预测和快速反应能力，提高管理水平。(2)技术开发与推广。结合产业结构调整，有效地组织和利用各种社会资源，帮助中小企业研究开发新技术和新产品，并开展多种形式的新技术推广活动，传播和推广先进、成熟、适用技术，推动市场前景好、技术含量高、附加值高、产业关联度强、经济社会效益显著的技术向企业转移和扩散。(3)新技术交易服务。通过技术交易市场，提供交易过程中的政策咨询、专利代理、合同登记、交易合同认定以及知识产权变更登记等配套服务，形成一个高效和具有良好信誉的新技术交易服务体系。(4)资金服务。为中小企业的技术创新多渠道筹资提供服务。(5)组织创新政策、专业技术咨询和培训及其他专业化服务等。(6)完成政府部门和其他机构委托的工作。2003年《国家经济贸易委员会技术进步与装备司关于印发2003年技术创新工作思路和要点的通知》(技术函〔2003〕09号)提出,要进一步完善技术创新服务中心的职能,形成社会化、开放式、网络化的技术创新服务网络,为企业提供技术、信息、人才、金融、法律、政策等方面的咨询、培训、评估服务。

创新服务机构应当侧重于创新,除了传统的咨询、培训等服务外,应当更加注重为中小企业提供技术信息、研发设计与应用、质量标准、实验试验、检验检测、技术转让、技术培训等服务,促进科技成果转化,推动企业技术、产品升级,真正发挥创新服务机构推动创新的作用。

第三十七条　县级以上人民政府有关部门应当拓宽渠道,采取补贴、培训等措施,引导高等学校毕业生到中小企业就业,帮助中小企业引进创新人才。

国家鼓励科研机构、高等学校和大型企业等创造条件向中小企业开放试验设施,开展技术研发与合作,帮助中小企业开发新产品,培养专业人才。

国家鼓励科研机构、高等学校支持本单位的科技人员以兼职、挂职、参与项目合作等形式到中小企业从事产学研合作和科技成果转化活动,并按照国家有关规定取得相应报酬。

【释义】　本条是关于帮助中小企业引进和培养创新人才的规定。

原法第三十一条规定:“国家鼓励中小企业与研究机构、大专院校开展技术合作、开发与交流,促进科技成果产业化,积极发展科技型中小企业。”有些意见提出,中小企业待遇低,难以吸引和留住人才，影响企业创新。本次修订有针对性地对引进和培养人才问题作了规定。

一、关于引导高等学校毕业生到中小企业就业

2017 年我国高等学校毕业生人数达到 790 多万人。由于中小企业在解决职工的户籍、生活、职业发展等方面没有优势，影响高等学校毕业生到中小企业就业的积极性。

目前许多地方为了吸引高等学校毕业生到当地就业，推出了一系列措施。例如，降低落户门槛，有的地方甚至实现了高等学校毕业生“零门槛”落户；发放住房、生活补贴或提供人才公寓，有的地方规定本科生即可享受；开展职业培训，帮助高等学校毕业生进行职业规划，树立科学的就业观念。

二、关于向中小企业开放试验设施，开展技术研发与合作

试验设施是科技创新必不可少的设施，但许多试验设施建设和维护成本高，许多企业特别是中小企业难以承担。高等学校、科研院所、大型企业的科研设施在满足本单位使用的同时，还有供其他单位利用的闲余能力。向中小企业开放，可以提高这些设施的利用效率，减轻中小企业负担，增强双方或多方技术交流，可谓一举多得。

2006 年《科学技术部、国务院国资委、中华全国总工会关于印发“技术创新引导工程”实施方案的通知》（国科发政字〔2006〕31 号）提出，建立健全共享机制，实现国家重点实验室、国家工程中心等各类共性技术平台向中小企业开放。2007 年《国家发展改革委等部门关于印发关于支持中小企业技术创新的若干政策的通知》（发改企业〔2007〕2797 号）提出，鼓励大学、科研院所、大企业开放科研仪器设施，为中小企业服务。2012 年《国务院关于进一步支持小型微型企业健康发展的意

见》(国发〔2012〕14 号)提出,提升小型微型企业创新能力。鼓励大专院校、科研机构和大企业向小型微型企业开放研发试验设施。《国务院关于国家重大科研基础设施和大型科研仪器向社会开放的意见》(国发〔2014〕70 号)提出,制定促进科研设施与仪器开放的管理制度和办法,推动非涉密和无特殊规定限制的科研设施与仪器一律向社会开放。建立统一开放的国家网络管理平台,并将所有符合条件的科研设施与仪器纳入平台管理。

2015 年《中共中央、国务院关于深化体制机制改革加快实施创新驱动发展战略的若干意见》提出,优化国家实验室、重点实验室、工程实验室、工程(技术)研究中心布局,按功能定位分类整合,构建开放共享互动的创新网络,建立向企业特别是中小企业有效开放的机制。探索在战略性领域采取企业主导、院校协作、多元投资、军民融合、成果分享的新模式,整合形成若干产业创新中心。加大国家重大科研基础设施、大型科研仪器和专利基础信息资源等向社会开放力度。2015 年《科学技术部关于进一步推动科技型中小企业创新发展的若干意见》(国科发高〔2015〕3 号)提出,鼓励高校院所和大型企业开放科技资源。引导和鼓励有条件的高等学校、科研院所、大型企业的重点实验室、国家工程(技术)研究中心、大型科学仪器中心、分析测试中心等科研基础设施和设备进一步向科技型中小企业开放,提供检验检测、标准制定、研发设计等科技服务。

《国务院关于强化实施创新驱动发展战略进一步推进大众创业万众创新深入发展的意见》(国发〔2017〕37 号)强调,探索仪器设备所有权和经营权分离机制,对于财政资金购置的仪器设备,探索引入专业服务机构进行社会化服务等多种方式。《国务院办公厅关于创新管理优化服务 培育壮大经济发展新动

能 加快新旧动能接续转换的意见》(国办发〔2017〕4 号)强调,强化对重大科研设施和仪器、科研数据信息等开放共享的考核评价和政策激励机制。

《2016 年国民经济和社会发展统计公报》显示,截至 2016 年年底,累计建设国家重点实验室 488 个,国家工程研究中心 131 个,国家工程实验室 194 个,国家企业技术中心 1276 家。

三、关于科技人员到中小企业从事产学研合作和科技成果转化活动

科研机构、高等学校的科技人员掌握大量先进技术,他们到中小企业从事产学研合作和科技成果转化活动,可以帮助中小企业提升科技创新能力、促进科技成果转化。2015 年《中共中央、国务院关于深化体制机制改革加快实施创新驱动发展战略的若干意见》提出,改进科研人员薪酬和岗位管理制度,破除人才流动的体制机制障碍,促进科研人员在事业单位和企业间合理流动。符合条件的科研院所的科研人员经所在单位批准,可带着科研项目和成果、保留基本待遇到企业开展创新工作或创办企业。

2015 年修订《促进科技成果转化法》时,专门增加第二十七条规定:“国家鼓励研究开发机构、高等院校与企业及其他组织开展科技人员交流,根据专业特点、行业领域技术发展需要,聘请企业及其他组织的科技人员兼职从事教学和科研工作,支持本单位的科技人员到企业及其他组织从事科技成果转化活动。”

2016 年国务院颁布的《实施〈中华人民共和国促进科技成果转化法〉若干规定》(国发〔2016〕16 号)提出,国家设立的研究开发机构、高等院校科技人员在履行岗位职责、完成本职工作

的前提下，经征得单位同意，可以兼职到企业等从事科技成果转化活动，或者离岗创业，在原则上不超过 3 年时间内保留人事关系，从事科技成果转化活动。国务院部门、单位和各地方所属研究开发机构、高等院校等事业单位（不含内设机构）正职领导，以及上述事业单位所属具有独立法人资格单位的正职领导，是科技成果的主要完成人或者对科技成果转化作出重要贡献的，可以按照《促进科技成果转化法》的规定获得现金奖励，原则上不得获取股权激励。其他担任领导职务的科技人员，是科技成果的主要完成人或者对科技成果转化作出重要贡献的，可以按照《促进科技成果转化法》的规定获得现金、股份或者出资比例等奖励和报酬。2017 年广东省《关于鼓励高校科研院所科研人员创新创业有关人事管理问题的意见》规定离岗创业的年限最长可为 6 年。

第六章 市场开拓

第三十八条 国家完善市场体系,实行统一的市场准入和市场监管制度,反对垄断和不正当竞争,营造中小企业公平参与竞争的市场环境。

【释义】 本条是关于国家完善市场体系,保障中小企业公平参与市场竞争的规定。

一、关于市场体系

健全完备的市场体系是中小企业能够公平参与市场竞争的前提和保障。十八届三中全会通过的《关于全面深化改革若干重大问题的决定》中提出,要加快完善现代市场体系。建立公平开放透明的市场规则。实行统一的市场准入制度,在制定负面清单基础上,各类市场主体可依法平等进入清单之外领域。改革市场监管体系,实行统一的市场监管,清理和废除妨碍全国统一市场和公平竞争的各种规定和做法,严禁和惩处各类违法实行优惠政策行为,反对地方保护,反对垄断和不正当竞争。

《国务院关于大力推进大众创业万众创新若干政策措施的意见》也提出要完善公平竞争市场环境。逐步清理并废除妨碍创业发展的制度和规定,打破地方保护主义。加快出台公平竞争审查制度,建立统一透明、有序规范的市场环境。依法反垄断和反不正当竞争,消除不利于创业创新发展的垄断协议和滥用市场支配地位以及其他不正当竞争行为。

二、关于垄断

垄断是指排除、限制竞争以及可能排除、限制竞争的行为。根据《反垄断法》的规定，垄断行为包括：经营者达成垄断协议、经营者滥用市场支配地位以及具有或者可能具有排除、限制竞争效果的经营者集中。

1. 垄断协议。《反垄断法》规定，垄断协议是指排除、限制竞争的协议、决定或者其他协同行为。《反垄断法》禁止两类垄断协议，一是具有竞争关系的经营者达成的垄断协议，包括固定或者变更商品价格、限制商品的生产数量或者销售数量、分割销售市场或者原材料采购市场、限制购买新技术新设备或者限制开发新技术新产品、联合抵制交易以及国务院反垄断执法机构认定的其他垄断协议；二是经营者与交易相对人达成的垄断协议，包括固定向第三人转售商品的价格、限定向第三人转售商品的最低价格以及国务院反垄断执法机构认定的其他垄断协议。

2. 滥用市场支配地位。《反垄断法》规定，市场支配地位，是指经营者在相关市场内具有能够控制商品价格、数量或者其他交易条件，或者能够阻碍、影响其他经营者进入相关市场能力的市场地位。《反垄断法》禁止具有市场支配地位的经营者从事滥用市场支配地位的行为，包括以不公平的高价销售商品或者以不公平的低价购买商品、没有正当理由以低于成本的价格销售商品、没有正当理由拒绝与交易相对人进行交易、没有正当理由限定交易相对人只能与其进行交易或者只能与其指定的经营者进行交易、没有正当理由搭售商品或者在交易时附加其他不合理的交易条件、没有正当理由对条件相同的交易相对人在交易价格等交易条件上实行差别待遇以及国务院反垄断执法机构认定的其他滥用市场支配地位的行为。

3. 经营者集中。《反垄断法》规定，经营者集中是指经营者合并，经营者通过取得股权或者资产的方式取得对其他经营者的控制权，经营者通过合同等方式取得对其他经营者的控制权或者能够对其他经营者施加决定性影响。《反垄断法》要求，经营者集中达到国务院规定的申报标准的，经营者应当事先向国务院反垄断执法机构申报，未申报的不得实施集中。经营者集中具有或者可能具有排除、限制竞争效果的，国务院反垄断执法机构应当作出禁止经营者集中的决定。但是，经营者能够证明该集中对竞争产生的有利影响明显大于不利影响，或者符合社会公共利益的，国务院反垄断执法机构可以作出对经营者集中不予禁止的决定。

三、关于不正当竞争

不正当竞争，是指经营者以及其他有关市场参与者采取违反公平、诚实信用等公认的商业道德的手段去争取交易机会或者破坏他人的竞争优势，损害消费者和其他经营者的合法权益，扰乱社会经济秩序的行为。《反不正当竞争法》第二章具体规定了 11 种不正当竞争行为：

1. 混淆行为。混淆行为是指经营者在市场经营活动中，以各种不实手段对自己的商品或服务作虚假表示、说明或承诺，或不当利用他人的智力劳动成果推销自己的商品或服务，使用户或者消费者产生误解，扰乱市场秩序、损害同业竞争者的利益或者消费者利益的行为。

2. 虚假宣传。虚假宣传行为是指经营者利用广告和其他方法，对产品的质量、性能、成分、用途、产地等所作的引人误解的不实宣传的行为。

3. 商业贿赂。商业贿赂行为是指经营者为争取交易机会，暗中给予交易对方有关人员或者其他能影响交易的相关人员以财物或其他好处的行为。

4. 侵犯商业秘密。侵犯商业秘密行为是指以不正当手段，包括盗窃、利诱、胁迫等，获取、披露、使用他人商业秘密的行为。

5. 低价倾销。低价倾销行为是指经营者以排挤竞争对手为目的，以低于成本的价格销售商品的行为。

6. 不正当有奖销售。不正当有奖销售行为是指经营者在销售商品或提供服务时，以提供奖励（包括金钱、实物、附加服务等）为名，实际上采取欺骗或者其他不当手段损害用户、消费者的利益，或者损害其他经营者合法权益的行为。

7. 诋毁商誉。诋毁商誉行为是指经营者捏造、散布虚假事实，损害竞争对手的商业信誉、商品声誉，从而削弱其竞争力的行为。

8. 公用事业和独占经营者的限制竞争。公用事业和独占经营者的限制竞争行为是指公用企业或者其他依法具有独占地位的经营者，限定他人购买其指定的经营者的商品，以排挤其他经营者的公平竞争的行为。

9. 滥用行政权力限制竞争。滥用行政权力限制竞争的行为是指政府及其所属部门滥用行政权力，限定他人购买其指定的经营者的商品，限制其他经营者正当的经营活动的行为；或者政府及其所属部门滥用行政权力，限制外地商品进入本地市场，或者本地商品流向外地市场的行为。

10. 搭售和附加不合理条件的交易。搭售和附加不合理条件的交易行为是指具有优势地位的经营者相对于消费者或其他交易对象体现的强卖行为，是指经营者利用其经济优势，违背交易相对人的意愿，在提供商品或服务时，搭售其他商品或附加其他不合理交易条件的行为。

11. 招标投标中相互勾结排挤竞争。招标投标中相互勾结排挤竞争的行为是指投标者之间串通投标，抬高标价或者压低标价的行为；或者投标者和招标者相互勾结，以排挤竞争对手的公平竞争的行为。

第三十九条　国家支持大型企业与中小企业建立以市场配置资源为基础的、稳定的原材料供应、生产、销售、服务外包、技术开发和技术改造等方面的协作关系，带动和促进中小企业发展。

【释义】　本条是关于大型企业与中小企业协作，带动和促进中小企业发展的规定。

现代企业经营是协作化的活动，摒弃“大而全、小而全”的发展思路，按照企业自身优势，把产品做精，把规模做大，形成专业化的系列分工格局，提高协作化程度，是企业发展的必由之路。就生产过程的专业化分工协作而言，目前我国企业的组织程度不高，由于专业化协作程度不高，必然形成“大而全、小而全”的生产组织形式。仍然有不少大型企业自己采购生产原料和推销产品，大部分企业都提倡自己革新工艺和开发产品，有的还是自己负责运输等，这些都不利于技术进步，不利于生产效率和产品质量的提高，也不利于投资的节约和生产规模的迅速扩大。

《中国制造2025》中明确提出，促进大中小企业协调发展。强化企业市场主体地位，支持企业间战略合作和跨行业、跨区域兼并重组，提高规模化、集约化经营水平，培育一批核心竞争力强的企业集团。激发中小企业创业创新活力，发展一批主营业务突出、竞争力强、成长性好、专注于细分市场的专业化“小巨人”企业。发挥中外中小企业合作园区示范作用，利用双边、多边中小企业合作机制，支持中小企业走出去和引进来。引导大企业与中小企业通过专业分工、服务外包、订单生产等多种方式，建立协同创新、合作共赢的协作关系。推动建设一批高水平的中小企业集群。同时，工业和信息化部《促进中小企业发展规划(2016—2020年)》中也提出，推动中小企业与大企业协同创新。鼓励有条件的大企业搭建信息化服务平台，向中小企业开放入口、数据信息、计算能力。通过任务众包、生产协作、资源开放等方式，培育产业链，打造创新链，提升价值链，促进大企业带动产业链上下游中小企业协同研发、协同制造、协同发展。

参考国外一些国家的经验，我们看到在市场经济更加发达的国家，首先，原材料、零部件的生产和供应已经实现高度专业化、商业化。要从市场上取得所需的原材料、零部件十分方便，而且其性能、质量和售前售后服务都有充分保证，买价也比自制的成本低，且供应周期亦短。而从事原材料、零部件生产的大部分是中小企业。这不仅为中小企业提供了市场，而且中小企业也因此从中受益匪浅。其次，零件加工也已实现高度社会化，零件加工企业到处都有，这类企业通常是中小企业，其规模不大，专门为其他企业承接加工任务，对多数大型企业来说，可不必再配备齐全的加工设备和人员，不必为设备利用率不高而伤脑筋，生产管理程序可以大大简化。最后，服务外包、技术开发和技术改造的社会化协作程度也非常高，形形色色的中小型技术咨询、设计企业比比皆是，诸如技术咨询、设计方面的工作，大型企业可以随时从社会上取得，其形式多种多样，这样就能大量压缩常备的技术人员，减少开支，大型企业从中受惠不小。这些市场经济更加发达的国家的上述做法很值得我们学习借鉴。

为此本条明确规定，国家支持大型企业与中小企业建立以市场配置资源为基础的、稳定的原材料供应、生产、销售、服务外包、技术开发和技术改造等方面的协作关系，带动和促进中小企业发展。按照规定，国家要坚持发展大型企业与扶持中小企业并举的方针，支持大型企业与中小企业建立以市场配置资源为基础的、稳定的原材料供应、生产、销售、服务外包、技术开发和技术改造等方面的协作关系，形成大型企业与中小企业分工协作、专业互补的关联产业群体，带动和扶持中小企业发展，使之成为大型企业的依托基地，最终达到促进大中小企业共同发展的目的。在支持大型企业与中小企业建立分工协作关系过程中，为防止大型企业利用其在协作关系中的优势地位强迫中小企业接受一些不平等和不公正的条件，国家还要特别注意维护中小企业的利益。

中小企业是技术创新的主导力量，这不仅体现在中小企业呈现出以知识密集型取代传统劳动密集型的发展趋势，还体现在中小企业充分发挥自身经营上灵活高效的特点，把科学技术转化为现实生产力所耗费的时间和精力大为缩短。因此，国家应在充分尊重市场选择的前提下，推动大型企业与中小企业之间发展分工协作关系，中小企业也可充分利用自身的有利条件，不断加强与大型企业的协作配套。通过建立以市场配置资源为基础的、稳定的原材料供应、生产、销售、服务外包、技术开发和技术改造等方面的协作关系，一方面大型企业可以享受到协作一体化带来的好处，大大节约了成本，减少了风险，增加了盈利，另一方面中小企业也可以从大型企业那里获得技术、资金、管理、信息等方面的支持，促进其向“专、精、特、新”等方向发展，对我国经济和社会发展起到重要的推动作用。

第四十条 国务院有关部门应当制定中小企业政府采购的相关优惠政策，通过制定采购需求标准、预留采购份额、价格评审优惠、优先采购等措施，提高中小企业在政府采购中的份额。

向中小企业预留的采购份额应当占本部门年度政府采购项目预算总额的百分之三十以上；其中，预留给小型微型企业的比例不低于百分之六十。中小企业无法提供的商品和服务除外。

政府采购不得在企业股权结构、经营年限、经营规模和财务指标等方面对中小企业实行差别待遇或者歧视待遇。

政府采购部门应当在政府采购监督管理部门指定的媒体上及时向社会公开发布采购信息，为中小企业获得政府采购合同提供指导和服务。

【释义】 本条是关于政府采购促进中小企业发展的有关规定。

一、关于政府采购

所谓政府采购，是指各级国家机关、事业单位和团体组织，使用财政性资金采购依法制定的集中采购目录以内的或者采购限额标准以上的货物、工程和服务的行为。

政府采购的重要作用突出表现在几个方面：一是有利于提高财政资金的使用效益，节省开支。二是保证采购项目质量，采购单位可以得到质量有保证、价格合理的货物、工程和服务，保障采购单位有效行使职能。三是有利于发挥政府在国民经济发展中的宏观调控作用，推进节约能源、保护环境、扶持不发达地区和少数民族地区、促进中小企业发展等措施的实施。四是促进财政预算制度改革，强化财政支出管理。五是有利于促进公平竞争，增强企业的竞争能力和自我发展能力。六是有利于有效抑制腐败，遏制采购过程中的权钱交易和其他腐败行为，促进廉政建设。

国务院有关部门应当通过制定采购需求标准、预留采购份额、价格评审优惠、优先采购等措施，提高中小企业在政府采购中的份额：

1. 制定采购需求标准。采购需求标准是采购政策实施中最常用的，也是最直接的措施，就是通过对采购产品或服务的技术标准或质量标准的规定，实现政府采购的政策目标。

2. 预留采购份额。预留采购份额是指采购人在某一采购项目或者全部采购项目中预留出一定的份额，专门面向特定供应商如中小企业开展采购，以支持和促进该类型企业通过政府采购市场获得更好的发展。

3. 价格评审优惠。价格评审优惠是指在价格作为评审因素的政府采购评审过程中，对某类特定供应商的报价给予一定比例的价格扣除优惠，用扣除后的价格作为其参与评审的价格，使其报价在与其他供应商报价相比时获得评审优势，进而提高胜出几率。

4. 优先采购。优先采购是指在政府采购过程中，优先采购某类特定供应商的货物、工程或者服务，使得该类供应商获得更多的政府采购市场份额，帮助其持续发展。

二、关于预留的采购份额比例

本条第二款明确规定了向中小企业预留的采购份额应当占本部门年度政府采购项目预算总额的百分之三十以上；其中，预留给小型微型企业的比例不低于百分之六十。也就是预留给小型微型企业的比例应当占本部门年度政府采购项目预算总额的百分之十八以上。

《政府采购促进中小企业发展暂行办法》（财库〔2011〕181

号)中规定,在满足机构自身运转和提供公共服务基本需求的前提下,应当预留本部门年度政府采购项目预算总额的30%以上,专门面向中小企业采购,其中,预留给小型和微型企业的比例不低于60%。《国务院关于进一步支持小型微型企业健康发展的意见》中也规定,负有编制部门预算职责的各部门,应当安排不低于年度政府采购项目预算总额18%的份额专门面向小型微型企业采购。

在法律修订草案审议过程中,关于是否应当在法律中明确规定预留的采购份额比例存在不同意见,也有人建议不规定具体份额。考虑到政府采购对于促进中小企业发展的重要性,同时为了增加法律的针对性和可操作性,最终在法律中明确规定了预留的采购份额比例。另外,本条第二款最后一句还对中小企业政府采购进行了必要的限定和要求,排除了中小企业无法提供商品和服务的情形。

通过政府采购促进国家的经济和社会发展政策目标的实现,对本国的政府采购市场进行必要的保护,是各国政府采购立法和法律实施中普遍采用的做法,其中促进中小企业的发展就是政府采购必须兼顾的经济社会发展目标之一。例如,美国政府每年都要采购大量的物品或服务,大致分为三大部分:设备或物品,约占总额的35%;研究与发展,约占15%;建筑及其他服务,约占50%。美国政府规定,政府采购中必须有一定的份额分配给中小企业,以扶持中小企业的发展。每年由中小企业管理局与政府其他各机构进行磋商,确定各联邦机构的采购预算中分配给中小企业的份额。每年年底中小企业管理局对实际采购情况进行汇总、分析,检查目标完成情况。美国政府采购局还专门设有中小企业采购代表处,专门负责协调政府向中小企业的商品采购。

三、关于差别待遇和歧视待遇

《政府采购法实施条例》第二十条规定，属于采购人或者采购代理机构以不合理的条件对供应商实行差别待遇或者歧视待遇的情形包括：就同一采购项目向供应商提供有差别的项目信息；设定的资格、技术、商务条件与采购项目的具体特点和实际需要不相适应或者与合同履行无关；采购需求中的技术、服务等要求指向特定供应商、特定产品；以特定行政区域或者特定行业的业绩、奖项作为加分条件或者中标、成交条件；对供应商采取不同的资格审查或者评审标准；限定或者指定特定的专利、商标、品牌或者供应商；非法限定供应商的所有制形式、组织形式或者所在地；以其他不合理条件限制或者排斥潜在供应商。

四、关于政府采购信息公开

《政府采购法》第十一条规定，政府采购的信息应当在政府采购监督管理部门指定的媒体上及时向社会公开发布，但涉及商业秘密的除外。《政府采购法实施条例》第八条规定，政府采购项目信息应当在省级以上人民政府财政部门指定的媒体上发布。采购项目预算金额达到国务院财政部门规定标准的，政府采购项目信息应当在国务院财政部门指定的媒体上发布。

政府采购的信息必须在指定媒体上公开。这些媒体是指政府采购监督管理部门指定的专门媒体。之所以要指定媒体，一是使信息披露具有一定的权威性；二是信息载体相对固定，方便社会各个方面了解；三是能体现公益性，费用较低。本条所称的政府采购监督管理部门是指财政部。目前，财政部已经分别指定《中国财经报》、“中国政府采购网”（www. ccgp. gov. cn）以及《中国政府采购》杂志为全国政府采购的信息发布媒体。

政府采购信息公开是政府采购公开透明的基本要求及主要表现方式。政府采购要做到公开透明，首先要求做到政府采购信息公开，让社会公众了解政府的采购预算、采购计划、采购过程和采购结果；让社会公众知晓政府有哪些采购需求，什么时候开始采购，如何开展采购活动。政府采购信息公开，既便于接受社会公众监督，也便于潜在供应商和参加政府采购活动的当事人掌握商机或全面了解采购活动的动态。

第四十一条　县级以上人民政府有关部门应当在法律咨询、知识产权保护、技术性贸易措施、产品认证等方面为中小企业产品和服务出口提供指导和帮助，推动对外经济技术合作与交流。

国家有关政策性金融机构应当通过开展进出口信贷、出口信用保险等业务，支持中小企业开拓境外市场。

【释义】　本条是关于推动中小企业对外经济技术合作与交流，开拓境外市场的规定。

一、推动对外经济技术合作与交流

随着世界经济一体化进程的日益加深，国际竞争也日趋激烈，一个国家的产品能否跻身于国际市场，除受产品本身质量、工艺、技术含量等因素和世界市场发展趋势所制约外，国家所实行的政策也影响极大。鼓励中小企业产品出口和开展对外经济技术合作与交流，是我国对外政策的重要组成部分。中小企业作为开拓国际市场的主体，必须以研制和开发独创技术和独特产品为目标，提高产品质量，降低产品成本，形成规模生产，取得并保持在某些领域和产品方面的优势，提高产品的国际竞争能力。而国家则应当采取政策措施，为中小企业产品和服务出口提供指导和帮助，推动对外经济技术合作与交流，支持中小企业开拓境外市场。

本条第一款规定，县级以上人民政府有关部门应当在法律咨询、知识产权保护、技术性贸易措施、产品认证等方面为中小企业产品和服务出口提供指导和帮助，推动对外经济技术合作与交流。其中，技术性贸易措施主要是指《技术性贸易壁垒协议》（TBT 协议）和《实施动植物卫生检疫措施的协议》（SPS 协议）所管辖的各种形式的非关税壁垒措施。技术性贸易措施通常以维护国家安全、保护人类健康和安全、保护动植物的生命和健康、保护环境、保证产品质量、防止欺诈行为为理由，通过技术法规、标准、合格评定程序、卫生与植物卫生措施来加以实施。产品认证是指由第三方通过检验评定企业的质量管理体系和样品型式试验来确认企业的产品、过程或服务是否符合特定要求，是否具备持续稳定地生产符合标准要求产品的能力，并给予书面证明的程序。

为使一批成长性好、市场潜力大的中小企业做大做强，近些年来政府有关部门和机构顺应经济全球化、贸易自由化的要求，相继采取了一系列政策措施，积极指导和帮助中小企业，推动对外经济技术合作与交流。例如，设立中小企业国际市场开拓资金，用于支持中小企业开拓境外市场的各种活动，帮助出口创汇型中小企业扩大产品出口；加快由审批制向资格登记备案制改革，帮助符合条件的中小企业办理相关手续，鼓励和支持中小企业开展自营进出口业务；出口高新技术产品的中小企业可享受国家有关优惠政策；鼓励外商提供资金、技术、管理等投资或参股中小企业等。这些政策措施的实施有力地促进了中小企业产品和服务的出口，推动了中小企业开展国际经济技术合作与交流，提高了中小企业的科技水平和管理水平，为中小企业参与国际竞争创造了必要条件。

二、政策性金融机构的支持

本条第二款规定，国家有关政策性金融机构应当通过开展进出口信贷、出口信用保险等业务，支持中小企业开拓境外市场。所谓政策性金融机构，是指由政府创立、参股、支持或担保的，不完全以营利为目的的，专门为贯彻政府经济政策或意图在特定的业务领域直接或间接从事融资活动充当政府发展经济，促进社会进步，进行宏观经济管理的金融机构。我国有关政策性金融机构是指如中国进出口银行、中国出口信用保险公司等由政府或政府机构发起、出资创立、参股或保证的，不以利润最大化为经营目的，在特定的业务领域内从事政策性融资活动，以贯彻和配合政府的社会经济政策或意图的金融机构。我国有关政策性金融机构与一般商业性金融机构不同，就是为实现国家有关政策性目标而设立的，支持中小企业开拓境外市场既是其义不容辞的责任，也正是它们的主要业务范围。因此，国家有关政策性金融机构应当通过开展为中小企业提供优惠利率的进出口信贷和完善的出口信用保险等业务，支持中小企业开拓境外市场。

1. 进出口信贷是一种国际信贷方式，是一国为了支持和扩大本国大型机械、成套设备、大型工程项目等的出口，加强国际竞争能力，通过对本国的出口给予利息补贴并提供信贷担保，鼓励银行对资金周转存在困难的本国出口商给予信贷支持，或帮助国外进口商向本国出口商支付货款的一种融资方式。进出口信贷是促进资本货物出口的一种手段，对支持中小企业进出口发挥着重要作用，我国设有中国进出口银行作为主要的进出口信贷银行。

2. 出口信用保险是承保出口商在经营出口业务的过程中因进口商的商业风险或进口国的政治风险而遭受的损失的一种信用保险，是国家为了推动本国的出口贸易，保障出口企业的收汇安全而制定的一项由国家财政提供保险准备金的非营利性的政策性保险业务。出口信用保险承担的风险特别巨大，且难以使用统计方法测算损失概率，一般商业性保险公司不愿意经营这种保险，所以大多数是靠政府支持来经营的，我国设有中国出口信用保险公司。

另外必须指出的是，世界贸易组织的规则并不禁止政府对中小企业的政策性支持，因此如果某一成员国政府为中小企业提供了政策性支持是不违背世界贸易组织规则的，实际上为中小企业开拓境外市场提供政策性支持正是各国政府普遍采用的做法。例如，美国法律规定，国家鼓励创办出口型企业，国家进出口银行向小企业（美国的法律概念中的小企业指的就是中小企业）提供贷款，并向小企业提供信用风险担保，同时向购买美国产品的外商提供贷款。

第四十二条　县级以上人民政府有关部门应当为中小企业提供用汇、人员出入境等方面的便利，支持中小企业到境外投资，开拓国际市场。

【释义】 本条是关于政府支持中小企业开拓国际市场的规定。

目前经济全球化趋势的日益加强，中小企业的发展与国际市场越来越息息相关。在无国界的竞争时代，中小企业不仅要把企业的生产目标瞄准国际市场，而且企业的经营也要走向境外,把整个世界变为开拓事业的空间。要坚决摒弃期待国家的政策、制度给予过度保护的依赖思想,必须充分认识到,只有在激烈的国际竞争中拼搏获胜的企业才能生存下去。在现代条件下参加国际分工与协作本身已经开始成为企业生产的起始条件,不积极参与国际分工与协作的进程,中小企业就失去了在国际市场上的立足之地。当然,国家也应当采取政策措施,鼓励有条件的中小企业走出去,到境外投资,开展跨国经营,并为其用汇、人员出入境等方面提供各种便利,支持中小企业到境外投资,开拓国际市场。例如,《国务院关于进一步促进中小企业发展的若干意见》中规定,支持中小企业开拓国际市场。鼓励支持有条件的中小企业到境外开展并购等投资业务,收购技术和品牌,带动产品和服务出口。工业和信息化部《促进中小企业发展规划(2016—2020年)》中提出,"十三五"时期将继续引导中小企业开拓市场。支持中小企业加强市场调研,顺应需求升级要求,创新营销模式,深耕细分市场,拓展发展空间。鼓励中小企业加强工贸结合、农贸结合和内外贸结合,利用电商平台等多种方式开拓市场,提高市场拓展效率。支持中小企业"走出去"和"引进来"。支持中小企业引进境外资金、技术、人才、管理经验,增强发展能力。促进中小企业拓展对外贸易、投资的广度和深度,融入全球产业链和价值链。

按照本条规定,县级以上人民政府有关部门应当为中小企业提供用汇、人员出入境等方面的便利,支持中小企业到境外投资,开拓国际市场。所谓境外投资,是指我国的企业和个人向中国以外的其他国家或地区的直接投资。境外投资对于提高我国产品的出口能力,开拓国际市场,增加外汇收入具有重要作用。

中小企业应当在发展生产、继续开拓国内市场的同时,把国际市场放到与国内市场同等重要的位置,实施"走出去"的经营战略,到境外投资,参与国际贸易,努力开拓、抢占国际市场,充分利用"两种资源,两个市场"。而国家则应当通过制定以下几方面政策,对符合条件的中小企业到境外投资给予鼓励和保护:一是通过制定税收优惠政策来鼓励境外投资,特别是与外国签订避免双重征税协定,来调动中小企业到境外进行投资的积极性;二是简化境外投资的审查批准手续,并赋予符合条件的中小企业派遣人员和管理方面更多的自主权;三是建立境外投资保险制度,由政府下设或支持保险机构,对中小企业境外投资过程中面临的因政治风险、自然灾害等而遭受的损失给予一定的补偿;四是制定实施贸易便利化措施,为中小企业提供用汇、人员出入境等方面的便利。

用汇,指的是使用外汇。根据《外汇管理条例》规定,我国实行国际收支统计申报制度,凡有国际收支的单位和个人都必须进行国际收支申报。大企业用汇规模和经济体量庞大,且拥有足够的人才和管理经验,其外汇管理具有主动性和灵活性,可以有效规避汇率波动风险,获得用汇便利。而中小企业在使用外汇方面与大企业相比劣势明显,需要政府部门给予更多的支持和倾斜。而人员出入境,同样受到国家出入境管理制度的约束,是国家对出入本国国境的本国公民和外国人行使主权的行政行为。中小企业参加国际合作、商业谈判、展览展销以及邀请外国专家等,不可避免需要人员出入境审批,如能给予更多的便利,将更有利于中小企业拓展海外市场。

第七章 服务措施

第四十三条 国家建立健全社会化的中小企业公共服务体系，为中小企业提供服务。

【释义】 本条是关于中小企业公共服务体系的规定。

中小企业公共服务体系，一般是指政府机构以外的所有向中小企业提供服务的机构的总和，包括政府扶持建立的中小企业服务机构、为中小企业提供服务的社会中介组织以及高等院校、科研院所等机构。

中小企业的生存和发展，离不开公共服务体系，这是由中小企业自身的特点决定的。中小企业由于自身规模较小，更容易受到市场各种要素供给的制约，在市场竞争中经常处于弱势地位，要想在激烈的市场竞争中生存下去并得到发展，就需要社会为其提供必要的服务，弥补其自身的不足。例如，中小企业缺乏人才，就需要社会提供人才市场并为中小企业培养人才；中小企业技术开发能力薄弱，就需要社会提供技术服务，如提供专利技术，帮助中小企业进行技术开发，解决中小企业在生产经营过程中遇到的技术难题等；中小企业由于规模的限制，不可能做周密的市场调查，缺乏信息来源，对市场供求信息以及其他信息缺乏了解，就需要社会上有专门的机构为其提供各种信息。同时，中小企业在管理、融资等方面也离不开社会公共服务体系。大量的实践证明，没有完善的面向中小企业的社会公共服务体系的支持，中小企业的健康发展是不可能的。因此，各国一般都把建立中小企业公共服务体系作为扶持中小企业发展的一项重要措施。

我国也注意到了中小企业公共服务体系对于中小企业发展的重要作用。例如，本法第九条规定了中小企业发展专项资金的用途，明确了专项资金应当通过资助、购买服务、奖励等方式，重点用于支持中小企业公共服务体系和融资服务体系建设。《国务院关于大力推进大众创业万众创新若干政策措施的意见》中提出，要构建有利于大众创业、万众创新蓬勃发展的政策环境、制度环境和公共服务体系，以创业带动就业、创新促进发展。《国务院关于进一步促进中小企业发展的若干意见》中也提出，要加快推进中小企业服务体系建设。加强统筹规划，完善服务网络和服务设施，积极培育各级中小企业综合服务机构。《国务院关于进一步支持小型微型企业健康发展的意见》中提出，要大力推进服务体系建设。实施中小企业公共服务平台网络建设工程，支持各省(区、市)统筹建设资源共享、服务协同的公共服务平台网络，建立健全服务规范、服务评价和激励机制，调动和优化配置服务资源，增强政策咨询、创业创新、知识产权、投资融资、管理诊断、检验检测、人才培训、市场开拓、财务指导、信息化服务等各类服务功能，重点为小型微型企业提供质优价惠的服务。充分发挥行业协会(商会)的桥梁纽带作用，提高行业自律和组织水平。工业和信息化部《促进中小企业发展规划(2016—2020年)》中也明确提出了要完善服务体系，提高中小企业服务体系的服务效率，丰富服务内容，完善服务功能。研究制定中小企业服务机构和平台的服务规范，加强小微企业创业创新基地、中小企业公共服务平台等载体能力建设，不断提高服务质量和水平。发挥中小企业服务平台网络骨干架构作用,加强互联互通,实现资源优势互补。

本法作为改善中小企业的经营环境、促进中小企业发展的基本法律,把建立健全社会化的中小企业公共服务体系在法律中明确,成为法律对政府以及社会各方面的要求,必将对保障和促进中小企业的健康发展起到重要作用。

第四十四条　县级以上地方各级人民政府应当根据实际需要建立和完善中小企业公共服务机构,为中小企业提供公益性服务。

【释义】 本条是关于中小企业公共服务机构的规定。

中小企业服务机构,是指由政府设立或者参与和协助设立的专门为中小企业提供服务的中介机构。政府通过这些中介机构,以一定的形式,如定期发布市场信息、政府的指导性计划等信息,为中小企业提供政策咨询和创业支持等服务,可以使接受服务的中小企业在充分了解政府政策意图的基础上,接受政府的指导和帮助,从而来达到促进中小企业生存和健康发展的目的。

我国建立的中小企业公共服务机构,包括中小企业公共服务平台、小型微型企业创业创新基地、中小企业信息化服务平台等,这些机构不具有行政管理职能,它们以市场化运作、诚实信用、民主管理、控制风险为工作准则,独立承担民事责任。中小企业公共服务机构具有以下基本职能:(1)向政府有关部门反映中小企业情况;(2)配合政府有关部门落实中小企业扶持政策;(3)维护中小企业合法权益;(4)为中小企业的创立、生存和发展提供全面的社会服务;(5)接受政府及其部门的委托,联系或委托区域、行业和各类社会服务组织为中小企业提供服务等。

政府扶持建立中小企业公共服务机构，也是国际上的通行做法。法国设立、运作的税务委托管理中心，协助中小企业进行管理，提高其管理水平，防止中小企业漏税偷税。美国小企业管理局下设100多个大区和地方办事处，协助建立了遍布全美各地的小企业发展中心和企业信息中心，为小企业提供管理和技术方面的辅导，此外还有帮助小企业拓展海外市场的出口援助中心等。日本也建立了一批官助民办或者官办民营的中小企业中介机构，如中小企业振兴事业团、中小企业共济事业团、中小企业中央会、日本商工会议所、日本商工会等，作为各级政府机关施行中小企业政策法令和扶持、指导中小企业的重要力量。

为进一步促进中小企业发展，健全中小企业公共服务体系，营造中小企业公共服务机构良好的发展环境，国家和地方都出台了一系列政策文件。例如，《国务院关于鼓励支持和引导个体私营等非公有制经济发展的若干意见》中提出，要大力发展社会中介服务。各级政府要加大对中介服务机构的支持力度，坚持社会化、专业化、市场化原则，不断完善社会服务体系。支持发展创业辅导、筹资融资、市场开拓、技术支持、认证认可、信息服务、管理咨询、人才培训等各类社会中介服务机构。按照市场化原则，规范和发展各类行业协会、商会等自律性组织。整顿中介服务市场秩序，规范中介服务行为，为非公有制经济营造良好的服务环境。《国务院关于扶持小型微型企业健康发展的意见》中也提出，大力推进小型微型企业公共服务平台建设，加大政府购买服务力度，为小型微型企业免费提供管理指导、技能培训、市场开拓、标准咨询、检验检测认证等服务。

此外，为支持中小企业健康发展，工业和信息化部积极开展扶持中小企业公共服务示范平台建设，推进小型微型企业创业示范基地建设,以及搭建中小企业信息化服务平台等工作。2010 年至 2014 年,工业和信息化部先后组织了四批示范平台认定工作,共认定了 511 家国家中小企业公共服务示范平台。这些平台不断提供服务能力,主动开展公益性服务,积极承担政府部门委托的各项任务,在解决中小企业共性需求,畅通信息渠道、改善经营管理、提高服务质量、增强市场竞争力、实现创新发展等方面发挥了引领和带动作用。公共服务平台立足企业服务需求,整合社会资源,进一步拓宽服务内容和范围,努力为企业提供一站式综合服务和专业技术服务。小型微型创业基地是创办小型微型企业的孵化器,是加快小型微型企业发展的推进器,是实现创业创新的平台,有效解决了小型微型企业初创阶段普遍存在的规模小、布局分散、产业层次低、用地难、融资难等问题。中小企业信息化服务平台在为中小企业提供技术创新、经营管理、市场开拓、投资融资、人才培训、信息资讯等信息化服务方面取得了丰硕的成果。

第四十五条　县级以上人民政府负责中小企业促进工作综合管理的部门应当建立跨部门的政策信息互联网发布平台,及时汇集涉及中小企业的法律法规、创业、创新、金融、市场、权益保护等各类政府服务信息,为中小企业提供便捷无偿服务。

【释义】　本条是关于政策信息互联网发布平台提供政府服务信息的规定。

一、各级政府负责中小企业促进工作综合管理的部门应当建立跨部门的政策信息互联网发布平台

《中小企业促进法》修订草案一审稿中,本条的表述为"各级人民政府中小企业促进工作综合协调部门的网站,应当汇集

并提供涉及中小企业的法律法规、政策及创业、创新、金融、市场、权益保护等各类政府服务信息。各级人民政府其他部门的网站应当提供本部门涉及中小企业的法律法规、政策及创业、创新、金融、市场、权益保护等各类政府服务信息。”在法律修订草案审议过程中，有意见提出中小企业促进工作综合协调部门的网站汇集并提供涉及中小企业的各类政府服务信息，其他部门的网站也要提供本部门涉及中小企业的各类政府服务信息，这样职责不够清楚。

政策信息互联网发布平台建设，应当视为“互联网+政务服务”的组成部分。近年来，不少部门都在推动建设政策线上服务平台，便于企业查询和适用政策。但实践中，仍有一些中小企业反映，政策信息渠道不统一，平台间也未实现互联互通、信息共享，给企业查询带来不便，企业想找到所需要的政策需要花费大量的人力和时间成本，或者不得不花钱请中介服务机构。推动建立政策信息互联网发布平台，实现服务的互联互通、数据共享，线上线下畅通连接，达到政策服务的标准化和规范化，是贯彻落实党中央、国务院决策部署，加快转变政府职能，简政放权、放管结合、优化服务的一项具体举措，也回应了企业的强烈呼声，对提高政府服务效率和透明度，便利企业查询政策、办事创业，进一步激发市场活力和社会创造力具有重要意义。

考虑到各级负责中小企业促进工作综合管理的部门是中小企业促进工作的综合负责的部门，应由其主动汇集涉及中小企业的各个方面的政府服务信息，包括其他部门的相关信息。因此，法律修订草案最后明确了应当由县级以上人民政府负责中小企业促进工作综合管理的部门建立跨部门的政策信息互联网发布平台,主动及时地汇集涉及中小企业的法律法规、创业、创新、金融、市场、权益保护等各类政府服务信息,为中小企业提供服务。

二、政策信息互联网发布平台应当为中小企业提供便捷无偿的服务

建立跨部门的政策信息互联网发布平台的目的是及时汇集涉及中小企业的法律法规、创业、创新、金融、市场、权益保护等各类政府服务信息,便于中小企业更加便捷地查询到自己所需要的政府信息,了解有关中小企业的政策,更好地依法经营。工业和信息化部《促进中小企业发展规划(2016—2020年)》中提出,要推动建立跨部门政策信息发布平台。通过政策信息发布平台,汇集涉及中小企业的法律法规、创业、创新、金融、市场、权益保护等各类政府服务信息,为中小企业提供便捷服务。推动建立和完善各项政策的公开、共享和贯彻落实监督机制。

互联网与政府政策信息服务相结合,其主要体现了以下两方面特点:一是政策信息互联网发布平台借助大数据、云计算等现代技术手段,通过互联网采集、输送中小企业政策信息,大大压缩了政策信息传递的资金、人力、时间成本。二是构建政策信息互联网发布平台,也充分体现了"简政放权"中"放管结合"的理念,进一步发挥政府对中小企业的政策信息服务功能。此外,本次法律修改还明确了政策信息互联网发布平台为中小企业提供的服务应当是无偿免费的服务。政策信息互联网发布平台是政府部门建立的平台,属于政府向中小企业提供服务的窗口,因此不应向中小企业收取任何费用。

第四十六条　国家鼓励各类服务机构为中小企业提供创业培训与辅导、知识产权保护、管理咨询、信息咨询、信用服务、市场营销、项目开发、投资融资、财会税务、产权交易、技术支持、人才引进、对外合作、展览展销、法律咨询等服务。

【释义】 本条是关于鼓励各类服务机构为中小企业提供服务的规定。

除了政府建立的中小企业公共服务机构为中小企业提供服务以外，中小企业创业和经营过程中所需要的各种服务，更多是要从各类服务机构处获得。工业和信息化部《促进中小企业发展规划（2016—2020 年）》中提出，鼓励各类服务机构通过多种形式，为中小企业提供创业辅导、项目开发、风险评估、管理咨询、信息交流、信用服务、市场营销、投资融资、登记注册、财税代理、贷款担保、产权交易、技术支持、人才引进、人员培训、对外合作、展览展销、法律咨询和法律援助等专业化服务。建立服务机构绩效评价标准，开展服务对标与服务能力竞赛。因此，本法专门作出规定，各类服务机构为中小企业提供服务。

根据中小企业的需要，各类服务机构为中小企业提供的服务是多种多样的，本条择其要点列举了几点，分述如下：

1. 创业培训与辅导。创业是中小企业发展的开始，也是最困难、最需要帮助的时期，中小企业的创业者需要付出巨大的精力和代价，以获得创业的成功。各类服务机构可以根据中小企业在这一时期的特点，为其提供创业培训和辅导服务。如根据中小企业创业者的能力、物力和财力，为其设计、修改创业方案；或者提供创业咨询，帮助其了解所要从事行业的政策法规、市场信息等，减少中小企业创建的成本和困难，扶持中小企业起步。

2. 知识产权保护。知识产权主要包括专利、商标、著作权、商业秘密、集成电路布图设计等。中小企业研发新产品(此处指广义的产品,包括一切有形和无形的产品)必然会投入大量的人力、物力和财力,如果不对知识产权进行有效保护,那么竞争对手便会通过模仿、复制、反向工程、商业间谍等不正当手段低成本地获得知识产权,从而生产出新产品参与市场竞争,损害中小企业的利益。

3. 管理咨询。管理咨询是由具有丰富经营理论知识和实践经验的专家,与企业有关人员密切配合,应用科学的方法对企业进行调研、诊断,找出存在的问题,分析产生问题的原因,并提出解决方案,指导方案的推行实施,以达到解决问题、达成企业的经营目标、推动企业健康稳健发展的目的。

4. 信息咨询。中小企业由于自身规模的限制,很难进行专门的、大规模的信息搜集工作,这就需要从社会上各类服务机构处获得信息。一般来说,中小企业需要获得的信息主要包括政策法规信息、技术信息和市场信息等。

5. 信用服务。中小企业在经营过程中,如信用担保时,需要相应的信用信息,信用服务机构可以帮助中小企业提供信息咨询和征信服务。

6. 市场营销。市场营销服务,是指市场营销服务机构帮助中小企业针对市场开展经营活动、销售行为的服务活动。

7. 项目开发。在中小企业的发展中,项目和运营是企业发展过程中密切相关的两类活动。经过一段时间的运营之后,由于中小企业软硬件设备老化陈旧或环境及市场变化等原因,中小企业原有的资源可能已无法生产出高品质的产品或者原有的产品或服务可能已不适应市场需求,中小企业因此可能无法生存或发展下去,这时就又需要通过改造旧项目、开发新项目使中小企业恢复原有的生产能力或上升到一个新的运营。

8. 投资融资。目前,融资难仍是制约中小企业发展的主要因素之一,能够获得融资的中小企业也存在融资成本过高的问题。本法第三章从加强金融基础设施建设、推进普惠金融服务、创新金融服务和担保方式等方面对加强中小企业特别是小型微型企业的融资支持作了一系列具体规定。同时,本条也对各类服务机构为中小企业投资融资提供服务作出规定,进一步解决中小企业融资难的问题。

9. 财会税务。中小企业应当遵守国家关于税收和会计等方面的法律、法规,依法进行会计核算、纳税申报。有些中小企业规模很小,从业人员较少,专门聘用会计人员成本过高。各类服务机构可以为中小企业提供这方面的服务,大大减轻中小企业的负担。

10. 产权交易。产权交易,是指资产所有者将其资产所有权和经营权全部或者部分有偿转让的一种经济活动,包括兼并、承包、租赁、拍卖、股份转让、资产转让。

11. 技术支持。有些中小企业自身很难进行技术创新,需要社会上的各类服务机构提供技术支持,如提供专利技术、进行技术交流、开展技术合作、提供技术咨询、提供专业化的技术服务、组织技术诊断等。

12. 人才引进。中小企业要提升自身核心竞争力、增强自主创新能力,引进适合的高素质人才是非常重要的。对于中小企业来说,专门设立人力资源管理部门来负责引进适合的人才不仅大大增加了企业的人力成本,效率也不高。社会上有关人才服务机构可以帮助中小企业迅速找到自己所需要的人才,促进中小企业良性发展。

13. 对外合作。在目前经济全球化的形势下，开拓国际市场，发展对外合作，也成为企业发展的一种趋势。各类服务机构还可以为中小企业发展对外合作提供服务，如提供国际市场信息、联系合作伙伴等。

14. 展览展销。展览展销会可为社会组织和公众提供直接的双向交流、沟通的机会。它可以同时用产品说明书、宣传手册、活页广告等文字媒介，照片、幻灯片、录像片及电影等音像媒介，讲解、交谈和现场广播等声音媒介，现场表演、示范等动作语言媒介以及实物媒介等多种形式，进行全方位的宣传。

15. 法律咨询。市场经济就是法制经济，企业的一切生产经营活动都必须在法律的框架内进行，在生产经营过程中发生的纠纷也必须通过法律手段来进行解决。因此，各类法律服务机构提供的法律服务，也是中小企业不可缺少的。

此外，中小企业在资产评估、风险评估、贷款担保等方面也需要各类服务机构为其提供服务。

第四十七条　县级以上人民政府负责中小企业促进工作综合管理的部门应当安排资金，有计划地组织实施中小企业经营管理人员培训。

【释义】　本条是关于政府组织对中小企业经营管理人员培训的规定。

一、对中小企业经营管理人员培训的意义

根据本法第五条第二款和第四款的规定，国务院负责中小企业促进工作综合管理的部门组织实施促进中小企业发展政策，对中小企业促进工作进行宏观指导，综合协调和监督检查。县级以上地方各级人民政府根据实际情况建立中小企业促进工作协调机制，明确相应的负责中小企业促进工作综合管理的部门，负责本行政区域内的中小企业促进工作。

国务院负责中小企业促进工作综合管理的部门的职能包括承担中小企业发展的宏观指导，会同有关方面拟订促进中小企业发展和非国有经济发展的相关政策和措施，促进对外交流合作，推动建立完善服务体系，协调解决有关重大问题。地方各级负责中小企业促进工作综合管理的部门也承担着综合负责本地区中小企业促进工作的职责。因此，县级以上人民政府负责中小企业促进工作综合管理的部门应当安排资金，有计划地组织实施中小企业经营管理人员培训。对中小企业经营管理人员进行培训，可以帮助提高中小企业经营人员的经营理念、管理模式等各方面素质，对于中小企业自身发展有着非常重要的作用。

二、当前国家对中小企业经营管理人员培训的情况

1. 国家中小企业银河培训工程

为了加强中小企业人才队伍建设，加大培训，提高经营者素质和管理水平，国家从2003年开始实施“国家中小企业银河培训工程”。2009年，《国务院关于进一步促进中小企业发展的若干意见》（国发〔2009〕36号）提出“实施中小企业银河培训工程，加大财政支持力度，充分发挥行业协会（商会）、中小企业培训机构的作用，广泛采用网络技术等手段，开展政策法规、企业管理、市场营销、专业技能、客户服务等各类培训”。2010年，党中央、国务院印发《国家中长期人才发展规划纲要（2010—2020年）》，在统筹推进企业经营管理人才队伍建设主要举措中提出“实施企业经营管理人才素质提升工程和国家中小企业银河培训工程”。2012年，《国务院关于进一步支持小型微型企业健康发展的意见》（国发〔2012〕14号）提出“实施国家中小企业银河

培训工程和企业经营管理人才素质提升工程、以小型微型企业为重点，每年培训50万名经营管理人员和创业者”。2006年以来，银河培训工程每年都列入中央人才工作协调小组工作要点。

银河培训工程以中小企业经营者和小企业创业者为培训重点，兼顾中小企业政府管理人员和服务机构从业人员，依托各地区中小企业管理部门和各类服务（培训）机构，开展培训工作。主要开展的培训活动有：对创业者开展创业知识和创业技能培训；对小企业经营管理及专业技术人员开展工商管理基础知识、法律法规、产业政策和企业信息化建设等培训；对中小企业服务机构从业人员开展专业知识和服务技能培训；对各级政府部门中直接从事中小企业管理工作的人员开展法律法规和相关促进中小企业发展政策措施培训等。

国家中小企业银河培训工程以各级中小企业主管部门和各类社会服务（培训）机构为依托，在各地各部门和广大培训机构的共同努力下，银河培训工程每年完成对50万中小企业经营管理者的培训，“十二五”时期累计培训250万人次。

银河培训工程的开展，积极整合了优质的社会教育培训资源，不断完善中小企业培训体系。目前，以全国中小企业管理系统优质培训机构为主体，基础条件好、培训水平高的大学、协会和企业培训机构为支持，以专业化培训机构为依托，中央单位与地方机构纵向贯通，公益性机构与社会机构相互补充，覆盖全面的培训网络已经形成。培训内容涉及政策法规、战略管理、财务管理、会计准则与资本经营、人力资源、市场营销、品牌管理、绩效管理等多个方面。银河培训工程的有效实施，大大推动了中小企业经营管理者素质的提升，为企业推进结构调整，加强质量、品牌管理和制度创新提供了重要的人才资源保障，在应对国际金融危机和当前中小企业生产经营压力方面都发挥了重要作用，受到广大中小企业管理者的好评。同时，银河培训工程也体现了政府对广大中小企业的关心和扶持，是中小企业的温暖工程和智力支持工程，许多地方新闻媒体对银河培训工程进行了很好的报道。银河培训工程已经成为国家对中小企业服务的一个特色品牌，取得了良好的社会效益。

2. 中小企业经营管理领军人才培训

2011 年 9 月，根据《国家中长期人才发展规划纲要（2010—2020 年）》，工业和信息化部与国有资产监督管理委员会联合印发了《企业经营管理人才素质提升工程实施方案》，启动中小企业经营管理人才培养计划，重点开展中小企业经营管理领军人才培训。该项工作主要依托高等院校、行业组织、企业和其他社会培训机构作为培训的主体，择优选择一批特色优势突出、教育质量高、社会信誉好、管理制度完备的培训机构作为重点合作单位。自 2012 年起，依托北京大学、清华大学等 19 家单位开展培训，每年培训中小企业经营管理领军人才 1000 人。领军人才项目以建立和完善优质培训资源为依托，以提高中小企业现代经营管理水平和企业竞争力为核心，以培养高素质企业家和职业经理人为重点，统筹推进中小企业经营管理人才队伍建设。

第四十八条　国家支持有关机构、高等学校开展针对中小企业经营管理及生产技术等方面的人员培训，提高企业营销、管理和技术水平。

国家支持高等学校、职业教育院校和各类职业技能培训机构与中小企业合作共建实习实践基地，支持职业教育院校教师和中小企业技术人才双向交流，创新中小企业人才培养模式。

【释义】 本条是关于中小企业人才培训和培养的规定。

(一)我国中小企业普遍存在素质不高、人才匮乏的问题,这些问题已经成为阻碍中小企业继续发展的重要因素,这也是当前促进中小企业健康发展必须要解决的一个问题。

在管理方面,很多中小企业都是个人创业或者家族创业,企业的管理者自身的能力不足,从而导致管理水平低下。很多中小企业的经营思想、经营管理模式在很大程度上是不规范的,基本上是粗放经营。很多中小企业的经营者完全是凭自己的经验进行经营管理,很多对企业影响重大的决策甚至完全是经营者拍脑袋想出来的。同时中小企业由于规模小、实力弱,很难自己培养具有现代管理知识的经营管理人才,而这部分人才由于各种各样的原因,如观念上的偏见、社会保障制度的制约等因素,也不愿意到中小企业中来。自身管理水平低下,又吸引不到高水平的经营管理人才,从而使很多中小企业的经营管理水平始终处在一个较低的位置,使得中小企业在激烈的市场竞争中处于不利的地位。

在技术创新方面,大型企业往往拥有自己的科研部门、科研条件以及相应的大批技术人员,可以根据企业的需要以及市场的变化不断地进行技术创新、技术交流以及设备更新,不断地提高企业的科技水平。而我国的中小企业由于是在大型企业发展的夹缝中产生的,技术水平普遍偏低,很多中小企业安装使用的都是落后的或者是大型企业淘汰的二手设备,而且产品结构单一,技术含量低,产品规模小,缺乏竞争力,很难形成市场优势。同时中小企业缺乏专门的技术人才,基本上不具备技术开发能力,从而使得中小企业的技术水平很难提高,这一切都严重制约着中小企业的发展。

中小企业的经营管理水平以及科技水平不高，亟待提高，需要从社会上获得帮助，而有关科研院所、高等学校就是提供这种服务的一个最好的地方。我国的科研院所、高等学校以及其他有关科研机构，是人才和技术储备最丰富的地方，有着大批掌握先进市场营销和经营管理知识的教学人员，有着大批的科研成果以及科研教学人员，可以为中小企业提供其所急需的经营管理和技术培训。另外，政府鼓励科研院所、高等学校等机构为中小企业提供经营管理以及生产技术等方面的培训，也是国际上的通行做法。如英国就由沃里克大学牵头，联合 12 所大学设立专门的中小企业人员培训中心，为中小企业提供培训服务，提高中小企业的经营管理以及科学技术水平。

（二）中小企业发展离不开学校的技术和人才，在我国，高等学校、职业教育院校和各类职业技能培训机构拥有大量优秀的人才和技术储备，有着大量掌握先进市场营销和经营管理知识的教职工，也有大批科研成果和科研技术人员，可以为中小企业提供其所需的经营管理和技术培训。其中，各类职业技能培训机构是指为劳动者从事各种职业提供劳动技术业务知识服务的机构，包括就业训练中心、职工培训中心等。

一方面，促进高等学校、职业教育院校和各类职业技能培训机构与中小企业合作共建实践基地。校企合作基地模式在很多地区都有推广，且取得了积极的成效，根据高校培养工程管理专业特色人才的要求，建立实习基地，与校外中小企业实施合作办学，使学生通过认识实习、课程实习、课程设计、毕业实习、毕业设计及顶岗实训等实践教学环节，在高校教师、行业专家的共同指导下，进行真项目真做，开拓学生思维和创造性，达到学以致用的目的。

另一方面，支持职业院校教师和中小企业技术人才双向交流。职业院校拥有的技术人才正是中小企业所紧缺的，而职业院校教师在企业或生产服务一线实践对其更好地参与到职业教育教学中来也是必不可少的经验。2016 年，教育部和财政部印发《关于实施职业院校教师素质提高计划（2017—2020 年）的意见》，提出校企人员双向交流合作，要求各地要联合行业组织，遴选、建设教师企业实践基地和兼职教师资源库，将实施教师企业实践和兼职教师聘用有效对接，完善教师定期到企业实践、企业人员到学校兼职任教的校企人才双向交流机制，促进产教深度融合。

第四十九条　中小企业的有关行业组织应当依法维护会员的合法权益，反映会员诉求，加强自律管理，为中小企业创业创新、开拓市场等提供服务。

【释义】　本条是关于中小企业行业组织的规定。

一、关于中小企业行业组织

行业组织是公民、法人和其他组织在自愿基础上基于共同的利益要求所组成的一种民间性、非营利性的社会团体。行业组织是联系企业和政府的桥梁和纽带。2004 年国务院颁布的《全面推进依法行政实施纲要》（国发〔2004〕10 号）提出，凡是公民、法人和其他组织能够自主解决的，市场竞争机制能够调节的，行业组织或者中介机构通过自律能够解决的事项，除法律另有规定的外，行政机关不要通过行政管理去解决。我国的行业组织是随着市场经济的发展而成长起来的，在维护同行业利益，促进同行业发展，避免行业内部无序竞争，进行行业的自我协调、自我约束、自我管理等方面都起着重要作用。

行业组织大体包括两种类型:一是行业协会,二是商会。行业协会是由工商企业自发地组织起来的自我协调的中介组织。改革开放以来,随着我国经济体制改革的深入,所有制结构的变化以及市场经济的发展,行业协会得到了迅速的发展,并在行业自律方面发挥了重要作用。这些行业协会涉及国家的工业、农业、商业、科技等各个领域,成为我国经济生活中一支重要的力量。商会是协调和约束参加市场活动的各个企业和各行各业人员行为的自律性中介组织。与行业协会相比,商会的覆盖面更广、更大,在某一地区或领域有很高的权威性。

《国务院关于加快构建大众创业万众创新支撑平台的指导意见》中提出,鼓励行业协会、产业联盟等行业组织和第三方服务机构加强对小微企业和创业者的支持。推动行业组织制定各类产品和服务标准,促进企业之间的业务交流和信息共享。《国务院关于进一步支持小型微型企业健康发展的意见》中提出,要充分发挥行业协会(商会)的桥梁纽带作用,提高行业自律和组织水平。

二、中小企业的有关行业组织的职能

行业组织一般有以下职能:(1)根据行业特点,制定本行业的行规行约,以建立行业自律性机制,规范行业自我管理行为,促进企业平等竞争,提高行业整体素质,维护行业整体利益。(2)参与制定、修订本行业各类标准工作,包括技术标准、经济标准、管理标准。组织推进标准的贯彻实施,开展行检、行评工作。(3)进行行业内部价格协调。对于行业内的价格争议,组织同行议价。对行业内协定的商品价格进行指导、监督、协调。防止行业价格垄断,保护行业平等竞争,维护企业合法利益。(4)按照本行业实际要求,加强行业统计工作。布置、收集、整理、分析全行业统计资料，为政府制定产业政策提供依据，为企业经营决策服务。(5)受政府或有关企业委托对行业内重大的投资、改造、开发项目的先进性、经济性、可行性进行前期论证，并参与项目责任监督。组织国内、国际间的行业技术协作和技术交流。推荐行业内的高新技术产品、名牌产品。组织行业技术成果的鉴定和推广应用。

中小企业的行业组织作为本行业内各企业组成的自律性组织，应当积极地为本行业中的中小企业提供各类服务，如进行创业扶持、为中小企业培训人才、帮助中小企业创新和开拓市场、为中小企业提供本行业的各类信息等，积极扶持和帮助中小企业生存、发展。因此，本法专门作出规定，要求中小企业的有关行业组织应当依法维护会员的合法权益，反映会员诉求，加强自律管理，为中小企业创业创新、开拓市场等提供服务，这是在法律上对行业组织的要求，中小企业各行业组织应当自觉履行此义务。

第八章 权益保护

第五十条 国家保护中小企业及其出资人的财产权和其他合法权益。任何单位和个人不得侵犯中小企业财产及其合法收益。

【释义】 本条是关于中小企业合法权益受保护的规定。

一、财产权等合法权益受保护

中小企业是以取得利润并分配给股东等出资人为目的成立的营利法人(包括有限责任公司、股份有限公司和其他企业法人等)或者非法人组织(包括个人独资企业、合伙企业等)。2016年11月,中共中央、国务院印发《关于完善产权保护制度依法保护产权的意见》(中发〔2016〕28号),提出"产权制度是社会主义市场经济的基石,保护产权是坚持社会主义基本经济制度的必然要求。有恒产者有恒心,经济主体财产权的有效保障和实现是经济社会持续健康发展的基础",并从加强各种所有制经济产权保护、完善平等保护产权的法律制度、妥善处理历史形成的产权案件、严格规范涉案财产处置的法律程序、审慎把握处理产权和经济纠纷的司法政策、完善政府守信践诺机制、完善财产征收征用制度、加大知识产权保护力度、健全增加城乡居民财产性收入的各项制度、营造全社会重视和支持产权保护的良好环境等方面对加强和完善产权保护作出了全面部署和要求。

根据2017年3月15日第十二届全国人民代表大会第五次会议通过的《民法总则》规定，民事主体的财产权利以及其他合法权益受法律保护，任何组织或者个人不得侵犯。根据有关法律的规定，中小企业享有所有权、用益物权、担保物权、债权、知识产权等财产权和名称权、名誉权、荣誉权等其他合法权益；中小企业的出资人享有股权等权利。所有权是指权利人依法对自己的不动产和动产享有全面支配的权利，具有四项权能，即占有、使用、收益和处分。用益物权是权利人对他人所有的不动产或者动产依法享有占有、使用和收益的权利，现行《物权法》中规定了土地承包经营权、建设用地使用权、宅基地使用权和地役权这几种用益物权。担保物权是为了确保债务履行而设立的物权，当债务人不履行债务时，债权人就担保财产依法享有优先受偿的权利，包括抵押权、质权和留置权。债权是因合同、侵权行为、无因管理、不当得利以及法律的其他规定，权利人请求特定义务人为或者不为一定行为的权利，是现代社会生活中民事主体的一项重要财产权利。知识产权是民事主体对其创造性的客体（包括作品，发明、实用新型、外观设计，商标，地理标志，商业秘密，集成电路布图设计，植物新品种等）依法享有的专有权利，是一种无形财产权，具有财产权和人身权的双重属性。名称权是法人、非法人组织使用、依法转让自己名称的权利。名誉权是指法人、非法人组织就其自身属性和价值所获得的社会评价享有的保有和维护的权利。荣誉权是指法人、非法人组织对其获得的荣誉及其利益所享有的保持、支配的权利。股权是指民事主体因投资于公司成为公司股东而享有的权利。根据行使目的和方式的不同可分为自益权和共益权，自益权包括资产收益权、剩余财产分配请求权、股份转让权、新股优先认购权等；共益权包括股东会表决权、股东会召集权、提案权、质询权、公司章程及账册的查阅权、股东会决议撤销请求权等。根据本条规定，中小企业及其出资人的上述合法权益均受国家保护。

二、不得侵犯财产及其合法收益

根据本条规定，任何单位和个人不得侵犯中小企业财产及其合法收益。“不得侵犯”就是任何单位和个人不得非法侵占、限制、剥夺中小企业的财产及其合法收益，也不得干涉中小企业依法行使财产权。

实践中需要注意的是，中小企业的权利不是毫无限制、绝对自由的，中小企业行使权利要受到法律、公序良俗的约束，不得滥用，且国家基于公共利益的需要，在法律权限范围内经法定程序，在给予公平合理补偿的前提下，可以对中小企业的财产予以征收或者征用。

第五十一条　县级以上人民政府负责中小企业促进工作综合管理的部门应当建立专门渠道，听取中小企业对政府相关管理工作的意见和建议，并及时向有关部门反馈，督促改进。

县级以上地方各级人民政府有关部门和有关行业组织应当公布联系方式，受理中小企业的投诉、举报，并在规定的时间内予以调查、处理。

【释义】　本条是关于听取中小企业意见、建议和受理中小企业投诉、举报的规定。

一、听取中小企业的意见和建议

本法是专门为促进中小企业发展制定的法律，全面规定了促进中小企业健康发展的政策措施，很多措施的责任主体和执行主体是政府及有关政府部门。中小企业是这些政策措施的实施对象和受益者，对于政策措施在执行中是否符合实际情况、存在什么问题、如何进一步改进等最有发言权，提出意见和建议最有积极性，提出的意见和建议也具有较强的针对性和现实性。对于政府和政府部门来说，中小企业提出的意见和建议是有关政策措施是否可行、社会效果如何、存在哪些问题等方面信息的重要来源，有利于政府提高行政效率，改进管理工作，增强民主作风。因此，本条第一款对听取中小企业意见和建议作出了规定。

首先，听取意见和建议的主体是县级以上人民政府负责中小企业促进工作综合管理的部门。本法第五条对负责中小企业促进工作综合管理的部门作了规定，由该部门负责听取中小企业意见和建议符合其职能定位。其次，听取的内容是对政府相关管理工作的意见和建议。政府及有关政府部门依法履行监督管理职责，对中小企业等进行管理，在管理过程中可能遇到这样那样的问题，既有管理措施方面的问题，也有管理方式方法方面的问题，中小企业会对政府的管理工作提出存在的不足、如何改进等方面的意见和建议。第三，应当建立专门渠道听取意见和建议。专门渠道可以是电话、电子邮件、网络平台、来信、来访等，不论具体形式如何，这一渠道应当是专门用来听取中小企业意见和建议的，不能挪作他用。最后，对于听取的意见和建议应当及时向有关部门反馈，督促改进。听取意见和建议不是目的，改进工作才是目的。负责中小企业促进工作综合管理的部门应当及时将听取的意见和建议反馈给涉及的部门，并督促有关部门对意见和建议进行研究，对合理的意见和建议予以采纳，从而为中小企业提供一个良好的发展环境。

二、受理中小企业的投诉、举报

投诉是指单位或者个人合法权益受到侵害时，要求有关部门或单位依法处理,维护其合法权益的行为。举报是指单位或者个人对违法行为进行检举、揭发的行为。本条第二款对中小企业投诉、举报及其处理作了规定。

首先,受理投诉、举报的主体是县级以上地方各级人民政府有关部门和有关行业组织。实践当中,具体受理投诉、举报的应当是有权处理投诉、举报事项或有责任保护中小企业的政府部门和行业组织。其次,政府有关部门和有关行业组织应当公布受理投诉、举报的联系方式。联系方式包括电话、传真、电子邮件、网络平台、来信来访地址等,应当通过官方网站、公共媒体等渠道公布,方便中小企业查找和联系。第三,对于投诉、举报应当在规定的时间内予以调查、处理。受理投诉、举报的政府部门和行业组织应当在有关法律、法规、规章等规范性文件和行业组织的章程等自律性规则规定的时限内进行调查、处理,依法维护中小企业的合法权益。例如,根据《政府采购供应商投诉处理办法》规定,供应商认为采购文件、采购过程、中标和成交结果使自己的合法权益受到损害的,应当首先依法向采购人、采购代理机构提出质疑。对采购人、采购代理机构的质疑答复不满意,或者采购人、采购代理机构未在规定期限内作出答复的,供应商可以在答复期满后 15 个工作日内向同级财政部门提起投诉。财政部门应当自受理投诉之日起 30 个工作日内,对投诉事项作出处理决定,并以书面形式通知投诉人、被投诉人及其他与投诉处理结果有利害关系的政府采购当事人。根据《重庆市禁止非法增加企业负担条例》规定,任何单位和个人可以以各种方式对非法增加企业负担的行为向监察、审计、财政、物价、计划等部门或者企业负担监督机构投诉、举报。有管辖权的部门应当自受理之日起 15 个工作日内作出处理决定,并送达投诉、举报者,同时抄送同级企业负担监督机构备案。有特殊原因需要延长的，可以适当延长，但延长时间不得超过10个工作日。

第五十二条 地方各级人民政府应当依法实施行政许可，依法开展管理工作，不得实施没有法律、法规依据的检查，不得强制或者变相强制中小企业参加考核、评比、表彰、培训等活动。

【释义】 本条是关于政府依法履行职责的规定。

一、依法开展行政许可等管理工作

行政许可是指行政机关根据公民、法人或者其他组织的申请，经依法审查，准予其从事特定活动的行为。行政管理是指行政机关行使国家权力，依法管理国家事务和社会公共事务的活动。行政许可是众多行政管理手段中的一种。根据本条规定，政府在实施包括行政许可在内的一切行政管理活动时，均应当依法进行，这也是依法行政原则在行政机关对企业实施管理活动过程中的具体要求。依法行政，就是法定的行政机关，在法定的权限范围内，按照法定程序履行行政管理职责。这里的“法”应作广义理解，既包括全国人大及其常委会制定的法律，也包括国务院制定的行政法规、地方人大及其常委会制定的地方性法规、国务院有关部门和地方政府制定的规章等。从内容上看，政府在开展管理工作时既要遵守实体法方面的规定，也要遵守程序法方面的规定。

二、不得实施没有依据的检查

实施检查作为行政机关依法履职的一项必要和常用手段，是行政机关的重要日常管理活动，对中小企业的影响往往也最直接、最经常。很多法律都对政府实施监督检查作出了规定，如《安全生产法》中规定：“安全生产监督管理部门和其他负有安全生产监督管理职责的部门依法开展安全生产行政执法工作，对生产经营单位执行有关安全生产的法律、法规和国家标准或者行业标准的情况进行监督检查，行使以下职权：（一）进入生产经营单位进行检查，调阅有关资料，向有关单位和人员了解情况；（二）对检查中发现的安全生产违法行为，当场予以纠正或者要求限期改正；对依法应当给予行政处罚的行为，依照本法和其他有关法律、行政法规的规定作出行政处罚决定；（三）对检查中发现的事故隐患，应当责令立即排除；重大事故隐患排除前或者排除过程中无法保证安全的，应当责令从危险区域内撤出作业人员，责令暂时停产停业或者停止使用相关设施、设备；重大事故隐患排除后，经审查同意，方可恢复生产经营和使用；（四）对有根据认为不符合保障安全生产的国家标准或者行业标准的设施、设备、器材以及违法生产、储存、使用、经营、运输的危险物品予以查封或者扣押，对违法生产、储存、使用、经营危险物品的作业场所予以查封，并依法作出处理决定。”

为了维护中小企业的合法权益，有必要对行政机关实施检查提出一些要求。根据本条的规定，行政机关对中小企业进行检查应当有法律、法规依据。法律是全国人大及其常委会制定的规范性文件；法规包括行政法规、地方性法规等，行政法规是国务院制定的规范性文件，地方性法规是地方人大及其常委会制定的规范性文件。我国《立法法》对法律、法规的制定主体、制定权限、制定程序等均作出了规定，法律、法规的制定应当按照《立法法》的规定进行。为了保证检查的严肃性，防止任意检查、随意检查，本条将检查的依据限定在法律、法规层级，规章和规章以下的规范性文件不能作为政府进行检查的依据。

三、不得强制企业参加考核等活动

考核、评比、表彰、培训等活动本是政府推动工作的方法，是激发企业活力、提升企业生产经营管理水平、营造良好市场环境的机制。但是,一些政府部门把这些手段当成目的,热衷于各种考核、评比、表彰、培训等活动,甚至把举办这些活动作为履行管理职责的重要手段,形式主义盛行,不仅没有产生预期效果,反而浪费了大量人力、财力和物力,有的借机向企业不合理收费,影响了企业正常的生产经营和公平竞争的市场环境,增加了企业负担,助长了沽名钓誉、弄虚作假等不正之风,企业反映强烈,社会影响恶劣。

早在1991年,国务院就发出《关于停止对企业进行不必要的检查评比和不干预企业内部机构设置的通知》(已失效),要求停止对企业进行不必要的检查评比。1996年,中共中央办公厅、国务院办公厅印发《关于严格控制评比活动有关问题的通知》(厅字〔1996〕10号),要求对各类评比活动进行清理整顿。2006年,国务院办公厅转发监察部、国务院纠风办等9部门《关于清理评比达标表彰活动的意见》(已失效),对各类评比、达标、表彰活动进行全面清理。为进一步巩固清理规范成果,2010年10月,中共中央办公厅、国务院办公厅印发《评比达标表彰活动管理办法(试行)》(中办发〔2010〕33号),从适用范围、审批权限、审批原则、审评程序、经费管理、退出和撤销、监督检查等方面对评比达标表彰活动进行了规范。各地方、各部门也把清理整顿评比达标项目作为重要工作,取得了积极成效。

为解决现实生活中各类考核、评比、表彰、培训等活动过多过滥的问题,防止借培训等名义向企业不合理收费,本条明确规定,地方政府不得强制或者变相强制中小企业参加考核、评比、表彰、培训等活动。所谓"变相强制",是指改变强制的形式,而强制的内容或者本质并未改变，即从表面上看，企业参加考核、评比、表彰、培训等活动是“自愿”行为，但企业从事上述行为是碍于行政机关的行政权力威慑，害怕遭到行政机关的刁难或者在今后的经营活动中遭遇种种人为设置的关卡和门槛，给企业的生产经营带来麻烦，以至于企业没有选择的余地，不得不接受。

第五十三条　国家机关、事业单位和大型企业不得违约拖欠中小企业的货物、工程、服务款项。

中小企业有权要求拖欠方支付拖欠款并要求对拖欠造成的损失进行赔偿。

【释义】　本条是关于大型企业等不得拖欠中小企业资金的规定。

一、国家机关、事业单位和大型企业不得拖欠中小企业资金

在市场经济体制下，企业之间相互拖欠资金本是正常现象，但是从我国大企业与中小企业的关系来看，拖欠资金往往是不对等的，一些大企业出于经济利益考虑或者其他种种原因，滥用市场支配地位长期拖欠中小企业大量资金，而中小企业则很难拖欠大企业资金。与大企业相比，中小企业在市场上处于弱势地位，很多中小企业为了得到大企业的业务（有的甚至是唯一的业务来源），不得不接受大企业提出的一些不合理条件，包括忍受大企业拖欠资金。中小企业大都资金不够雄厚，获得信贷支持难度大，拖欠资金容易给资金链带来压力，不仅影响自身正常生产经营，还会影响对其他企业付款，导致企业间环环拖欠，使处于债务链中的企业都无法正常生产经营；资金链一旦断裂，中小企业更是会陷入破产倒闭的绝境。2013 年，山西省对全省

中小微企业开展了“大企业拖欠中小企业资金”情况专项调查，企业反映拖欠情况主要包括以下方面：(1)拖欠中小微企业资金问题严重，资金不足影响日益加深。(2)拖欠主体分布面广，成为社会性问题，不容忽视；大型国企成为拖欠主力引发企业主对党和政府的弥漫性情绪抱怨，应该警惕；中小微企业间相互拖欠动摇社会诚信经营的基础。(3)银行成为拖欠企业的帮手，一些企业使用承兑汇票变相拖欠，应引起注意。(4)近十年来，大企业拖欠小微企业货款现象逐年增加，2008 年金融危机后增加趋势明显加快；企业对拖欠货款的现象容忍度增大，反应有所麻木。

为解决大企业拖欠中小企业资金问题，2012 年 4 月，国务院印发《关于进一步支持小型微型企业健康发展的意见》（国发〔2012〕14 号），提出“研究制定防止大企业长期拖欠小型微型企业资金的政策措施”。2016 年 6 月，工业和信息化部《促进中小企业发展规划（2016—2020 年）》提出“规范市场主体交易行为，防止大企业违约拖欠中小企业货款”。

除大型企业外，国家机关掌握有一定的国家权力，事业单位大都具有政府背景，中小企业在与它们进行交易时也会被拖欠资金，由于害怕遭到打击报复等原因，很多中小企业对此也是“敢怒不敢言”。

针对以上情况，本条第一款明确对国家机关、事业单位和大型企业违约拖欠中小企业的货物、工程、服务款项作出禁止性规定。

二、拖欠方赔偿损失

拖欠方违约拖欠属于违反合同约定的行为，应当依法承担违约责任。根据本条第二款规定，拖欠方除应当支付拖欠款外，还应当对拖欠造成的损失进行赔偿,这与我国《合同法》的规定是一致的。根据《合同法》规定,当事人一方不履行合同义务或者履行合同义务不符合约定的,应当承担继续履行、采取补救措施或者赔偿损失等违约责任。当事人一方未支付价款或者报酬的,对方可以要求其支付价款或者报酬。当事人一方不履行合同义务或者履行合同义务不符合约定的,在履行义务或者采取补救措施后,对方还有其他损失的,应当赔偿损失。当事人一方不履行合同义务或者履行合同义务不符合约定,给对方造成损失的,损失赔偿额应当相当于因违约所造成的损失,包括合同履行后可以获得的利益,但不得超过违反合同一方订立合同时预见到或者应当预见到的因违反合同可能造成的损失。

赔偿损失的范围可由法律直接规定,或由双方约定。在法律没有特别规定和当事人没有另行约定的情况下,应按完全赔偿原则,赔偿全部损失,包括直接损失和间接损失。直接损失指财产上的直接减少。间接损失又称所失利益,指失去的可以预期取得的利益。可以获得的预期的利益,简称可得利益。可得的利益指利润,而不是营业额。可得利益的求偿需坚持客观确定性,即预期取得的利益不仅主观上是可能的,客观上还需要是确定的。因违约行为的发生,使此利益丧失,若无违约行为,这种利益按通常情形是必得的。可得利益的求偿不能任意扩大。对此,1980 年《联合国国际货物销售合同公约》第七十四条规定,赔偿损失"不得超过违反合同一方在订立合同时依照他当时已知道或理应知道的事实和情况,对违反合同预料到或理应预料到的可能损失"。

实践中需要注意的是,本条是针对国家机关、事业单位和大型企业违约拖欠中小企业货物、工程、服务款项问题比较突出的实际情况，明确作出规定加以禁止，并不意味着中小企业就可以拖欠其他中小企业资金，也不意味着中小企业可以拖欠大型企业资金。事实上，任何市场主体违约拖欠资金的，包括中小企业之间拖欠资金和中小企业拖欠大企业资金，都应当依法承担相应的违约责任。

第五十四条　任何单位不得违反法律、法规向中小企业收取费用，不得实施没有法律、法规依据的罚款，不得向中小企业摊派财物。中小企业对违反上述规定的行为有权拒绝和举报、控告。

【释义】 本条是关于禁止乱收费、乱罚款、乱摊派的规定。

一、禁止乱收费、乱罚款、乱摊派

涉企收费包括涉企行政事业性收费和政府性基金，行政审批前置、涉及市场监管和准入以及其他具有强制垄断性的涉企经营服务性收费，行业协会商会涉企收费等。罚款是指行政主体依法强制违反行政管理秩序的行为人（包括自然人、法人和其他组织）在一定期限内缴纳一定数量货币的行政处罚。摊派财物是指在法律、法规的规定之外要求有关单位或者个人提供财物。乱收费、乱罚款、乱摊派俗称“三乱”，“三乱”严重干扰了企业正常的生产经营，加重了企业的负担，助长了不正之风，挫伤了企业的积极性，影响了经济发展和社会稳定，应当坚决制止。

乱收费、乱罚款、乱摊派问题由来已久。针对一些地区和部门出现的向企业乱收费、乱罚款和各种摊派问题，党中央、国务院多次发布规定和文件加以规范和制止。1988 年 4 月，国务院发布《禁止向企业摊派暂行条例》，明确规定禁止任何国家机关、人民团体、部队、企业、事业单位和其他社会组织向企业摊派。1990年9月，中共中央、国务院发布《关于坚决制止乱收费、乱罚款和各种摊派的决定》（中发〔1990〕16号），要求对收费、罚款、集资项目和各种摊派进行全面的清理整顿，严格审核收费、罚款、集资项目和标准，坚决禁止各种形式的摊派。1997年7月，中共中央、国务院发布《关于治理向企业乱收费、乱罚款和各种摊派等问题的决定》（中发〔1997〕14号），提出坚决取消不符合规定的向企业的行政事业性收费、罚款、集资、基金项目和各种摊派，全面清理按规定未被取消的向企业的行政事业性收费、罚款、集资、基金项目，建立健全向企业的行政事业性收费、罚款、集资、基金项目的审批管理制度。2014年6月，国务院办公厅发出《关于进一步加强涉企收费管理减轻企业负担的通知》（国办发〔2014〕30号），提出“建立和实施涉企收费目录清单制度”。2017年6月，国务院总理李克强在全国深化简政放权放管结合优化服务改革电视电话会议上的讲话中提出：“要采取切实措施减少涉企收费。现在涉企收费主体较多、随意性大，收费项目五花八门，还有各种各样的乱摊派、乱罚款，不仅加重企业负担，也恶化了营商环境、影响企业投资信心。对此，必须重拳治理，坚决斩断‘向企业乱伸的手’，决不允许把企业当成‘唐僧肉’。国务院部门要带头治‘费’，地方政府也要加大清费力度。继续清理规范政府性基金和行政事业性收费，取消政府提供普遍公共服务和体现一般性管理职能的收费，财政供养事业单位的收费要全面纳入预算管理。要切实加强对涉企经营服务性收费的监管，多措并举降低企业用能、用地、用网、物流、融资等各方面成本。现在有些行业协会商会依托部门职责和垄断地位，强制或变相强制企业入会缴费，有的收费畸高。对行业协会商会、各类中介机构收费项目要全面清理整顿,不合理的要取消,保留的要降低收费标准。”

为制止实践中存在的、企业反映强烈的乱收费、乱罚款、乱摊派问题,本条明确规定:“任何单位不得违反法律、法规向中小企业收取费用,不得实施没有法律、法规依据的罚款,不得向中小企业摊派财物。”对于收费和罚款,本条禁止的是没有法律、法规依据的收费和罚款,对于有法律、法规依据的收费和罚款,中小企业应当依法缴纳;而对于摊派财物,一切形式的摊派财物都是违法的,均为本条所禁止。

二、中小企业有权拒绝和举报、控告

对于乱收费、乱罚款、乱摊派行为,根据本条规定,首先,中小企业享有拒绝的权利,这为中小企业对抗违法行为提供了法律支持。其次,中小企业可以进一步向有关部门举报、控告,实现对上述违法行为的制止和责任追究。例如,根据《价格法》规定,政府价格主管部门应当建立对价格违法行为的举报制度,任何单位和个人均有权对价格违法行为进行举报。根据《行政处罚法》规定,公民、法人或者其他组织对行政处罚不服的有权依法申请行政复议或者提起行政诉讼,因行政机关违法给予行政处罚受到损害的有权依法提出赔偿要求。根据《禁止向企业摊派暂行条例》规定,任何单位和个人都有权向审计机关或其他有关部门控告、检举、揭发摊派行为。

第五十五条　国家建立和实施涉企行政事业性收费目录清单制度,收费目录清单及其实施情况向社会公开,接受社会监督。

任何单位不得对中小企业执行目录清单之外的行政事业性

收费，不得对中小企业擅自提高收费标准、扩大收费范围；严禁以各种方式强制中小企业赞助捐赠、订购报刊、加入社团、接受指定服务；严禁行业组织依靠代行政府职能或者利用行政资源擅自设立收费项目、提高收费标准。

【释义】 本条是关于涉企行政事业性收费实行目录清单制度等的规定。

一、实施涉企行政事业性收费目录清单制度

行政事业性收费是行政性收费和事业性收费的统称，是指国家机关、事业单位、代行政府职能的社会团体及其他组织根据法律、法规等有关规定，依照国务院规定程序批准，在实施社会公共管理，以及在向公民、法人等提供特定公共服务过程中，向特定对象收取的费用。行政事业性收费具有强制性、特定性、补偿性等特征。强制性是指收费主体是国家机关或国家授权的其他机构，收费与其管理、服务联系在一起，被收费人不能拒绝；特定性是指收费对象不是全体单位和个人，而是接受特定管理或特定服务的单位和个人；补偿性是指收费是为了补偿提供管理和服务产生的成本，不以营利为目的。行政事业性收费按照收费性质可分为行政管理类、资源补偿类、鉴定类、考试类、培训类和其他类；按照收费对象可分为涉企类、涉农类和其他类。行政事业性收费审批包括项目审批和标准审批，实行中央和省两级审批制度。根据《行政事业性收费项目审批管理暂行办法》规定，国务院和省级政府及其财政、价格主管部门按照国家规定权限审批管理收费项目。除国务院和省级政府及其财政、价格主管部门外，其他国家机关、事业单位、社会团体，以及省级以下人民政府，均无权审批收费项目。根据《行政事业性收费标准管理暂行办法》规定，国务院和省级政府的价格、财政部门按照规定权限审批收费标准。中央有关部门和单位（包括中央驻地方单位）以及全国或跨省、自治区、直辖市范围内实施收费的收费标准，由国务院价格、财政部门审批；其中，重要收费项目的收费标准应由国务院价格、财政部门审核后报请国务院批准。其他收费标准，由省级政府价格、财政部门审批；其中，重要收费项目的收费标准应由省级价格、财政部门审核后报请省级政府批准。

2014 年 6 月，国务院办公厅印发《关于进一步加强涉企收费管理减轻企业负担的通知》（国办发〔2014〕30 号），明确要求建立和实施涉企收费目录清单制度。对按照法律、行政法规和国家有关政策规定设立的涉企行政事业性收费、政府性基金和实施政府定价或指导价的经营服务性收费实行目录清单管理。所有涉企收费目录清单及其具体实施情况纳入各地区、各部门政务公开范畴，通过政府网站和公共媒体实时对外公开，接受社会监督。各地区、各部门必须严格执行目录清单，目录清单之外的涉企收费一律不得执行。2014 年 8 月，财政部、国家发展改革委印发《关于进一步完善行政事业性收费项目目录公开制度的通知》（财综〔2014〕36 号），明确财政部和省级财政部门按照收费项目审批管理权限，分级编制并公布收费目录清单。2014 年 10 月，财政部公布了《全国性及中央部门和单位行政事业性收费目录清单》、《全国性及中央部门和单位涉企行政事业性收费目录清单》和《全国政府性基金目录清单》。2014 年年底，各省（区、市）也陆续公布了本地行政事业性收费目录清单。为加强社会监督、方便社会查询，财政部在门户网站上集中公布了中央和省两级收费目录清单，公布内容包括政府性基金、行政事业性收费、涉企行政事业性收费三个目录清单，每个清单涵盖收费项目、政策依据、执收部门及资金管理方式等。通过建立和实施收费目录清单制度，将依法合规设立的收费项目全部纳入清单并主动公开，有助于从源头上防止各类乱收费、乱摊派。据此，本条第一款对“国家建立和实施涉企行政事业性收费目录清单制度”作出了规定，并要求“收费目录清单及其实施情况向社会公开，接受社会监督”。

二、禁止乱收费等侵犯中小企业合法权益的行为

本条第二款针对实践中比较突出的侵犯中小企业合法权益的行为作出了禁止性规定。首先，向中小企业收取行政事业性收费必须严格按照目录清单执行，禁止执行目录清单之外的行政事业性收费，禁止擅自提高收费标准、扩大收费范围。其次，对于现实生活中存在的强制中小企业赞助捐赠、订购报刊、加入社团、接受指定服务等增加中小企业负担、侵犯中小企业合法权益的行为，明确加以禁止。最后，明令禁止行业组织依靠代行政府职能或者利用行政资源擅自设立收费项目、提高收费标准。由于历史原因，我国一些行业组织与政府之间关系密切，行政化色彩较浓，部分行业组织习惯于依靠政府开展工作，有的甚至借助代行政府职能或者利用政府的影响力谋取私利，增加企业负担。为促进行业协会、商会规范发展，2015 年 7 月，中共中央办公厅、国务院办公厅印发《行业协会商会与行政机关脱钩总体方案》，对实现行业协会商会与行政机关脱钩作出安排部署，要求除法律法规另有规定外剥离行业协会商会的行政职能。为治理各种乱收费行为，2017 年 5 月国家发展改革委印发《关于开展涉企收费检查的通知》（发改电〔2017〕303 号），在全国范围开展涉企收费检查，“行业协会商会依靠代行政府职能或者利用行政资源擅自设立收费项目、提高收费标准”是查处的重点之一。

第五十六条　县级以上地方各级人民政府有关部门对中小企业实施监督检查应当依法进行，建立随机抽查机制。同一部门对中小企业实施的多项监督检查能够合并进行的，应当合并进行；不同部门对中小企业实施的多项监督检查能够合并完成的，由本级人民政府组织有关部门实施合并或者联合检查。

【释义】　本条是关于随机抽查和合并、联合检查的规定。

一、对中小企业的随机抽查

近年来，海关、工商、税务、质检等部门和天津等地探索开展随机抽查监管，把企业和监管部门人员放在同一平台上，通过两次随机摇号，按一定比例对企业进行抽检。对企业进行随机抽查，企业有了压力，也减少了监管部门寻租机会，是简政放权、放管结合、优化服务的重要举措。

在总结实践经验的基础上，2015 年国务院办公厅印发《关于推广随机抽查规范事中事后监管的通知》（国办发〔2015〕58号），对建立随机抽查机制作出了安排部署，提出了四项具体措施。一是制定随机抽查事项清单。法律、法规、规章没有规定的，一律不得擅自开展检查。对法律、法规、规章规定的检查事项，要大力推广随机抽查，不断提高随机抽查在检查工作中的比重。要制定随机抽查事项清单，明确抽查依据、抽查主体、抽查内容、抽查方式等。随机抽查事项清单根据法律、法规、规章修订情况和工作实际进行动态调整，及时向社会公布。二是建立“双随机”抽查机制。要建立随机抽取检查对象、随机选派执法检查人员的“双随机”抽查机制，严格限制监管部门自由裁量权。建立健全市场主体名录库和执法检查人员名录库，通过摇号等方式，从市场主体名录库中随机抽取检查对象，从执法检查人员名录库中随机选派执法检查人员。推广运用电子化手段，对“双随机”抽查做到全程留痕，实现责任可追溯。三是合理确定随机抽查的比例和频次。要根据当地经济社会发展和监管领域实际情况，合理确定随机抽查的比例和频次，既要保证必要的抽查覆盖面和工作力度，又要防止检查过多和执法扰民。对投诉举报多、列入经营异常名录或有严重违法违规记录等情况的市场主体，要加大随机抽查力度。四是加强抽查结果运用。对抽查发现的违法违规行为，要依法依规加大惩处力度，形成有效震慑，增强市场主体守法的自觉性。抽查情况及查处结果要及时向社会公布，接受社会监督。

人力资源和社会保障部、国家安全生产监督管理总局、国家旅游局等部门根据实际情况制定了本部门进行随机抽查的实施方案，细化了在本领域、本行业推广随机抽查的任务安排和时间进度要求等。

二、对中小企业的合并、联合检查

中小企业点多面广，分布在各行各业，涉及众多监管部门，工商、质检、安监、消防、税务、卫生、价格等部门均负有对中小企业进行监督检查的职责，有的部门还负有多项监督检查职责。保护中小企业权益一个很重要的方面，就是要减少行政机关对中小企业正常生产经营活动的干扰，避免不必要的重复监督检查。为此，本条强调了要推行合并或者联合检查。

根据本条规定，同一部门对中小企业实施的多项监督检查能够合并进行的，应当合并进行；不同部门对中小企业实施的多项监督检查能够合并完成的，由本级人民政府组织有关部门实施合并或者联合检查。考虑到执法实践中可能存在同一部门或者不同部门实施的多项监督检查无法合并或者联合进行的情形，本条没有“一刀切”地规定监督检查必须合并或者联合进行，而是要求监督检查除非存在无法合并进行的情形，否则都应当合并或者联合进行，既体现了法律的倾向性，又为执法留有一定空间。规定由“本级人民政府”组织有关部门实施合并或者联合检查，有利于不同部门之间的协调，可以就检查中可能遇到的各种问题进行沟通。《关于推广随机抽查规范事中事后监管的通知》中也对探索开展联合抽查提出了要求：县级以上地方人民政府要结合本地实际，协调组织相关部门开展联合抽查。按照“双随机”要求，制定并实施联合抽查计划，对同一市场主体的多个检查事项，原则上应一次性完成，提高执法效能，降低市场主体成本。

第九章 监督检查

第五十七条 县级以上人民政府定期组织对中小企业促进工作情况的监督检查;对违反本法的行为及时予以纠正,并对直接负责的主管人员和其他直接责任人员依法给予处分。

【释义】 本条是关于对中小企业促进工作情况进行监督检查的规定。

本法从财税支持、融资促进、创业扶持、创新支持、市场开拓、服务措施、权益保护等方面对促进中小企业发展的措施进行了全面规定,为保证这些促进措施不是只停留在纸面上而是得到切实遵守和执行、中小企业真正享受到实惠和好处,本条对工作监督检查和法律责任作出了规定,通过对工作情况进行监督检查和对违法行为进行追责倒逼有关部门和单位依法办事、依法履职。

一、对中小企业促进工作情况进行监督检查

本法规定的促进中小企业发展的各项措施,涉及众多部门和单位。例如,财税支持方面主要责任主体是财政部门和税务部门,融资促进方面中国人民银行、国务院银行业监督管理机构、国家政策性金融机构、国有大型商业银行、地区性中小银行等部门和单位是主要的责任主体。为督促这些部门和单位严格按照本法的规定落实有关促进中小企业发展的要求,本条规定"县级以上人民政府定期组织对中小企业促进工作情况的监督检查”。

首先,组织监督检查的主体是县级以上人民政府。中小企业促进工作涉及各有关部门和单位,人民政府作为国家的行政机关,领导所属各工作部门和下级人民政府的工作,管理国家各项事务、事业,有责任也有权威对各部门、各单位的工作情况进行监督检查。其次,监督检查的内容是中小企业促进工作情况。即各有关部门、单位遵守和执行中小企业促进方面法律、法规和政策措施的情况。最后,监督检查应当定期进行。即监督检查不是一次性的,也不是偶然性的,而是制度化、常态化的。

二、依法追究法律责任

对于在监督检查中发现的违反本法规定的行为,根据本条规定,首先应当及时予以纠正,即立即要求违法的部门、单位停止违法行为、按照本法的要求履行职责和义务。

其次,对直接负责的主管人员和其他直接责任人员依法给予处分。直接负责的主管人员是指在单位违法行为中负有直接领导责任的人员,包括违法行为的决策人,事后对单位违法行为予以认可和支持的领导人员,以及由于疏于管理或放任,因而对单位违法行为负有不可推卸责任的领导人员;其他直接责任人员是指直接实施单位违法行为的人员。单位作为一个社会系统,它的主体是自然人,单位整体的活动是通过有意识、有目的的自然人的活动实现的。单位只是一个人格化的社会关系主体,其违法行为的整体意志的形成和违法的整体行为的实施,都有赖于作为其构成要素的自然人。因此,为了有效防止单位违法,对负有责任的单位成员必须追究其责任。

公务员的义务与纪律是对公务员的强制性要求,为了保证公务员遵守法定义务和纪律,国家对违法违纪的公务员规定了一定的法律后果,这种后果就是"处分"。根据《公务员法》规定,公务员因违法违纪应当承担纪律责任的,依法给予处分;处分分为警告、记过、记大过、降级、撤职、开除。对公务员的这六种处分可以划分为三类:第一类是精神惩罚。也称申诫罚或声誉罚,一般用于严重程度较低的违纪行为,主要是对公务员名誉的贬责,是有关机关向违纪者发出警戒,申明其有违纪行为,通过对其名誉、荣誉、信誉等施加影响,引起其精神上的警惕,使其不再违法违纪的惩罚形式。对公务员处分中的精神惩罚包括警告、记过、记大过。批评教育与警告具有很大的相似性,在一定程度上具有申诫的作用,有些国家将批评教育也作为申诫的一种归入处分形式之中,但在我国,批评教育不被看作是一种处分,如果公务员违纪情节轻微,经批评教育后对错误有较为深刻的认识,能够改正自己的错误,就可以免于处分。记过与记大过则是我国所特有的处分形式。第二类是实质惩罚。我国处分制度中的实质惩罚,包括降级与撤职。降级与撤职都是较为严重的惩罚形式,是对犯有严重违法违纪行为的公务员所给予的惩戒,会使公务员在名誉、地位与经济等方面受到损失。降级是降低级别,根据人事部的有关规定,给予公务员降级处分,一般降低一个级别,如果本人级别为最低级的,可给予记大过处分。撤职是撤销职务,撤职后按降低一级以上职务另行确定职务,根据新任职务确定相应的级别和职务工资档次。本人职务为办事员的,可给予降级处分。在一些国家,对公务员的实质惩罚还包括降职,但在我国降职不是一种处分。不过我国的撤职处分,一般在降低公务员现职务后要另行确定较低职务,在实质上与国外作为处分形式的降职相同。第三类是开除。这是对违法违纪公务员最为严重的一种处分形式。对于严重违法违纪,不适宜继续担任公务员职务的，有关机关应给予其开除处分。给予公务员开除处分，自处分之日起，解除其与机关的人事关系。

在给予处分时，应根据违法违纪行为的性质、情节轻重、危害大小及本人对错误的认识态度等情况，区别处理。依照《行政监察法》《公务员法》《行政机关公务员处分条例》等法律、行政法规的规定，对国家工作人员给予处分由任免机关或者监察机关按照管理权限决定。

第五十八条　国务院负责中小企业促进工作综合管理的部门应当委托第三方机构定期开展中小企业发展环境评估，并向社会公布。

地方各级人民政府可以根据实际情况委托第三方机构开展中小企业发展环境评估。

【释义】　本条是关于开展中小企业发展环境评估的规定。

一、中小企业发展环境

任何企业的生产经营活动都是在市场中进行的，受到政治、经济、技术、社会文化等因素的限定与影响，这些因素构成了企业的发展环境。良好的发展环境能够吸引企业，促进企业快速健康发展。

本法从财税支持、融资促进、创业扶持、创新支持、市场开拓、服务措施、权益保护等方面对促进中小企业作出规定，也是为了给中小企业创造良好的发展环境。有的地方还就改善和优化中小企业发展环境专门出台文件进行规范。例如，2008 年中共青岛市委、青岛市人民政府印发《关于进一步改善中小企业发展环境的若干意见》（青发〔2008〕16 号），从营造优质高效的政务环境、营造健康规范的市场环境、营造多元诚信的融资环境、营造宽松活跃的创业环境、营造务实开明的政策环境五个方面对改善中小企业发展环境、推动中小企业持续健康发展作出规定，并明确提出"建立中小企业发展环境评价制度。每年组织中小企业，对涉企管理、服务的政府工作部门政务公开、审批收费、服务效能等依法行政情况进行评价，评价结果向社会公布"。2014 年甘肃省人民政府出台《关于进一步优化中小微型企业发展环境的意见》（甘政发〔2014〕111 号），在政策环境、融资环境、创业环境、创新环境等方面提出 24 条优化中小微型企业发展环境的政策措施，以促进中小微型企业快速健康发展。

二、中小企业发展环境评估

对中小企业发展环境进行评估，能够了解和掌握国家有关中小企业保护促进各项政策措施是否符合实际情况、国家机关依法履行职责的情况、有关部门和单位落实促进中小企业各项政策措施的情况以及中小企业在发展中面临的实际困难和问题等，从而引导促进有关部门和单位不断改进中小企业促进保护工作。影响中小企业发展的因素有很多，其中最重要的是法治环境，包括法律政策的制定和实施情况等，这也是评估应当关注的重点。

本条分两款分别对中央和地方开展中小企业发展环境评估作出规定，提出要求。根据第一款规定，进行评估的主体是国务院负责中小企业促进工作综合管理的部门，方式是委托第三方机构开展。评估工作应当定期进行，评估情况要向社会公布，接受社会监督。根据第二款规定，进行评估的主体是地方各级人民政府，方式是委托第三方机构开展。第三方机构，主要是指无利害关系的有关方面的调查研究机构。引入第三方机构进行评估，能够避免政府既当"运动员"又当"裁判员"的弊端，保证评估全面、客观、公正。一般来说，委托评估是需要支付费用的，委托费用应当由委托方，也就是国务院负责中小企业促进工作综合管理的部门和地方各级人民政府承担。

实践中需要注意的是，本条对中央层面和地方层面开展中小企业发展环境评估的要求是不同的。对于中央层面也就是国务院负责中小企业促进工作综合管理的部门来说，是“应当”开展中小企业发展环境评估，也就是说，这项工作是它的职责和义务，不存在选择的余地，必须完成；而对于地方层面也就是地方各级人民政府来说，是“可以”开展中小企业发展环境评估，也就是说，这项工作可以做也可以不做，是否开展由地方各级人民政府决定。之所以做这样的区分，主要是考虑到我国地域辽阔，各地自然条件不同、经济社会发展也不平衡，不同地区中小企业的情况和其所面临的问题不一样，由地方各级人民政府根据本地区实际情况和需要决定是否开展中小企业发展环境评估更具科学性和合理性，也避免造成不必要的浪费。

第五十九条　县级以上人民政府应当定期组织开展对中小企业发展专项资金、中小企业发展基金使用效果的企业评价、社会评价和资金使用动态评估，并将评价和评估情况及时向社会公布，接受社会监督。

县级以上人民政府有关部门在各自职责范围内，对中小企业发展专项资金、中小企业发展基金的管理和使用情况进行监督，对截留、挤占、挪用、侵占、贪污中小企业发展专项资金、中小企业发展基金等行为依法进行查处，并对直接负责的主管人员和其他直接责任人员依法给予处分；构成犯罪的，依法追究刑事责任。

【释义】　本条是关于监督中小企业发展专项资金和基金

的规定。

一、专项资金和发展基金使用效果的评价和评估

本法第二章规定了中小企业发展专项资金和中小企业发展基金的作用。第九条第一款规定，中小企业发展专项资金通过资助、购买服务、奖励等方式，重点用于支持中小企业公共服务体系和融资服务体系建设。第十条第一款规定，国家中小企业发展基金应当遵循政策性导向和市场化运作原则，主要用于引导和带动社会资金支持初创期中小企业，促进创业创新。无论是中小企业发展专项资金，还是中小企业发展基金，其目的都是优化中小企业发展环境，支持中小企业创业创新，更好地促进中小企业健康发展。因此，为了保证中小企业发展专项资金和发展基金能够真正发挥作用，本条第一款规定了各级政府应当定期组织开展对中小企业发展专项资金、中小企业发展基金使用效果的企业评价、社会评价和资金使用动态评估，并将评价和评估情况及时向社会公布，接受社会监督的内容。

二、对专项资金和发展基金的监督

本条第二款规定，县级以上人民政府有关部门在各自职责范围内，对中小企业发展专项资金、中小企业发展基金的管理和使用情况进行监督，对截留、挤占、挪用、侵占、贪污中小企业发展专项资金、中小企业发展基金等行为依法进行查处，并对直接负责的主管人员和其他直接责任人员依法给予处分。本款规定属于对中小企业发展专项资金和中小企业发展基金的保护性规定，禁止任何单位和个人截留、挤占、挪用、侵占、贪污中小企业发展专项资金、中小企业发展基金。

1. 截留，主要是指在办理中小企业发展专项资金或中小企业发展基金的过程中，私自将资金或基扣留下来，没有把资金或

基金拨付给符合条件的中小企业。

2. 挤占,主要是指将开支范围之外的支出列入了该项支出科目,如人员经费挤占公用经费,或者将财政专项资金与行政事业账户和生产经营账户混存混用,货币资金实际结存量小于财政专项资金余额。

3. 挪用,主要是指利用职务上的便利,挪用中小企业发展专项资金或发展基金归个人使用或者借贷给他人,数额较大、超过 3 个月未还的,或者虽未超过 3 个月,但数额较大、进行营利活动的,或者进行非法活动的行为。

4. 侵占,主要是指以非法占有为目的,将中小企业发展专项资金或发展基金占为已有,数额较大,拒不交还的行为。《宪法》第十二条规定“禁止任何组织或个人用任何手段侵占或者破坏国家和集体的财产”。

5. 贪污,主要是指国家工作人员和受国家机关、国有公司、企业、事业单位、人民团体委托管理、经营国有财产的人员,利用职务上的便利,侵吞、窃取、骗取或者以其他手段非法占有公共财物的行为。

三、违反本法规定的刑事责任

刑事责任是指犯罪行为人实施刑事法律禁止的行为所必须承担的法律后果。故意犯罪,应当负刑事责任。过失犯罪,法律有规定的才负刑事责任。通过刑罚依法追究刑事责任,目的是为了保卫国家安全,保卫人民民主专政的政权和社会主义制度,保护国有财产和劳动群众集体所有的财产,保护公民私人所有的财产,保护公民的人身权利、民主权利和其他权利,维护社会秩序、经济秩序,保障社会主义建设事业的顺利进行。公司、企业、事业单位、机关、团体实施的危害社会的行为,法律规定为单位犯罪的，应当负刑事责任。单位犯罪的，对单位判处罚金，并对其直接负责的主管人员和其他直接责任人员判处刑罚。刑法分则和其他法律另有规定的，依照规定。刑罚主刑的种类有管制、拘役、有期徒刑、无期徒刑、死刑。附加刑的种类有罚金、剥夺政治权利、没收财产。附加刑也可以独立适用。

对截留、挤占、挪用、侵占、贪污中小企业发展专项资金、中小企业发展基金等行为，构成犯罪，依法应当追究刑事责任的是:《刑法》第二百七十条规定了侵占罪及其刑事处罚，将代为保管的他人财物非法占为己有，数额较大，拒不退还的，处 2 年以下有期徒刑、拘役或者罚金；数额巨大或者有其他严重情节的，处 2 年以上 5 年以下有期徒刑，并处罚金。本条罪，告诉的才处理。第二百七十一条规定了职务侵占罪及其刑事处罚，公司、企业或者其他单位的人员，利用职务上的便利，将本单位财物非法占为己有，数额较大的，处 5 年以下有期徒刑或者拘役；数额巨大的，处 5 年以上有期徒刑，可以并处没收财产。第二百七十二条规定了挪用资金罪及其刑事处罚，公司、企业或者其他单位的工作人员，利用职务上的便利，挪用本单位资金归个人使用或者借贷给他人，数额较大、超过 3 个月未还的，或者虽未超过 3 个月，但数额较大、进行营利活动的，或者进行非法活动的，处 3 年以下有期徒刑或者拘役；挪用本单位资金数额巨大的，或者数额较大不退还的，处 3 年以上 10 年以下有期徒刑。第二百七十三条规定，挪用用于救灾、抢险、防汛、优抚、扶贫、移民、救济款物，情节严重，致使国家和人民群众利益遭受重大损害的，对直接责任人员，处 3 年以下有期徒刑或者拘役；情节特别严重的，处 3 年以上 7 年以下有期徒刑。第三百八十二条规定，国家工作人员利用职务上的便利，侵吞、窃取、骗取或者以其他手段非法占有公共财物的，是贪污罪。受国家机关、国有公司、企业、事业单位、人民团体委托管理、经营国有财产的人员，利用职务上的便利，侵吞、窃取、骗取或者以其他手段非法占有国有财物的，以贪污论。与前两款所列人员勾结，伙同贪污的，以共犯论处。第三百八十三条规定，贪污数额较大或者有其他较重情节的，处3年以下有期徒刑或者拘役，并处罚金；贪污数额巨大或者有其他严重情节的，处3年以上10年以下有期徒刑，并处罚金或者没收财产；贪污数额特别巨大或者有其他特别严重情节的，处10年以上有期徒刑或者无期徒刑，并处罚金或者没收财产；数额特别巨大，并使国家和人民利益遭受特别重大损失的，处无期徒刑或者死刑，并处没收财产。另外，根据《刑法》规定，其所称公共财产包括用于扶贫和其他公益事业的社会捐助或者专项基金的财产。

第六十条　县级以上地方各级人民政府有关部门在各自职责范围内，对强制或者变相强制中小企业参加考核、评比、表彰、培训等活动的行为，违法向中小企业收费、罚款、摊派财物的行为，以及其他侵犯中小企业合法权益的行为进行查处，并对直接负责的主管人员和其他直接责任人员依法给予处分。

【释义】　本条是关于对中小企业侵权行为的监督检查的规定。

一、侵犯中小企业合法权益的行为

1. 强制或者变相强制中小企业参加考核、评比、表彰、培训等活动。根据本法第五十二条规定，地方各级人民政府应当依法实施行政许可，依法开展管理工作，不得实施没有法律、法规依据的检查，不得强制或者变相强制中小企业参加考核、评比、表彰、培训等活动。

2. 违法向中小企业收费、罚款、摊派财物。根据本法第五十四条规定，任何单位不得违反法律、法规向中小企业收取费用，不得实施没有法律、法规依据的罚款，不得向中小企业摊派财物。

3. 其他侵犯中小企业合法权益的行为。许多中小企反映自身权益得不到有效保护，维权也比较困难。现实中来自行政机关的各类检查、评比多，行政审批事项流程烦琐，干扰了企业正常生产经营，增加了企业负担。因此，除了上述两种侵犯中小企业合法权益的行为外，县级以上地方各级人民政府有关部门在各自职责范围内，还应当对其他侵犯中小企业合法权益的行为进行查处，保护中小企业的合法权益。

二、侵犯中小企业合法权益的法律责任

本条规定，有关部门依照自身职责对侵犯中小企业合法权益的各种行为进行查处，并且应当对直接负责的主管人员和其他直接责任人员依法给予处分。

1. 责任人员。直接负责的主管人员，是指在单位违法行为中负有直接领导责任的人员，包括违法行为的决策人，事后对单位违法行为予以认可和支持的领导人员，以及由于疏于管理或放任而对单位违法行为负有不可推卸责任的领导人员。其他直接责任人员，是指直接实施违法行为的人员。

2. 责任形式。处分是行政责任的一种，根据《公务员法》的规定，公务员因违法违纪应当承担纪律责任的，依照该法给予处分。《公务员法》第一百零六条规定，法律、法规授权的具有公共事务管理职能的事业单位中除工勤人员以外的工作人员，经批准参照本法进行管理。关于处分的具体形式,分为警告、记过、记大过、降级、撤职、开除六种。警告,有提醒注意、不致再犯的意思,属于申诫处分,适用于轻微的违法违纪行为,是处分中最轻的一种。记过、记大过,这是两种程度有所区别的处分,适用于违法违纪行为给国家和人民造成了一定损失,给予警告处分过轻、给予降级处分过重的情况。降级,其含义是降低公务员的职务级别。撤职,对于违法违纪行为给国家和人民造成较大损失,不适合继续担任行政职务的,可以给予撤职处分。开除,是指受处分人不适合继续在国家机关工作,国家机关取消其公务员资格令其离开的处分形式,是最严厉的一种处分,适用于违法违纪行为给国家和人民造成了重大损失,应当丧失公务员资格的情形。在实际案件中具体给予何种处分,根据行为人违法违纪情节的轻重确定。

第十章　附　　则

第六十一条　本法自 2018 年 1 月 1 日起施行。

【释义】　本条是关于实施日期的规定。

一、法律的生效时间

法律通过以后，必然面对从什么时候起开始生效、在什么地域范围内生效、对什么人有效的问题，它关系到公民、法人和其他组织从何时起开始依法享有权利，并履行法律规定的义务，这就是法律的效力范围，包括时间效力、空间效力和对人的效力三个方面。本条是关于法律的生效日期的规定，法律的生效日期是指法律开始施行并发生法律效力的日期，是解决法律的时间效力问题。法律的公布和实施是两个不同的概念。法律的公布是立法的最后一道程序，是由特定机关将通过的法律向全社会予以公布。有的法律公布之后还没有生效，只有到生效日期后该法律才是有效的法律。法律的施行日期是每部法律必不可少的内容，一般都在法律的最后一条加以规定。《立法法》第五十七条明确要求："法律应当明确规定施行日期。"并在第五十八条中进一步规定："签署公布法律的主席令载明该法律的制定机关、通过和施行日期。"

法律的施行日期一般根据该法律的性质和实际需要来决定。从我国已制定的法律来看，对生效日期的规定大体上可以分为以下三种情况：其一，直接在法律中规定"本法自某年某月某日起施行”,即公布法律时该法律并不是立即生效,而是规定本法自某年某月某日起施行。如 1999 年 6 月 28 日第九届全国人民代表大会常务委员会第十次会议通过的《预防未成年人犯罪法》第五十七条规定:“本法自 1999 年 11 月 1 日起施行。”目前大多数立法采用此方式。其二,在法律条文中没有直接规定具体的生效日期,而只是规定“本法自公布之日起施行”。近年来,采用这种形式公布的大多数是法律的修改决定。如 2015 年 4 月 24 日第十二届全国人民代表大会常务委员会第十四次会议通过的《全国人民代表大会常务委员会关于修改〈中华人民共和国文物保护法〉的决定》就规定:“本决定自公布之日起施行。”其三,规定一部法律的生效日期取决于另一部法律的生效日期。如 1986 年 12 月 2 日第六届全国人民代表大会常务委员会第十八次会议通过的《企业破产法(试行)》第四十三条中规定:“本法自全民所有制工业企业法实施满三个月之日起试行。”当时,《全民所有制工业企业法》尚未制定出来,所以《企业破产法(试行)》最终的生效日期是《全民所有制工业企业法》1988 年 8 月 1 日生效后三个月即 1988 年 11 月 1 日。《中小企业促进法》的生效日期属于上述第一种情况。

除了生效时间外,法的时间效力还包括法律失效的时间问题,以及法律对其实施以前的事件和行为有无溯及力的问题。关于失效问题,我国的法律一般只规定法律的生效日期,不规定失效问题。法律的失效常见的有两种情况:一是与新发布的法律相抵触的法律无效;二是随着新颁布法律的施行,原有相应法律失去继续实施条件而自行失效。关于溯及力问题,法律的溯及力是指法律生效以后能否适用于生效以前的行为和事件,如果能适用,就具有溯及力;如果不能适用,就不具有溯及力。依照各国法律的惯例,法律一般不溯及既往。一部法律如果有溯及力,必须在条文中作出明确的规定。本法对溯及力问题没有作出规定,表明本法没有溯及力,即不能适用于生效以前的行为和事件。

二、此次修改的生效时间

目前修改法律主要有两种形式:一种是对法律进行修订,即对法律全文作全面修改;另一种是对法律进行修改,即对法律的部分条文通过修正案的方式予以修改,不对法律全文作修改,未修改的部分继续施行。因此,法律修改后的生效日期也有两种形式,属于修订法律的,一般是重新公布法律的生效日期;属于对法律部分条文作修改的,一般不修改法律的生效日期,只是规定法律的修改决定的实施日期,修改部分执行修改决定的生效日期,未修改的部分执行原来法律规定的生效日期。本次修改《中小企业促进法》属于上述第一种情形,需要重新公布法律的生效日期。

本次修订后的《中小企业促进法》于 2017 年 9 月 1 日经第十二届全国人民代表大会常务委员会第二十九次会议通过,同日由国家主席签署主席令予以公布,规定自 2018 年 1 月 1 日起施行。颁布与施行日期之间留有一定的时间间隔,主要是为了使有关方面利用这段时间充分做好本法实施的各项必要准备工作,如对现行的法规、规章以及一些规范性文件进行清理,与本法不一致的及时加以修改或者废止;制定一些配套的规定;对本法进行必要的学习宣传等,以确保本法的贯彻实施。

第二部分 附 录

附录一

中华人民共和国中小企业促进法

（2002 年 6 月 29 日第九届全国人民代表大会常务委员会第二十八次会议通过 2017 年 9 月 1 日第十二届全国人民代表大会常务委员会第二十九次会议修订）

目 录

第一章 总 则

第一条 为了改善中小企业经营环境，保障中小企业公平参与市场竞争，维护中小企业合法权益，支持中小企业创业创新，促进中小企业健康发展，扩大城乡就业，发挥中小企业在国民经济和社会发展中的重要作用，制定本法。

第二条 本法所称中小企业，是指在中华人民共和国境内依法设立的，人员规模、经营规模相对较小的企业，包括中型企业、小型企业和微型企业。

中型企业、小型企业和微型企业划分标准由国务院负责中小企业促进工作综合管理的部门会同国务院有关部门，根据企业从业人员、营业收入、资产总额等指标，结合行业特点制定，报国务院批准。

第三条 国家将促进中小企业发展作为长期发展战略，坚持各类企业权利平等、机会平等、规则平等，对中小企业特别是其中的小型微型企业实行积极扶持、加强引导、完善服务、依法规范、保障权益的方针，为中小企业创立和发展创造有利的环境。

第四条 中小企业应当依法经营，遵守国家劳动用工、安全生产、职业卫生、社会保障、资源环境、质量标准、知识产权、财政税收等方面的法律、法规，遵循诚信原则，规范内部管理，提高经营管理水平；不得损害劳动者合法权益，不得损害社会公共利益。

第五条 国务院制定促进中小企业发展政策，建立中小企业促进工作协调机制，统筹全国中小企业促进工作。

国务院负责中小企业促进工作综合管理的部门组织实施促进中小企业发展政策，对中小企业促进工作进行宏观指导、综合协调和监督检查。

国务院有关部门根据国家促进中小企业发展政策,在各自职责范围内负责中小企业促进工作。

县级以上地方各级人民政府根据实际情况建立中小企业促进工作协调机制,明确相应的负责中小企业促进工作综合管理的部门,负责本行政区域内的中小企业促进工作。

第六条 国家建立中小企业统计监测制度。统计部门应当加强对中小企业的统计调查和监测分析,定期发布有关信息。

第七条 国家推进中小企业信用制度建设,建立社会化的信用信息征集与评价体系,实现中小企业信用信息查询、交流和共享的社会化。

第二章 财税支持

第八条 中央财政应当在本级预算中设立中小企业科目,安排中小企业发展专项资金。

县级以上地方各级人民政府应当根据实际情况,在本级财政预算中安排中小企业发展专项资金。

第九条 中小企业发展专项资金通过资助、购买服务、奖励等方式,重点用于支持中小企业公共服务体系和融资服务体系建设。

中小企业发展专项资金向小型微型企业倾斜,资金管理使用坚持公开、透明的原则,实行预算绩效管理。

第十条 国家设立中小企业发展基金。国家中小企业发展基金应当遵循政策性导向和市场化运作原则,主要用于引导和带动社会资金支持初创期中小企业,促进创业创新。

县级以上地方各级人民政府可以设立中小企业发展基金。

中小企业发展基金的设立和使用管理办法由国务院规定。

第十一条 国家实行有利于小型微型企业发展的税收政策,

对符合条件的小型微型企业按照规定实行缓征、减征、免征企业所得税、增值税等措施,简化税收征管程序,减轻小型微型企业税收负担。

第十二条 国家对小型微型企业行政事业性收费实行减免等优惠政策,减轻小型微型企业负担。

第三章 融资促进

第十三条 金融机构应当发挥服务实体经济的功能,高效、公平地服务中小企业。

第十四条 中国人民银行应当综合运用货币政策工具,鼓励和引导金融机构加大对小型微型企业的信贷支持,改善小型微型企业融资环境。

第十五条 国务院银行业监督管理机构对金融机构开展小型微型企业金融服务应当制定差异化监管政策,采取合理提高小型微型企业不良贷款容忍度等措施,引导金融机构增加小型微型企业融资规模和比重,提高金融服务水平。

第十六条 国家鼓励各类金融机构开发和提供适合中小企业特点的金融产品和服务。

国家政策性金融机构应当在其业务经营范围内,采取多种形式,为中小企业提供金融服务。

第十七条 国家推进和支持普惠金融体系建设,推动中小银行、非存款类放贷机构和互联网金融有序健康发展,引导银行业金融机构向县域和乡镇等小型微型企业金融服务薄弱地区延伸网点和业务。

国有大型商业银行应当设立普惠金融机构,为小型微型企业提供金融服务。国家推动其他银行业金融机构设立小型微型企业金融服务专营机构。

地区性中小银行应当积极为其所在地的小型微型企业提供金融服务，促进实体经济发展。

第十八条　国家健全多层次资本市场体系，多渠道推动股权融资，发展并规范债券市场，促进中小企业利用多种方式直接融资。

第十九条　国家完善担保融资制度，支持金融机构为中小企业提供以应收账款、知识产权、存货、机器设备等为担保品的担保融资。

第二十条　中小企业以应收账款申请担保融资时，其应收账款的付款方，应当及时确认债权债务关系，支持中小企业融资。

国家鼓励中小企业及付款方通过应收账款融资服务平台确认债权债务关系，提高融资效率，降低融资成本。

第二十一条　县级以上人民政府应当建立中小企业政策性信用担保体系，鼓励各类担保机构为中小企业融资提供信用担保。

第二十二条　国家推动保险机构开展中小企业贷款保证保险和信用保险业务，开发适应中小企业分散风险、补偿损失需求的保险产品。

第二十三条　国家支持征信机构发展针对中小企业融资的征信产品和服务，依法向政府有关部门、公用事业单位和商业机构采集信息。

国家鼓励第三方评级机构开展中小企业评级服务。

第四章　创业扶持

第二十四条　县级以上人民政府及其有关部门应当通过政府网站、宣传资料等形式，为创业人员免费提供工商、财税、金融、环境保护、安全生产、劳动用工、社会保障等方面的法律政策咨询和公共信息服务。

第二十五条 高等学校毕业生、退役军人和失业人员、残疾人员等创办小型微型企业，按照国家规定享受税收优惠和收费减免。

第二十六条 国家采取措施支持社会资金参与投资中小企业。创业投资企业和个人投资者投资初创期科技创新企业的，按照国家规定享受税收优惠。

第二十七条 国家改善企业创业环境，优化审批流程，实现中小企业行政许可便捷，降低中小企业设立成本。

第二十八条 国家鼓励建设和创办小型微型企业创业基地、孵化基地，为小型微型企业提供生产经营场地和服务。

第二十九条 地方各级人民政府应当根据中小企业发展的需要，在城乡规划中安排必要的用地和设施，为中小企业获得生产经营场所提供便利。

国家支持利用闲置的商业用房、工业厂房、企业库房和物流设施等，为创业者提供低成本生产经营场所。

第三十条 国家鼓励互联网平台向中小企业开放技术、开发、营销、推广等资源，加强资源共享与合作，为中小企业创业提供服务。

第三十一条 国家简化中小企业注销登记程序，实现中小企业市场退出便利化。

第五章 创新支持

第三十二条 国家鼓励中小企业按照市场需求，推进技术、产品、管理模式、商业模式等创新。

中小企业的固定资产由于技术进步等原因，确需加速折旧的，可以依法缩短折旧年限或者采取加速折旧方法。

国家完善中小企业研究开发费用加计扣除政策，支持中小企业技术创新。

第三十三条 国家支持中小企业在研发设计、生产制造、运营管理等环节应用互联网、云计算、大数据、人工智能等现代技术手段,创新生产方式,提高生产经营效率。

第三十四条 国家鼓励中小企业参与产业关键共性技术研究开发和利用财政资金设立的科研项目实施。

国家推动军民融合深度发展,支持中小企业参与国防科研和生产活动。

国家支持中小企业及中小企业的有关行业组织参与标准的制定。

第三十五条 国家鼓励中小企业研究开发拥有自主知识产权的技术和产品,规范内部知识产权管理,提升保护和运用知识产权的能力;鼓励中小企业投保知识产权保险;减轻中小企业申请和维持知识产权的费用等负担。

第三十六条 县级以上人民政府有关部门应当在规划、用地、财政等方面提供支持,推动建立和发展各类创新服务机构。

国家鼓励各类创新服务机构为中小企业提供技术信息、研发设计与应用、质量标准、实验试验、检验检测、技术转让、技术培训等服务,促进科技成果转化,推动企业技术、产品升级。

第三十七条 县级以上人民政府有关部门应当拓宽渠道,采取补贴、培训等措施,引导高等学校毕业生到中小企业就业,帮助中小企业引进创新人才。

国家鼓励科研机构、高等学校和大型企业等创造条件向中小企业开放试验设施,开展技术研发与合作,帮助中小企业开发新产品,培养专业人才。

国家鼓励科研机构、高等学校支持本单位的科技人员以兼职、挂职、参与项目合作等形式到中小企业从事产学研合作和科技成果转化活动,并按照国家有关规定取得相应报酬。

第六章 市 场 开 拓

第三十八条 国家完善市场体系，实行统一的市场准入和市场监管制度，反对垄断和不正当竞争，营造中小企业公平参与竞争的市场环境。

第三十九条 国家支持大型企业与中小企业建立以市场配置资源为基础的、稳定的原材料供应、生产、销售、服务外包、技术开发和技术改造等方面的协作关系，带动和促进中小企业发展。

第四十条 国务院有关部门应当制定中小企业政府采购的相关优惠政策，通过制定采购需求标准、预留采购份额、价格评审优惠、优先采购等措施，提高中小企业在政府采购中的份额。

向中小企业预留的采购份额应当占本部门年度政府采购项目预算总额的百分之三十以上；其中，预留给小型微型企业的比例不低于百分之六十。中小企业无法提供的商品和服务除外。

政府采购不得在企业股权结构、经营年限、经营规模和财务指标等方面对中小企业实行差别待遇或者歧视待遇。

政府采购部门应当在政府采购监督管理部门指定的媒体上及时向社会公开发布采购信息，为中小企业获得政府采购合同提供指导和服务。

第四十一条 县级以上人民政府有关部门应当在法律咨询、知识产权保护、技术性贸易措施、产品认证等方面为中小企业产品和服务出口提供指导和帮助，推动对外经济技术合作与交流。

国家有关政策性金融机构应当通过开展进出口信贷、出口信用保险等业务，支持中小企业开拓境外市场。

第四十二条 县级以上人民政府有关部门应当为中小企业提供用汇、人员出入境等方面的便利，支持中小企业到境外投资，开拓国际市场。

第七章 服务措施

第四十三条 国家建立健全社会化的中小企业公共服务体系,为中小企业提供服务。

第四十四条 县级以上地方各级人民政府应当根据实际需要建立和完善中小企业公共服务机构,为中小企业提供公益性服务。

第四十五条 县级以上人民政府负责中小企业促进工作综合管理的部门应当建立跨部门的政策信息互联网发布平台,及时汇集涉及中小企业的法律法规、创业、创新、金融、市场、权益保护等各类政府服务信息,为中小企业提供便捷无偿服务。

第四十六条 国家鼓励各类服务机构为中小企业提供创业培训与辅导、知识产权保护、管理咨询、信息咨询、信用服务、市场营销、项目开发、投资融资、财会税务、产权交易、技术支持、人才引进、对外合作、展览展销、法律咨询等服务。

第四十七条 县级以上人民政府负责中小企业促进工作综合管理的部门应当安排资金,有计划地组织实施中小企业经营管理人员培训。

第四十八条 国家支持有关机构、高等学校开展针对中小企业经营管理及生产技术等方面的人员培训,提高企业营销、管理和技术水平。

国家支持高等学校、职业教育院校和各类职业技能培训机构与中小企业合作共建实习实践基地,支持职业教育院校教师和中小企业技术人才双向交流,创新中小企业人才培养模式。

第四十九条 中小企业的有关行业组织应当依法维护会员的合法权益,反映会员诉求,加强自律管理,为中小企业创业创新、开拓市场等提供服务。

第八章 权益保护

第五十条 国家保护中小企业及其出资人的财产权和其他合法权益。任何单位和个人不得侵犯中小企业财产及其合法收益。

第五十一条 县级以上人民政府负责中小企业促进工作综合管理的部门应当建立专门渠道,听取中小企业对政府相关管理工作的意见和建议,并及时向有关部门反馈,督促改进。

县级以上地方各级人民政府有关部门和有关行业组织应当公布联系方式,受理中小企业的投诉、举报,并在规定的时间内予以调查、处理。

第五十二条 地方各级人民政府应当依法实施行政许可,依法开展管理工作,不得实施没有法律、法规依据的检查,不得强制或者变相强制中小企业参加考核、评比、表彰、培训等活动。

第五十三条 国家机关、事业单位和大型企业不得违约拖欠中小企业的货物、工程、服务款项。

中小企业有权要求拖欠方支付拖欠款并要求对拖欠造成的损失进行赔偿。

第五十四条 任何单位不得违反法律、法规向中小企业收取费用,不得实施没有法律、法规依据的罚款,不得向中小企业摊派财物。中小企业对违反上述规定的行为有权拒绝和举报、控告。

第五十五条 国家建立和实施涉企行政事业性收费目录清单制度,收费目录清单及其实施情况向社会公开,接受社会监督。

任何单位不得对中小企业执行目录清单之外的行政事业性收费,不得对中小企业擅自提高收费标准、扩大收费范围;严禁以各种方式强制中小企业赞助捐赠、订购报刊、加入社团、接受指定服务;严禁行业组织依靠代行政府职能或者利用行政资源擅自设立收费项目、提高收费标准。

第五十六条　县级以上地方各级人民政府有关部门对中小企业实施监督检查应当依法进行，建立随机抽查机制。同一部门对中小企业实施的多项监督检查能够合并进行的，应当合并进行；不同部门对中小企业实施的多项监督检查能够合并完成的，由本级人民政府组织有关部门实施合并或者联合检查。

第九章　监 督 检 查

第五十七条　县级以上人民政府定期组织对中小企业促进工作情况的监督检查；对违反本法的行为及时予以纠正，并对直接负责的主管人员和其他直接责任人员依法给予处分。

第五十八条　国务院负责中小企业促进工作综合管理的部门应当委托第三方机构定期开展中小企业发展环境评估，并向社会公布。

地方各级人民政府可以根据实际情况委托第三方机构开展中小企业发展环境评估。

第五十九条　县级以上人民政府应当定期组织开展对中小企业发展专项资金、中小企业发展基金使用效果的企业评价、社会评价和资金使用动态评估，并将评价和评估情况及时向社会公布，接受社会监督。

县级以上人民政府有关部门在各自职责范围内，对中小企业发展专项资金、中小企业发展基金的管理和使用情况进行监督，对截留、挤占、挪用、侵占、贪污中小企业发展专项资金、中小企业发展基金等行为依法进行查处，并对直接负责的主管人员和其他直接责任人员依法给予处分；构成犯罪的，依法追究刑事责任。

第六十条　县级以上地方各级人民政府有关部门在各自职责范围内，对强制或者变相强制中小企业参加考核、评比、表彰、培训等活动的行为，违法向中小企业收费、罚款、摊派财物的行为，以及其他侵犯中小企业合法权益的行为进行查处，并对直接负责的主管人员和其他直接责任人员依法给予处分。

第十章 附 则

第六十一条 本法自2018年1月1日起施行。

附录二

《中华人民共和国中小企业促进法》修订前后条文对照表

修订前	修订后
目　录 第一章　总　　则 第二章　资金支持 第三章　创业扶持 第四章　技术创新 第五章　市场开拓 第六章　社会服务 第七章　附　　则	目　录 第一章　总　　则 第二章　**财税**支持 第三章　**融资促进** **第四章**　创业扶持 **第五章**　创新**支持** **第六章**　市场开拓 **第七章**　服务**措施** **第八章　权益保护** **第九章　监督检查** **第十章**　附　　则
第一章 总　　则	第一章　总　　则
第一条　为了改善中小企业经营环境，促进中小企业健康发展，扩大城乡就业，发挥中小企业在国民经济和社会发展中的重要作用，制定本法。	**第一条**　为了改善中小企业经营环境，**保障中小企业公平参与市场竞争，维护中小企业合法权益，支持中小企业创业创新**，促进中小企业健康发展，扩大城乡就业，发挥中小企业在国民经济和社会发展中的重要作用，制定本法。

续表

修订前	修订后
第二条 本法所称中小企业，是指在中华人民共和国境内依法设立的有利于满足社会需要，增加就业，符合国家产业政策，生产经营规模属于中小型的各种所有制和各种形式的企业。 中小企业的划分标准由国务院负责企业工作的部门根据企业职工人数、销售额、资产总额等指标，结合行业特点制定，报国务院批准。	**第二条** 本法所称中小企业，是指在中华人民共和国境内依法设立的，**人员规模、经营规模相对较小的企业，包括中型企业、小型企业和微型企业。** **中型企业、小型企业和微型企**业划分标准由国务院负责**中小企业促进工作综合管理的部门会同国务院有关部门**，根据企业**从业人员、营业收入**、资产总额等指标，结合行业特点制定，报国务院批准。
第三条 国家对中小企业实行积极扶持、加强引导、完善服务、依法规范、保障权益的方针，为中小企业创立和发展创造有利的环境。	**第三条** 国家**将促进中小企业发展作为长期发展战略，坚持各类企业权利平等、机会平等、规则平等**，对中小企业**特别是其中的小型微型企业**实行积极扶持、加强引导、完善服务、依法规范、保障权益的方针，为中小企业创立和发展创造有利的环境。
第八条 中小企业必须遵守国家劳动安全、职业卫生、社会保障、资源环保、质量、财政税收、金融等方面的法律、法规，依法经营管理，不得侵害职工合法权益，不得损害社会公共利益。 **第九条** 中小企业应当遵守职业道德，恪守诚实信用原则，努力提高业务水平，增强自我发展能力。	**第四条** 中小企业**应当依法经营**，遵守国家劳动**用工、安全生产**、职业卫生、社会保障、资源环**境**、质量**标准、知识产权**、财政税收等方面的法律、法规，**遵循诚信原则，规范内部管理，提高经营管理水平**；不得**损害劳动者**合法权益，不得损害社会公共利益。

续表

修订前	修订后
第四条　国务院负责制定中小企业政策，对全国中小企业的发展进行统筹规划。 国务院负责企业工作的部门组织实施国家中小企业政策和规划，对全国中小企业工作进行综合协调、指导和服务。 国务院有关部门根据国家中小企业政策和统筹规划，在各自职责范围内对中小企业工作进行指导和服务。 县级以上地方各级人民政府及其所属的负责企业工作的部门和其他有关部门在各自职责范围内对本行政区域内的中小企业进行指导和服务。	**第五条**　国务院制定**促进**中小企业**发展**政策，**建立中小企业促进工作协调机制，统筹全国中小企业促进工作。** 国务院负责**中小企业促进工作综合管理**的部门组织实施**促进**中小企业**发展**政策，对中小企业**促进工作**进行**宏观指导**、综合协调和**监督检查**。 国务院有关部门根据国家**促进**中小企业**发展**政策，在各自职责范围内**负责中小企业促进工作**。 县级以上地方各级人民政府**根据实际情况建立中小企业促进工作协调机制，明确相应的负责中小企业促进工作综合管理的部门，负责**本行政区域内的中小企业**促进工作**。
第五条　国务院负责企业工作的部门根据国家产业政策，结合中小企业特点和发展状况，以制定中小企业发展产业指导目录等方式，确定扶持重点，引导鼓励中小企业发展。	
	第六条　国家建立中小企业统计监测制度。统计部门应当加强对中小企业的统计调查和监测分析，定期发布有关信息。

续表

修订前	修订后
第十八条 国家推进中小企业信用制度建设，建立信用信息征集与评价体系，实现中小企业信用信息查询、交流和共享的社会化。	**第七条** 国家推进中小企业信用制度建设，建立**社会化的**信用信息征集与评价体系，实现中小企业信用信息查询、交流和共享的社会化。
第二章 资金支持	第二章 **财税**支持
第十条 中央财政预算应当设立中小企业科目，安排扶持中小企业发展专项资金。 地方人民政府应当根据实际情况为中小企业提供财政支持。	**第八条** 中央财政应当**在本级预算中**设立中小企业科目，安排中小企业发展专项资金。 **县级以上**地方**各级**人民政府应当根据实际情况，**在本级财政预算中安排中小企业发展专项资金。**
第十一条 国家扶持中小企业发展专项资金用于促进中小企业服务体系建设，开展支持中小企业的工作，补充中小企业发展基金和扶持中小企业发展的其他事项。	**第九条** 中小企业发展专项资金**通过资助、购买服务、奖励等方式，重点**用于**支持**中小企业**公共**服务体系**和融资服务体系**建设。 **中小企业发展专项资金向小型微型企业倾斜，资金管理使用坚持公开、透明的原则，实行预算绩效管理。**
第十二条 国家设立中小企业发展基金。中小企业发展基金由下列资金组成： （一）中央财政预算安排的扶持中小企业发展专项资金； （二）基金收益；	**第十条** 国家设立中小企业发展基金。**国家中小企业发展基金应当遵循政策性导向和市场化运作原则，主要用于引导和带动社会资金支持初创期中小企业，促进创业创新。**

续表

修订前	修订后
（三）捐赠； （四）其他资金。 国家通过税收政策，鼓励对中小企业发展基金的捐赠。 **第十三条**　国家中小企业发展基金用于下列扶持中小企业的事项： （一）创业辅导和服务； （二）支持建立中小企业信用担保体系； （三）支持技术创新； （四）鼓励专业化发展以及与大企业的协作配套； （五）支持中小企业服务机构开展人员培训、信息咨询等项工作； （六）支持中小企业开拓国际市场； （七）支持中小企业实施清洁生产； （八）其他事项。 中小企业发展基金的设立和使用管理办法由国务院另行规定。	**县级以上地方各级人民政府可以设立中小企业发展基金。** **中小企业发展基金的设立和使用管理办法由国务院规定。**
第二十三条　国家在有关税收政策上支持和鼓励中小企业的创立和发展。	**第十一条　国家实行有利于小型微型企业发展的税收政策，对符合条件的小型微型企业按照规定实行缓征、减征、免征企业所**

续表

修订前	修订后
	得税、增值税等措施，简化税收征管程序，减轻小型微型企业税收负担。 第十二条　国家对小型微型企业行政事业性收费实行减免等优惠政策，减轻小型微型企业负担。
	第三章　融资促进
	第十三条　金融机构应当发挥服务实体经济的功能，高效、公平地服务中小企业。
第十四条　中国人民银行应当加强信贷政策指导，改善中小企业融资环境。 中国人民银行应当加强对中小金融机构的支持力度，鼓励商业银行调整信贷结构，加大对中小企业的信贷支持。	第十四条　中国人民银行应当综合运用货币政策工具，鼓励和引导金融机构加大对小型微型企业的信贷支持，改善小型微型企业融资环境。
	第十五条　国务院银行业监督管理机构对金融机构开展小型微型企业金融服务应当制定差异化监管政策，采取合理提高小型微型企业不良贷款容忍度等措施，引导金融机构增加小型微型企业融资规模和比重，提高金融服务水平。

续表

修订前	修订后
第十五条 各金融机构应当对中小企业提供金融支持,努力改进金融服务,转变服务作风,增强服务意识,提高服务质量。 各商业银行和信用社应当改善信贷管理,扩展服务领域,开发适应中小企业发展的金融产品,调整信贷结构,为中小企业提供信贷、结算、财务咨询、投资管理等方面的服务。 国家政策性金融机构应当在其业务经营范围内,采取多种形式,为中小企业提供金融服务。	**第十六条 国家鼓励各类金融机构开发和提供适合中小企业特点的金融产品和服务。** 国家政策性金融机构应当在其业务经营范围内,采取多种形式,为中小企业提供金融服务。
	第十七条 国家推进和支持普惠金融体系建设,推动中小银行、非存款类放贷机构和互联网金融有序健康发展,引导银行业金融机构向县域和乡镇等小型微型企业金融服务薄弱地区延伸网点和业务。 **国有大型商业银行应当设立普惠金融机构,为小型微型企业提供金融服务。国家推动其他银行业金融机构设立小型微型企业金融服务专营机构。** **地区性中小银行应当积极为其所在地的小型微型企业提供金融服务,促进实体经济发展。**

续表

修订前	修订后
第十六条 国家采取措施拓宽中小企业的直接融资渠道，积极引导中小企业创造条件，通过法律、行政法规允许的各种方式直接融资。	**第十八条 国家健全多层次资本市场体系，多渠道推动股权融资，发展并规范债券市场，促进中小企业利用多种方式**直接融资。
	第十九条 国家完善担保融资制度，支持金融机构为中小企业提供以应收账款、知识产权、存货、机器设备等为担保品的担保融资。
	第二十条 中小企业以应收账款申请担保融资时，其应收账款的付款方，应当及时确认债权债务关系，支持中小企业融资。 **国家鼓励中小企业及付款方通过应收账款融资服务平台确认债权债务关系，提高融资效率，降低融资成本。**
第十九条 县级以上人民政府和有关部门应当推进和组织建立中小企业信用担保体系，推动对中小企业的信用担保，为中小企业融资创造条件。 中小企业信用担保管理办法由国务院另行规定。 **第二十条** 国家鼓励各种担保机构为中小企业提供信用担保。	**第二十一条** 县级以上人民政府应当建立中小企业**政策性**信用担保体系，**鼓励各类担保机构为中小企业融资提供信用担保。**

续表

修订前	修订后
第二十一条　国家鼓励中小企业依法开展多种形式的互助性融资担保。	
	第二十二条　国家推动保险机构开展中小企业贷款保证保险和信用保险业务，开发适应中小企业分散风险、补偿损失需求的保险产品。
第十八条　国家推进中小企业信用制度建设，建立信用信息征集与评价体系，实现中小企业信用信息查询、交流和共享的社会化。	**第二十三条　国家支持征信机构发展针对中小企业融资的征信产品和服务，依法向政府有关部门、公用事业单位和商业机构采集信息。** **国家鼓励第三方评级机构开展中小企业评级服务。**
第三章　创业扶持	**第四章**　创业扶持
第二十五条　地方人民政府应当根据实际情况，为创业人员提供工商、财税、融资、劳动用工、社会保障等方面的政策咨询和信息服务。	**第二十四条　县级以上**人民政府**及其有关部门**应当**通过政府网站、宣传资料等形式，**为创业人员**免费**提供工商、财税、**金融、环境保护、安全生产、**劳动用工、社会保障等方面的**法律**政策咨询和**公共**信息服务。
第二十二条第二款、第三款　失业人员、残疾人员创办中小企业的，所在地政府应当积极扶持，提供便利，加强指导。	**第二十五条　高等学校毕业生、退役军人和**失业人员、残疾人员**等**创办**小型微型**企业，**按照国家规定享受税收优惠和收费减免。**

续表

修订前	修订后
政府有关部门应当采取措施，拓宽渠道，引导中小企业吸纳大中专学校毕业生就业。	
第十七条 国家通过税收政策鼓励各类依法设立的风险投资机构增加对中小企业的投资。	**第二十六条 国家采取措施支持社会资金参与投资中小企业。创业投资企业和个人投资者投资初创期科技创新企业的，按照国家规定享受税收优惠。**
第二十六条 企业登记机关应当依法定条件和法定程序办理中小企业设立登记手续，提高工作效率，方便登记者。不得在法律、行政法规规定之外设置企业登记的前置条件；不得在法律、行政法规规定的收费项目和收费标准之外，收取其他费用。	**第二十七条 国家改善企业创业环境，优化审批流程，实现中小企业行政许可便捷，降低中小企业设立成本。**
	第二十八条 国家鼓励建设和创办小型微型企业创业基地、孵化基地，为小型微型企业提供生产经营场地和服务。
第二十二条第一款 政府有关部门应当积极创造条件，提供必要的、相应的信息和咨询服务，在城乡建设规划中根据中小企业发展的需要，合理安排必要的场地和设施，支持创办中小企业。	**第二十九条 地方各级人民**政府应当根据中小企业发展的需要，**在城乡**规划中**安排必要的用**地和设施，**为中小企业获得生产经营场所提供便利。** **国家支持利用闲置的商业用**

续表

修订前	修订后
	房、工业厂房、企业库房和物流设施等，为创业者提供低成本生产经营场所。
	第三十条　国家鼓励互联网平台向中小企业开放技术、开发、营销、推广等资源，加强资源共享与合作，为中小企业创业提供服务。
	第三十一条　国家简化中小企业注销登记程序，实现中小企业市场退出便利化。
第二十四条　国家对失业人员创立的中小企业和当年吸纳失业人员达到国家规定比例的中小企业，符合国家支持和鼓励发展政策的高新技术中小企业，在少数民族地区、贫困地区创办的中小企业，安置残疾人员达到国家规定比例的中小企业，在一定期限内减征、免征所得税，实行税收优惠。	
第二十七条　国家鼓励中小企业根据国家利用外资政策，引进国外资金、先进技术和管理经验，创办中外合资经营、中外合作经营企业。	

续表

修订前	修订后
第二十八条 国家鼓励个人或者法人依法以工业产权或者非专利技术等投资参与创办中小企业。	
第四章 技术创新	**第五章** 创新**支持**
第二十九条 国家制定政策，鼓励中小企业按照市场需要，开发新产品，采用先进的技术、生产工艺和设备，提高产品质量，实现技术进步。 中小企业技术创新项目以及为大企业产品配套的技术改造项目，可以享受贷款贴息政策。	**第三十二条** 国家鼓励中小企业按照市场**需求，推进技术、产品、管理模式、商业模式等创新。** **中小企业的固定资产由于技术进步等原因，确需加速折旧的，可以依法缩短折旧年限或者采取加速折旧方法。** **国家完善中小企业研究开发费用加计扣除政策，支持中小企业技术创新。**
	第三十三条 国家支持中小企业在研发设计、生产制造、运营管理等环节应用互联网、云计算、大数据、人工智能等现代技术手段，创新生产方式，提高生产经营效率。
	第三十四条 国家鼓励中小企业参与产业关键共性技术研究开发和利用财政资金设立的科研项目实施。 **国家推动军民融合深度发展，支持中小企业参与国防科研和生产活动。**

续表

修订前	修订后
	国家支持中小企业及中小企业的有关行业组织参与标准的制定。
	第三十五条 国家鼓励中小企业研究开发拥有自主知识产权的技术和产品，规范内部知识产权管理，提升保护和运用知识产权的能力；鼓励中小企业投保知识产权保险；减轻中小企业申请和维持知识产权的费用等负担。
第三十条 政府有关部门应当在规划、用地、财政等方面提供政策支持，推进建立各类技术服务机构，建立生产力促进中心和科技企业孵化基地，为中小企业提供技术信息、技术咨询和技术转让服务，为中小企业产品研制、技术开发提供服务，促进科技成果转化，实现企业技术、产品升级。	第三十六条 县级以上人民政府有关部门应当在规划、用地、财政等方面提供支持，推动建立和发展各类创新服务机构。 国家鼓励各类创新服务机构为中小企业提供技术信息、研发设计与应用、质量标准、实验试验、检验检测、技术转让、技术培训等服务，促进科技成果转化，推动企业技术、产品升级。
第三十一条 国家鼓励中小企业与研究机构、大专院校开展技术合作、开发与交流，促进科技成果产业化，积极发展科技型中小企业。	第三十七条 县级以上人民政府有关部门应当拓宽渠道，采取补贴、培训等措施，引导高等学校毕业生到中小企业就业，帮助中小企业引进创新人才。 国家鼓励科研机构、高等学校和大型企业等创造条件向中小

续表

修订前	修订后
	企业开放试验设施，开展技术研发与合作，**帮助中小企业开发新产品，培养专业人才**。 **国家鼓励科研机构、高等学校支持本单位的科技人员以兼职、挂职、参与项目合作等形式到中小企业从事产学研合作和科技成果转化活动，并按照国家有关规定取得相应报酬。**
第五章　市场开拓	**第六章　市场开拓**
	第三十八条　国家完善市场体系，实行统一的市场准入和市场监管制度，反对垄断和不正当竞争，营造中小企业公平参与竞争的市场环境。
第三十二条　国家鼓励和支持大企业与中小企业建立以市场配置资源为基础的、稳定的原材料供应、生产、销售、技术开发和技术改造等方面的协作关系，带动和促进中小企业发展。	**第三十九条**　国家支持大**型**企业与中小企业建立以市场配置资源为基础的、稳定的原材料供应、生产、销售、**服务外包**、技术开发和技术改造等方面的协作关系，带动和促进中小企业发展。
第三十三条　国家引导、推动并规范中小企业通过合并、收购等方式，进行资产重组，优化资源配置。	

续表

修订前	修订后
第三十四条 政府采购应当优先安排向中小企业购买商品或者服务。	**第四十条 国务院有关部门应当制定中小企业政府采购的相关优惠政策，通过制定采购需求标准、预留采购份额、价格评审优惠、优先采购等措施，提高中小企业在政府采购中的份额。** **向中小企业预留的采购份额应当占本部门年度政府采购项目预算总额的百分之三十以上；其中，预留给小型微型企业的比例不低于百分之六十。中小企业无法提供的商品和服务除外。** **政府采购不得在企业股权结构、经营年限、经营规模和财务指标等方面对中小企业实行差别待遇或者歧视待遇。** **政府采购部门应当在政府采购监督管理部门指定的媒体上及时向社会公开发布采购信息，为中小企业获得政府采购合同提供指导和服务。**
第三十五条 政府有关部门和机构应当为中小企业提供指导和帮助，促进中小企业产品出口，推动对外经济技术合作与交流。 国家有关政策性金融机构应当通过开展进出口信贷、出口信用保险等业务，支持中小企业开	**第四十一条 县级以上人民**政府有关部门应当**在法律咨询、知识产权保护、技术性贸易措施、产品认证等方面**为中小企业产品**和服务出口**提供指导和帮助，推动对外经济技术合作与交流。 国家有关政策性金融机构应

续表

修订前	修订后
拓国外市场。	当通过开展进出口信贷、出口信用保险等业务,支持中小企业开拓**境**外市场。
第三十六条 国家制定政策,鼓励符合条件的中小企业到境外投资,参与国际贸易,开拓国际市场。	**第四十二条 县级以上人民政府有关部门应当为中小企业提供用汇、人员出入境等方面的便利,支持**中小企业到境外投资,开拓国际市场。
第六章 社会服务	**第七章** 服务**措施**
第三十八条 国家鼓励社会各方面力量,建立健全中小企业服务体系,为中小企业提供服务。	**第四十三条** 国家建立健全**社会化的**中小企业**公共**服务体系,为中小企业提供服务。
第三十九条 政府根据实际需要扶持建立的中小企业服务机构,应当为中小企业提供优质服务。 中小企业服务机构应当充分利用计算机网络等先进技术手段,逐步建立健全向全社会开放的信息服务系统。 中小企业服务机构联系和引导各类社会中介机构为中小企业提供服务。	**第四十四条 县级以上地方各级人民**政府**应当**根据实际需要建立**和完善**中小企业**公共**服务机构,为中小企业提供**公益性**服务。
	第四十五条 县级以上人民政府负责中小企业促进工作综合管理的部门应当建立跨部门的政策信息互联网发布平台,及时汇

续表

修订前	修订后
	集涉及中小企业的法律法规、创业、创新、金融、市场、权益保护等各类政府服务信息，为中小企业提供便捷无偿服务。
第三十七条　国家鼓励中小企业服务机构举办中小企业产品展览展销和信息咨询活动。 第四十条　国家鼓励各类社会中介机构为中小企业提供创业辅导、企业诊断、信息咨询、市场营销、投资融资、贷款担保、产权交易、技术支持、人才引进、人员培训、对外合作、展览展销和法律咨询等服务。	第四十六条　国家鼓励各类服务机构为中小企业提供创业培训与辅导、知识产权保护、管理咨询、信息咨询、信用服务、市场营销、项目开发、投资融资、财会税务、产权交易、技术支持、人才引进、对外合作、展览展销、法律咨询等服务。
	第四十七条　县级以上人民政府负责中小企业促进工作综合管理的部门应当安排资金，有计划地组织实施中小企业经营管理人员培训。
第四十一条　国家鼓励有关机构、大专院校培训中小企业经营管理及生产技术等方面的人员，提高中小企业营销、管理和技术水平。	第四十八条　国家支持有关机构、高等学校开展针对中小企业经营管理及生产技术等方面的人员培训，提高企业营销、管理和技术水平。 国家支持高等学校、职业教育院校和各类职业技能培训机构与中小企业合作共建实习实践基

续表

修订前	修订后
	地,支持职业教育院校教师和中小企业技术人才双向交流,创新中小企业人才培养模式。
第四十二条 行业的自律性组织应当积极为中小企业服务。 **第四十三条** 中小企业自我约束、自我服务的自律性组织,应当维护中小企业的合法权益,反映中小企业的建议和要求,为中小企业开拓市场、提高经营管理能力提供服务。	**第四十九条** 中小企业的有关行业组织应当依法维护会员的合法权益,反映会员诉求,加强自律管理,为中小企业创业创新、开拓市场等提供服务。
	第八章 权益保护
第六条第一款 国家保护中小企业及其出资人的合法投资,及因投资取得的合法收益。任何单位和个人不得侵犯中小企业财产及其合法收益。 **第七条** 行政管理部门应当维护中小企业的合法权益,保护其依法参与公平竞争与公平交易的权利,不得歧视,不得附加不平等的交易条件。	**第五十条** 国家保护中小企业及其出资人的财产权和其他合法权益。任何单位和个人不得侵犯中小企业财产及其合法收益。
	第五十一条 县级以上人民政府负责中小企业促进工作综合管理的部门应当建立专门渠道,听取中小企业对政府相关管理工作的意见和建议,并及时向有关

续表

修订前	修订后
	部门反馈,督促改进。 县级以上地方各级人民政府有关部门和有关行业组织应当公布联系方式,受理中小企业的投诉、举报,并在规定的时间内予以调查、处理。
	第五十二条 地方各级人民政府应当依法实施行政许可,依法开展管理工作,不得实施没有法律、法规依据的检查,不得强制或者变相强制中小企业参加考核、评比、表彰、培训等活动。
	第五十三条 国家机关、事业单位和大型企业不得违约拖欠中小企业的货物、工程、服务款项。 中小企业有权要求拖欠方支付拖欠款并要求对拖欠造成的损失进行赔偿。
第六条第二款 任何单位不得违反法律、法规向中小企业收费和罚款,不得向中小企业摊派财物。中小企业对违反上述规定的行为有权拒绝和有权举报、控告。	**第五十四条** 任何单位不得违反法律、法规向中小企业收取费用,**不得实施没有法律、法规依据的**罚款,不得向中小企业摊派财物。中小企业对违反上述规定的行为有权拒绝和举报、控告。

续表

修订前	修订后
	第五十五条　国家建立和实施涉企行政事业性收费目录清单制度，收费目录清单及其实施情况向社会公开，接受社会监督。 任何单位不得对中小企业执行目录清单之外的行政事业性收费，不得对中小企业擅自提高收费标准、扩大收费范围；严禁以各种方式强制中小企业赞助捐赠、订购报刊、加入社团、接受指定服务；严禁行业组织依靠代行政府职能或者利用行政资源擅自设立收费项目、提高收费标准。
	第五十六条　县级以上地方各级人民政府有关部门对中小企业实施监督检查应当依法进行，建立随机抽查机制。同一部门对中小企业实施的多项监督检查能够合并进行的，应当合并进行；不同部门对中小企业实施的多项监督检查能够合并完成的，由本级人民政府组织有关部门实施合并或者联合检查。
	第九章　监督检查
	第五十七条　县级以上人民政府定期组织对中小企业促进工作情况的监督检查；对违反本法

续表

修订前	修订后
	的行为及时予以纠正，并对直接负责的主管人员和其他直接责任人员依法给予处分。
	第五十八条 国务院负责中小企业促进工作综合管理的部门应当委托第三方机构定期开展中小企业发展环境评估，并向社会公布。 地方各级人民政府可以根据实际情况委托第三方机构开展中小企业发展环境评估。
	第五十九条 县级以上人民政府应当定期组织开展对中小企业发展专项资金、中小企业发展基金使用效果的企业评价、社会评价和资金使用动态评估，并将评价和评估情况及时向社会公布，接受社会监督。 县级以上人民政府有关部门在各自职责范围内，对中小企业发展专项资金、中小企业发展基金的管理和使用情况进行监督，对截留、挤占、挪用、侵占、贪污中小企业发展专项资金、中小企业发展基金等行为依法进行查处，并对直接负责的主管人员和其他直接责任人员依法给予处分；构成犯罪的，依法追究刑事责任。

续表

修订前	修订后
	第六十条　县级以上地方各级人民政府有关部门在各自职责范围内，对强制或者变相强制中小企业参加考核、评比、表彰、培训等活动的行为，违法向中小企业收费、罚款、摊派财物的行为，以及其他侵犯中小企业合法权益的行为进行查处，并对直接负责的主管人员和其他直接责任人员依法给予处分。
第七章　附　　则	**第十章　附　　则**
第四十四条　省、自治区、直辖市可以根据本地区中小企业的情况，制定有关的实施办法。	
第四十五条　本法自 2003 年 1 月 1 日起施行。	**第六十一条**　本法自 **2018 年 1 月 1 日**起施行。

附录三：相关立法文件

关于《中华人民共和国中小企业促进法（修订草案）》的说明

——2016 年 10 月 31 日在第十二届全国人民代表大会常务委员会第二十四次会议上

全国人大财政经济委员会副主任委员 乌日图

委员长、各位副委员长、秘书长、各位委员：

受全国人大财政经济委员会委托，我就《中华人民共和国中小企业促进法（修订草案）》（以下简称修订草案）作以下说明。

一、修改的必要性和起草工作基本情况

《中华人民共和国中小企业促进法》自 2003 年实施以来，在改善中小企业发展环境，促进中小企业发展方面发挥了积极作用。据统计，截至 2015 年底，全国工商登记企业 2185.82 万户，其中绝大部分是中小企业（在工业中，中小企业占 99.6%）。中小企业是社会主义市场经济的重要组成部分，在促进经济增长、增加社会就业、推动技术创新和保障社会稳定等方面具有不可替代的作用，对国民经济和社会发展具有重要的战略意义。同时也要看到，多数中小企业产业层次较低、科技水平不高、抵御外部风险能力较弱。特别是近年来受经济下行压力影响，中小企业普遍面临生产成本

上升、盈利水平下降等问题，生存与发展的压力不断加大。全国人大常委会十分重视中小企业发展促进工作，2009 年专门听取和审议了国务院关于促进中小企业发展情况的专项工作报告，2011 年至 2012 年开展了中小企业促进法立法后评估工作，认为现行法律某些方面已经不适应进一步促进中小企业发展的实际需要，扶持政策不够具体，操作性不强等，应针对中小企业面临的新情况和新问题作出修改完善，为中小企业特别是小微企业创造更为有利的法制环境。

根据全国人大常委会的立法工作安排，全国人大财政经济委员会于 2014 年 1 月牵头成立由工业和信息化部、发展改革委、财政部等十四个部委参加的中小企业促进法（修订）起草组。两年多来，起草组主要开展了以下工作。一是通过网络向社会公开征集法律修改意见建议，分析整理了制约中小企业发展的突出问题和对中小企业促进法的主要意见。二是邀请部分专家学者、企业负责人、部分省市中小企业部门负责人作为顾问小组成员，就有关立法问题征询意见和建议。三是多次赴地方就中小企业税费负担、融资环境、公共服务、劳动用工等情况深入开展调研，广泛听取全国人大代表、地方政府、中小企业代表等的意见。四是研究参考了美、日、欧等国家和地区有关促进中小企业发展的法律和政策，吸收借鉴国际经验。在上述工作基础上，起草组多次进行专题研究论证，经过反复修改，2016 年 4 月 19 日，全国人大财政经济委员会第 44 次全体会议审议并原则通过了修订草案，5 月初报全国人大常委会办公厅发函征求国务院意见。8 月上旬收到国务院办公厅的反馈意见后，进一步对修订草案做了修改完善。

二、修订把握的主要原则和重点

一是发挥市场决定性作用，强化政府扶持力度。法律修改要贯彻落实党的十八大及十八届三中、四中、五中全会精神，体现全面深化改革的要求，正确处理政府与市场、国家与企业的关系，正确处理扶持中小企业与维护市场公平原则的关系，正确处理扶持中小企业与中小企业规范发展的关系。为此，修订草案一方面对简政放权，特别是规范行政许可事项、实现行政许可便捷化、减轻企业负担、简化小型微型企业税收征管程序和注销登记程序等方面做了明确规定，为中小企业发展创造良好环境；同时针对中小企业特别是小型微型企业在市场竞争中的弱势地位和发展中面临的困难和问题，进一步强化各级政府提供政策支持、营造公平环境、加强服务保障的作用；另一方面规定中小企业应当遵守法律、法规，依法经营，恪守诚实信用原则，规范企业管理，保障劳动者合法权益，维护社会公共利益。

二是将近年来行之有效的政策上升为法律，既注重解决当前困难，也着力于长期性制度建设。近年来，党中央、国务院陆续出台了《关于鼓励支持和引导个体私营等非公有制经济发展的若干意见》、《关于进一步支持小型微型企业健康发展的意见》等一系列相关文件。起草组全面梳理了中央、国务院及各部门和各地出台的促进中小企业发展的政策措施，将实践中行之有效的政策措施加以归纳、提炼，形成法律条文。修订草案既立足于解决中小企业当前面临的困难，同时也考虑到一些制约中小企业发展的根本性和长远性问题，着力加强制度建设，一是规定国家将促进中小企业发展作为长期发展战略，各级政府要切实履行促进中小企业发展的职责；二是规定国家实行统一的市场准入制度和市场监管，取消各类地方保护，依法查处垄断和不正当竞争行为，实现各类企业权利平等、机会平等、规则平等，营造中小企业公平竞争市场环境；三是建立中小企业维权服务机制，明确中小企业维权服务机构和中小企业自律组织在企业维权方面的定位和职责。

三是突出重点，增强法律的操作性。修订草案针对当前存在的突出问题，在权益保护、融资支持、创业创新、公共服务等方面增加了新的内容，对有关条款做了进一步补充、细化和完善，增强法律的可操作性。促进中小企业发展，重点是小型微型企业，修订草案明确提出微型企业的概念，要求国务院中小企业促进工作综合协调部门牵头制定中型、小型和微型企业的划分标准，同时在相关促进措施和制度安排上向小型微型企业倾斜，明确专项资金安排、中小企业发展基金使用、融资支持、创业创新支持、社会服务等政策的实施对象主要是小型微型企业，进一步突出扶持重点。为了加强法律的执行力度，修订草案增加了监督检查方面的内容，明确责任追究，确保法律规定落到实处。

三、修订草案基本框架和主要内容

修订草案将现行法律由 7 章扩展为 10 章，由 45 条增加为 62 条。主要有以下考虑：一是现行法律第二章“资金支持”主要是财税和金融支持，但规定都比较原则，目前国家对中小企业财税和金融方面的扶持政策更加成熟和具体，为进一步增强这方面的支持导向和内容，将原第二章“资金支持”拆分为“财税支持”和“融资促进”两章。二是实践中关于营造公平的市场秩序、增强中小企业权益保障的呼声和要求很高，为此增加了第八章“权益保护”章节。三是将原第四章“技术创新”更名为“创新支持”，对第四、第五和第六章有关内容作了修改，以更好地体现改善中小企业经营环境，保障中小企业公平参与市场竞争，推动中小企业创业和创新的立法宗旨。四是为了加强法律执行情况监督检查，保障法律的有效实施，增加第九章“监督检查”章节。这次修改的重点内容有以下七个方面：

（一）关于中小企业发展促进工作机制

各方面普遍反映，中小企业促进工作政策性强，涉及面广，迫切需要强有力的组织领导和综合协调。现行法律规定由国务院负责企业工作的部门对全国中小企业工作进行综合协调、指导和服务。随着政府机构改革和职能调整,负责企业工作的政府部门分散,法律实施责任主体界定不清,易导致政策零散、职能弱化、交叉和缺位等现象,不利于法律实施。综合考虑各方面意见,修订草案规定由国务院中小企业促进工作综合协调部门,牵头组织实施国家中小企业政策,对全国中小企业发展促进工作进行综合协调、监督检查和指导服务,以加强对中小企业工作的组织领导。

(二)关于融资促进

各方面特别是广大企业反映,"融资难"依旧是制约中小企业发展的主要因素之一。在网络调查中,43%的受访者反映存在融资难问题,排在突出问题的第一位。能够获得融资的中小企业,也存在融资成本过高的问题。多数意见认为,现行促进法对中小企业融资方面的支持规定较为原则、缺乏可操作性,建议进一步充实、细化。为此,修订草案从加强金融基础设施建设、推进普惠金融服务、完善金融组织体系、构建专业化经营与差异化考核体系、创新金融服务和担保方式、大力发展直接融资和多层次资本市场、建立社会化的信用信息征集与评价体系等方面作出一系列具体规定,加强对中小企业特别是小型微型企业的融资支持。新增加的内容主要包括:一是要求银行业监督管理机构对金融机构开展小型微型企业金融服务实行差异化监管;二是推动中小银行、非存款类放贷机构和互联网金融有序健康发展;三是政策性金融机构应当采取多种形式为中小企业提供金融服务;四是多渠道推动股权融资,发展并规范债券市场,促进中小企业利用多种方式直接融资;五是提出推动建立全国统一的动产融资登记互联网公示系统,支持金融机构为中小企业提供动产担保融资;六是中小企业以应收账款申请动产担保融资时,其应收账款的付款方,包括各级政府采购人、工程建设项目的中标人、大型企业,应当确认债权债务关系,支持中小企业融资;七是鼓励征信机构发展针对中小企业融资的征信产品和服务,依法向各级政府相关部门、公用事业单位和商业机构采集信息。

（三）关于权益保护和减轻企业负担

许多中小企业反映自身权益得不到有效保护,面临着负担重、维权难的问题。一是来自行政机关的各类检查、评比多,行政审批事项流程繁琐,存在乱收费、摊派现象,干扰了企业正常生产经营,增加了企业负担;二是一些大企业滥用市场支配地位,长期拖欠中小企业大量资金,导致中小企业销售回款难;三是缺乏正规有效的维权渠道维护自身的合法权益,维权成本过高。为此,修订草案在总则中明确规定:各级人民政府应当规范行政许可事项,依法开展管理工作,取消没有法律、法规依据的检查、评比等行政行为。同时,修订草案在专设的"权益保护"一章中规定,一是国家保护中小企业及其出资人的合法权益;保护中小企业依法平等使用生产要素、公平参与市场竞争和同等受到法律保护的权利;二是规范涉企收费、现场检查等行政行为,建立和实施涉企行政事业性收费目录清单制度,任何单位不得执行目录清单之外的行政事业性收费,国家对微型企业行政事业性收费实行优惠政策;严禁行业协会、商会依靠代行政府职能或利用行政资源擅自设立收费项目、提高收费标准;三是建立专门针对中小企业的维权渠道和维权机制,明确规定各级人民政府或者有关协会、商会中小企业维权服务机构向中小企业提供维权服务等公共服务。

针对一些大企业以及政府部门拖欠中小企业资金这一突出问题,修订草案规定:政府部门和大型企业不得违约拖欠中小企业的货物、工程和服务款项;中小企业有权要求拖欠方支付拖欠款并要求对拖欠造成的损害进行赔偿;中小企业可以就拖欠资金问题向中小企业维权服务机构申请协助。

(四)关于中小企业发展专项资金和中小企业发展基金

现行法律规定国家设立中小企业发展专项资金和中小企业发展基金。法律实施以来,中小企业发展专项资金增长很快,并发挥了很大作用。修订草案总结近年来实践经验,进一步规范了专项资金的管理和使用,明确重点用于支持改善中小企业发展环境,促进中小企业公共服务体系和服务平台建设;专项资金向小型微型企业倾斜,资金管理使用坚持公开、透明的原则,实行预算绩效管理。但是,中小企业发展基金多年来一直未落实。2015 年 9 月国务院发布了设立国家中小企业发展基金的决定,明确基金的性质为政策性基金,按市场化原则操作,重点支持种子期、初创期成长型中小企业发展。为此,修订草案对该条款做了补充细化,同时规定县级以上地方人民政府可以根据实际情况设立中小企业发展基金。

(五)关于创业创新和市场开拓

许多地方和企业反映,现行法律在支持中小企业创业创新和市场开拓方面规定得比较原则,建议补充细化有关扶持规定,加大支持力度。为此,修订草案规定:一是改善企业创业环境,优化审批流程,实现小型微型企业行政许可便捷;二是规定政府为创业者提供法律法规、工商财税、社会保险等方面的咨询服务,鼓励引导社会服务机构为小型微型企业提供创业培训等综合服务,鼓励发展为小型微型企业创业提供服务的互联网平台;三是完善知识产权保护,减轻微型企业申请和维护知识产权的费用等负担;四是鼓励中小企业参与产业共性关键技术研发、标准制定和国家科研项目实施,支持中小企业行业协会、商会等参与标准的制定;五是鼓励科研机构、高等学校和大型企业等向中小企业开放试验设施,开展技术研发与合作,帮助企业开发新产品,培养专业人才;六是鼓励互联网、大数据、云计算等现代技术手段在中小企业技术改造、转型升级和生产经营管理等方面的应用；七是规定政府采购应当优先安排向中小企业购买商品或者服务，提高小型微型企业在政府采购中的份额。

（六）关于社会服务

中小企业普遍反映政府公共服务和社会化服务体系和机制不健全，专业服务机构发展滞后，缺乏为中小企业提供人才培训、创业辅导、管理咨询、市场营销、技术开发和法律援助等服务的各类优质专业机构，支持服务体系建设的政策措施不完善，不能满足中小企业快速发展的需要，希望增加政府公共服务供给，同时注重发挥市场的作用，建立完善社会化服务体系，为中小企业提供服务保障。为此，修订草案规定：县级以上地方人民政府应当根据实际需要建立和完善中小企业公共服务机构，为中小企业提供公益性服务；国家鼓励各类社会专业服务机构为中小企业提供创业辅导、信息咨询、信用服务、投资融资、人才引进、法律咨询和维权服务等专业服务。

中小企业普遍反映，各级各类政府部门服务信息零散、庞杂，不好找、不好用，信息化服务水平不高。为此，修订草案规定：国家统计部门应当建立健全中小企业统计调查制度，加强监测分析，定期发布有关信息；各级政府中小企业促进工作综合协调部门的网站，应当汇集并提供涉及中小企业的法律法规、政策及创业、创新、金融、市场、权益保护等各类政务服务信息供免费查询。同时还规定各级人民政府其他部门的网站应当提供本部门涉及中小企业的法律法规、政策措施等各类政务服务信息。

（七）关于监督检查

修订草案对保护中小企业合法权益、改进政府的服务等做了各项规定，并明确责任追究：一是各级人民政府及有关部门应当将中小企业工作评价列入年度考核范围;各级人民政府应当定期对本法的实施情况进行检查,对违反本法的行为及时进行纠正,对相关责任人员依法给予行政处分;县级以上人民政府应当定期向同级人民代表大会常务委员会报告中小企业促进工作情况和本法各项规定的实施情况。二是县级以上人民政府建立中小企业发展专项资金使用和效果的审计检查、企业评价、社会评价机制和资金使用动态评估制度。三是中小企业促进工作综合协调部门应当建立专门渠道,听取中小企业对政府相关管理工作的意见和建议,并及时向相关部门反馈,督促改进。

此外,起草过程中,一些专家提出现行法律适用范围过于宽泛,影响了法律实施效果,建议将法律适用对象调整为小型微型企业,相应将法名改为《小微企业促进法》。我们研究认为,中型企业在发展中同样面临很多问题,需要政策扶持。同时,中型企业数量占比不高,并不影响法律实施效果。关键是要根据不同行业的具体情况,科学合理制定中型、小型和微型企业划分标准,明确小型微型企业是扶持重点。建议继续保留原法名,同时将有关促进政策向小型微型企业倾斜。

《中华人民共和国中小企业促进法(修订草案)》及以上说明是否妥当,请审议。

全国人民代表大会法律委员会关于《中华人民共和国中小企业促进法（修订草案）》修改情况的汇报

全国人民代表大会常务委员会：

常委会第二十四次会议对中小企业促进法修订草案进行了初次审议。会后，法制工作委员会将修订草案印发各省、区、市和中央有关部门、单位、部分高等院校等征求意见，并在中国人大网全文公布修订草案，征求社会公众意见。法律委员会、财政经济委员会和法制工作委员会联合召开座谈会，听取有关部门的意见。法律委员会、法制工作委员会还先后到广东、北京、安徽、辽宁、山西、浙江、贵州等地进行调研，并就修订草案主要问题与有关方面共同研究。法律委员会于6月1日召开会议，根据常委会组成人员的审议意见和各方面意见，对修订草案进行了逐条审议。财政经济委员会、国务院法制办公室、工业和信息化部的有关负责同志列席了会议。6月16日，法律委员会召开会议，再次进行了审议。现将中小企业促进法（修订草案）主要问题的修改情况汇报如下：

一、修订草案第五条规定，国务院建立中小企业工作协调机制；国务院中小企业促进工作综合协调部门牵头组织实施中小企业政策。有些常委委员提出，国务院“中小企业促进工作综合协调部门”具体是指哪个部门不太清楚，与国务院中小企业工作协调机制也不好区分,建议进一步明确中小企业促进工作的管理体制。法律委员会经研究,建议将“中小企业促进工作综合协调部门”修改为“负责中小企业促进工作综合管理的部门”。同时增加规定,县级以上地方各级人民政府根据实际情况建立中小企业促进工作协调机制,明确相应的负责中小企业促进工作综合管理的部门。(修订草案二次审议稿第五条第二款、第四款)

二、一些常委委员提出,税收优惠是促进中小企业发展的重要手段,建议在草案中进一步明确相关税收优惠措施。法律委员会经研究,建议增加规定,国家对符合条件的小型微型企业按照规定实行减征、免征企业所得税、增值税等措施;高等学校毕业生、退役军人等创办小型微型企业的,按照国家规定享受税收优惠和收费减免;创业投资企业和个人投资者投资初创期科技创新企业的,按照国家规定享受税收优惠;国家完善中小企业研究开发费用加计扣除政策,支持中小企业技术创新。(修订草案二次审议稿第十一条、第二十五条第一款、第二十六条、第三十二条第三款)

三、一些常委会组成人员建议,进一步完善融资促进相关措施,解决中小企业融资难、融资贵问题。法律委员会经研究,建议增加规定,国务院银行业监督管理机构采取合理提高小型微型企业不良贷款容忍度等措施,鼓励和引导金融机构增加小型微型企业融资规模和比重;国有大型商业银行应当设立专营机构,为小型微型企业提供金融服务。(修订草案二次审议稿第十五条、第十六条第三款)

四、一些常委委员和地方的同志提出,目前中小企业创办成本较高,建议对国家降低中小企业创办成本方面的措施作出规定。法律委员会经研究,建议增加规定,国家降低中小企业设立制度成本;国家支持利用闲置商业用房、工业厂房、企业库房和物流设施等,为创业者提供低成本办公场所。(修订草案二次审议稿第二十

七条、第二十九条第二款)

五、有的常委委员和地方的同志提出,党的十八届三中全会明确要求“推动军民融合深度发展”,建议在本法中对中小企业参与军民融合发展作出规定。法律委员会经研究,建议增加规定,国家推动军民融合深度发展,鼓励和支持中小企业参与国防科研和生产活动。(修订草案二次审议稿第三十四条第二款)

六、有的常委委员建议,本法的有关规定可与促进科技成果转化法的相关内容做好衔接,支持中小企业科技创新。法律委员会经研究,建议增加规定,国家鼓励科研机构、高等学校支持本单位的科技人员到中小企业从事科技成果转化活动,并按照国家有关规定取得相应报酬。(修订草案二次审议稿第三十七条第二款)

七、有的常委委员和地方的同志提出,目前中小企业引进、培养和留住人才难,中小企业负责人往往也缺乏现代企业管理经验,不利于中小企业发展,建议对政府有关部门中小企业人员培训方面的职责作出规定。结合国家中小企业人才培训工作实际,法律委员会经研究,建议增加规定,县级以上人民政府负责中小企业促进工作综合管理的部门应当安排资金,有计划地组织实施中小企业经营管理人员培训。同时,为防止借培训等名义向企业不合理收费,建议增加规定,地方各级人民政府不得强制或者变相强制中小企业参加考核、评比、表彰、培训等活动。(修订草案二次审议稿第四十七条、第五十一条第一款)

八、修订草案第九章对监督检查作了规定。一些常委委员建议,进一步明确监督检查的实施主体和具体内容。法律委员会经研究,建议增加规定县级以上人民政府及有关部门的监督检查职责,并对中小企业发展专项资金、中小企业发展基金管理和使用情况的监督作出规定。同时,对强制或者变相强制中小企业参加考核、评比、表彰、培训等活动的行为以及违反法律、法规向中小企业

收费、罚款、摊派财物等行为的查处作出规定。（修订草案二次审议稿第五十六条、第五十八条、第五十九条）

此外，还对修订草案作了一些文字修改。

修订草案二次审议稿已按上述意见作了修改，法律委员会建议提请本次常委会会议继续审议。

修订草案二次审议稿和以上汇报是否妥当，请审议。

全国人民代表大会法律委员会

2017 年 6 月 22 日

全国人民代表大会法律委员会关于《中华人民共和国中小企业促进法（修订草案）》审议结果的报告

全国人民代表大会常务委员会：

常委会第二十八次会议对中小企业促进法修订草案进行了再次审议。会后，法制工作委员会在中国人大网全文公布修订草案二次审议稿，征求社会公众意见。法律委员会、法制工作委员会还到一些地方进行调研，并就修订草案主要问题与有关方面共同研究。法律委员会于7月31日召开会议，根据常委会组成人员的审议意见和各方面意见，对修订草案进行了逐条审议。财政经济委员会、国务院法制办公室、工业和信息化部的有关负责同志列席了会议。8月21日，法律委员会召开会议，再次进行审议。法律委员会认为，为了改善中小企业经营环境，维护中小企业合法权益，促进中小企业健康发展，对中小企业促进法进行修订是必要的，修订草案经过两次审议修改，已经比较成熟。同时，提出以下主要修改意见：

一、有些常委会组成人员提出，要贯彻落实中央关于完善产权保护制度的有关要求，加强对中小企业财产权及其他合法权益的保护。法律委员会经研究，建议在总则立法目的中增加规定“维护中小企业合法权益”；同时明确规定，国家保护中小企业及其出资

人的财产权和其他合法权益。(修订草案三次审议稿第一条、第五十条)

二、有的常委委员建议,根据全国金融工作会议有关金融机构要回归本源,为实体经济服务的精神,进一步明确金融机构服务实体经济和中小企业的功能。法律委员会经研究,建议明确规定,金融机构应当发挥服务实体经济的功能,高效、公平地服务中小企业。(修订草案三次审议稿第十三条)

三、有的常委委员提出,传统的金融产品和服务不一定能满足所有中小企业的需要,要鼓励金融机构开发适合中小企业特点的金融产品和服务。法律委员会经研究,建议规定,国家鼓励各类金融机构开发和提供适合中小企业特点的金融产品和服务。(修订草案三次审议稿第十六条第一款)

四、有的常委委员提出,有的地区性中小银行盲目到大城市异地扩张业务,不为当地的实体经济提供服务,建议在法律中对地区性中小银行服务当地小型微型企业提出要求。法律委员会经研究,建议增加规定,地区性中小银行应当积极为其所在地的小型微型企业提供金融服务,促进实体经济发展。(修订草案三次审议稿第十七条第三款)

五、有些常委委员建议进一步增加规定具体措施,解决中小企业引进人才难的问题。法律委员会经研究,建议规定,县级以上人民政府有关部门应当拓宽渠道,采取补贴、培训等措施,引导高等学校毕业生到中小企业就业,帮助中小企业引进创新人才。国家鼓励科研机构、高等学校支持本单位的科技人员以兼职、挂职、参与项目合作等形式到中小企业从事科技成果转化活动,并按照国家有关规定取得相应报酬。(修订草案三次审议稿第三十七条第一款、第三款)

还有一个问题需要汇报。一些常委会组成人员和列席人员建议,进一步增加规定相应的法律责任,或者对法律责任作专章规定。法律委员会经研究认为,法律责任是否独立成章的问题,在修订草案起草阶段已经由有关方面进行过反复论证。考虑到本法主要涉及多个部门和单位促进中小企业健康发展的工作,侧重规定对中小企业的鼓励、支持、服务和保障措施,基本不涉及对中小企业的行政管理,建议维持二次审议稿的体例不变。同时,建议根据常委会组成人员的审议意见,在监督检查一章中进一步充实有关法律责任的内容。

此外,还对修订草案二次审议稿作了一些文字修改。

8 月 2 日,法制工作委员会召开会议,邀请部分全国人大代表、专家学者和中小微企业、公共服务平台、服务机构、金融机构、政府部门等方面的代表,就修订草案中主要制度规范的可行性、法律出台时机、法律实施的社会效果和可能出现的问题等进行评估。总的评价是:修订草案立足当前我国中小企业实际,针对中小企业面临的融资难等突出问题,在财税支持、融资促进、创业扶持、市场开拓、权益保护等方面增加规定了不少具体措施,将实践中行之有效的政策和做法上升为法律规定,积极回应了中小企业诉求和呼声,让中小企业有获得感,有利于促进中小企业健康发展。修订草案较好地吸收了各方面的意见和建议,具有较强的针对性和可行性,已经比较成熟,现在出台是必要的、适时的,建议尽快审议通过。参会人员还对修订草案提出了一些具体修改意见,法律委员会进行了认真研究,对有的意见予以采纳。

修订草案三次审议稿已按上述意见作了修改,法律委员会建议提请本次常委会会议审议通过。

修订草案三次审议稿和以上报告是否妥当,请审议。

全国人民代表大会法律委员会

2017 年 8 月 28 日

全国人民代表大会法律委员会关于《中华人民共和国中小企业促进法（修订草案三次审议稿）》修改意见的报告

全国人民代表大会常务委员会：

本次常委会会议于8月28日下午对中小企业促进法（修订草案三次审议稿）进行了分组审议，普遍认为，修订草案已经比较成熟，建议进一步修改后，提请本次会议通过。同时，有些常委会组成人员还提出了一些修改意见。法律委员会于8月30日上午召开会议，逐条研究了常委会组成人员的审议意见，对修订草案进行了审议。财政经济委员会、国务院法制办公室、工业和信息化部的负责同志列席了会议。法律委员会认为，修订草案是可行的，同时，提出以下修改意见：

一、有些常委委员建议，对缓征企业所得税、增值税和减免行政事业性收费等税费优惠措施作出规定。法律委员会经研究，建议规定“对符合条件的小型微型企业按照规定实行缓征、减征、免征企业所得税、增值税等措施”、“国家对小型微型企业行政事业性收费实行减免等优惠政策”。（修订草案建议表决稿第十一条、第十二条）

二、有些常委委员提出，应收账款不属于动产，不宜纳入动产担保融资范畴，修订草案的有关表述与物权法的规定不一致，建议作进一步研究；有的常委委员建议增加知识产权等作为中小企业担保融资的担保品。法律委员会经研究，建议将修订草案三次审议稿第十九条修改为“国家完善担保融资制度，支持金融机构为中小企业提供以应收账款、知识产权、存货、机器设备等为担保品的担保融资。”（修订草案建议表决稿第十九条）

三、有的常委会组成人员提出，国家应当鼓励科研机构、高等学校和大型企业积极创造条件，向中小企业开放试验设施。法律委员会经研究，建议规定“国家鼓励科研机构、高等学校和大型企业等创造条件向中小企业开放试验设施”。（修订草案建议表决稿第三十七条第二款）

四、一些常委会组成人员和列席会议的人员建议，要鼓励科研机构、高等学校的科技人员到中小企业从事产学研合作，参与相关权益分配。法律委员会经研究，建议规定“国家鼓励科研机构、高等学校支持本单位的科技人员以兼职、挂职、参与项目合作等形式到中小企业从事产学研合作和科技成果转化活动，并按照国家有关规定取得相应报酬。”（修订草案建议表决稿第三十七条第三款）

此外，根据常委会组成人员的审议意见，还对修订草案三次审议稿作了个别文字修改。

修订草案建议表决稿已按上述意见作了修改，法律委员会建议本次常委会会议通过。

修订草案建议表决稿和以上报告是否妥当，请审议。

全国人民代表大会法律委员会

2017 年 9 月 1 日

附录四:相关立法资料

十二届全国人大常委会第二十四次会议审议中小企业促进法修订草案的意见

2016年11月3日下午,十二届全国人大常委会第二十四次会议对中小企业促进法(修订草案)(以下简称草案)进行了初次审议。现将主要意见简报如下:

一、总的意见

常委会组成人员普遍认为,促进中小企业发展对吸收就业、促进创新、发展经济、改善民生具有重要意义。为适应经济社会发展的新形势,进一步改善中小企业经营环境,促进中小企业持续健康发展,对中小企业促进法进行修订是必要的。

一些常委委员提出,草案根据近年来国家出台的扶持政策,完善相关法律规定,提高了针对性和可操作性。也有一些常委会组成人员提出,草案中鼓励性的表述较多,难以落到实处,需要进一步充实具体的支持措施,增强法律的有效性和可操作性。

二、关于本法的名称、宗旨和适用范围

1. 一些常委委员和列席的同志提出,本法应重点扶持小型微型企业,建议将本法的名称改为“小微企业促进法”或者“中小微企业促进法”。

一些常委委员提出，在具体扶持政策上应当向小微企业倾斜，加大对小微企业的支持力度。有的委员提出，中小微企业应同等享受有关优惠促进政策，建议对草案说明中有关向小微企业倾斜的表述再作研究。有的委员提出，草案第十条第二款“中小企业发展专项资金向小型微型企业倾斜”的要求会对中型企业造成不公平，建议删去；草案第十四条、第十五条不仅要规定采取措施改善小型微型企业融资环境，还要改善中型企业融资环境。

2. 有的委员建议在草案第一条立法宗旨的规定中增加“保护中小企业合法权益”；有的委员建议增加“促进中小企业健康发展”，并可删去“扩大城乡就业”。有的委员建议将本条简化修改为“为了发挥中小企业在国民经济和社会发展中的重要作用，制定本法”。

3. 草案第二条对国务院中小企业促进工作综合协调部门牵头制定中型企业、小型企业和微型企业的划分标准作了规定。一些常委委员建议在本法中明确三类企业的划分标准。有的委员建议尽快制定并公布划分标准。有的委员建议，将其中的“人员规模、经营规模”改为“从业人员、营业收入、资产总额”。有的委员建议增加规定，初创期小微企业根据职工人数、注册资本（出资额）等指标，结合行业特点认定。

一些委员建议明确将个体工商户纳入本法调整范围。有的代表建议将乡镇企业纳入本法调整范围。

三、关于中小企业促进工作机制

有的委员建议，在草案第五条第一款关于国务院职责的规定中增加制定发展规划的内容。有的委员提出，应加强对小微企业的政策宣传,建议在部门职责中增加“宣传”的内容。

有的委员提出,草案规定的中小微企业管理体制不明确。有的委员建议明确“国务院中小企业促进工作综合协调部门”是哪个部门。有的委员提出,工信部中小企业局难以协调中小企业发展工作,建议成立跨部门的协调机构。有的代表建议,成立国务院直属的经济综合部门对中小企业进行综合管理和协调。有的列席人员建议,从中央到地方设立单独的中小企业工作机构;有的代表建议成立专门的主管部门;有的委员建议,成立中小微企业服务局,为中小微企业提供服务和咨询。

四、关于财税支持

1. 草案第十条第一款规定,中小企业发展专项资金通过无偿资助、购买公共服务等方式,重点用于改善中小企业发展环境,促进中小企业公共服务体系和服务平台建设等方面。一些常委会组成人员提出,对于选择哪些企业提供无偿资助标准难以判断,容易产生腐败行为,建议删去“无偿资助”。有的委员建议,在“无偿资助”后增加“提供差别化信贷”,提高中小企业融资能力。有的代表建议,在资金重点用途中增加“促进中小企业技术攻关”。

2. 草案第十一条规定,国家设立中小企业发展基金,引导和带动社会资金,主要用于种子期、初创期成长型中小企业,促进创业创新。有的委员提出,中型企业一般没有初创期和种子期,建议将“中小型企业”改为“小型微型企业”。有的委员建议将“主要用于种子期、初创期成长型中小企业,促进创业创新”改为“向种子期、初创期、成长型中小企业实施政策倾斜”。有的委员建议,增加规定“基金管理办法由国务院另行制定”。一些委员建议,加强监督机制建设,监督中小企业合理使用基金。

3. 一些常委委员建议针对中小企业简明税制,降低税率,清理不合理的收费,规范税收征管行为,加大财税支持。有的委员建议,将国家对“三农”的减免税政策增加到草案中。

有的委员提出,目前货币超发较多,但资金并没有流向中小企业,建议利用超发货币创立中小企业扶持基金,由国家发改委统筹。

有的委员建议将草案第十二条关于税收的有关规定纳入草案第九条。有的委员建议在草案第十二条中增加“简化税种”和“改进征管手段”。有的委员建议增加规定:制定小型微型企业种子期、初创期免税减税政策。

一些委员建议适当降低中小企业五险一金的费率。

五、关于融资促进

1. 一些常委会组成人员和列席同志建议,进一步完善相关金融支持措施,解决中小企业融资难、融资贵问题。

2. 草案第十四条、第十五条中规定,中国人民银行、国务院银行业监督管理机构应采取措施鼓励和引导加大对小型微型企业的信贷支持,鼓励和引导金融机构增加小型微型企业融资规模和比重。有的委员建议将“鼓励和引导”中的“鼓励”删去。有的委员建议将“增加小型微型企业融资规模和比重”修改为“确定小型微型企业融资占比额度”。有的委员建议对向小微企业贷款的银行给予税收优惠。

3. 草案第十七条规定,国家鼓励各类金融机构提供适合中小企业的金融产品和服务,鼓励银行业金融机构设立小型微型企业金融服务专营机构。一些常委委员建议增加有针对性的具体措施。有的列席人员建议成立专门的中小企业银行。有的委员建议积极利用政策性银行、政策性基金扶持中小企业发展。有的委员建议规定县域的小型银行要为本地的中小企业服务。

4. 草案第十八条规定,国家推动中小银行、非存款类放贷机构和互联网金融发展,鼓励和引导银行业金融机构向县域和乡镇等小型微型企业金融服务薄弱地区延伸网点和业务。有的代表建议增加规定,国家鼓励银行业金融机构提供互联网金融服务,将服务延伸至传统银行覆盖不足的县乡及偏远地区。有的委员建议增加规定,国家鼓励银行业金融机构向健康运营的非存款类放贷机构贷款。有的列席人员建议规定专门的中小企业贷款利率;有的委员建议明确规定中小企业的贷款利率不得高于大企业。

5. 草案第十九条对促进中小企业直接融资作了规定。一些常委委员提出,要为拓宽中小企业直接融资途径给予政策支持。有的委员建议增加规定,中小企业从资本市场融资应用于生产经营投入和发展。有的委员建议增加支持场外资本市场对中小企业服务的内容。有的委员建议规定新三板要更多惠及小微企业。

6. 草案第二十条、第二十一条对中小企业担保融资作了规定。有的委员建议增加规定,支持金融机构为中小企业提供订单质押等新型融资担保服务。有的代表建议增加规定,国家鼓励融资租赁业的发展,拓宽中小微企业设备投资和技术更新的融资渠道。有的委员提出,草案第二十一条对应收账款付款方的列举不准确,建议不再列举;有的代表建议在这一条中增加保证质权人合法权益的规定。

7. 草案第二十二条规定,县级以上人民政府应当建立中小企业政策性信用担保制度,鼓励各类担保机构为中小企业提供信用担保。有的委员提出,除政策性信用担保制度外,政府还应当建立和完善中小企业信用再担保制度和信用担保补贴、补偿制度。有的代表建议增加规定,政府应当建立政策性信用担保机构,监管机构和银行不得设立歧视性条款,不得限制民营资本进入信用担保市场。有的委员建议增加对被担保企业的信用评级、风险控制、政府监管等方面规定。

8. 草案第二十四条规定,国家鼓励征信机构发展针对中小企业融资的征信产品和服务,鼓励发展中小企业第三方评级服务。有的委员建议增加"鼓励发展中小企业第三方征信服务"的规定。有的委员提出,国家的征信体系已比较完善,没有必要规定单独为中小企业建立信用体系。

六、关于创业扶持

1. 草案第二十五条对地方政府及相关部门为创业人员免费提供工商、财税、金融等方面的法律政策咨询和公共信息服务作了规定。有的委员建议在咨询和服务项目中增加"职业卫生、环境保护"。有的委员建议增加具体规定,增强可操作性。

2. 草案第二十六条规定,对失业人员、残疾人员创办中小企业,地方政府应当积极扶持,提供便利,加强指导;有关部门应当引导高等学校毕业生到中小企业就业。有的委员建议增加税收优惠等具体规定。一些常委会组成人员提出,对创办中小企业的人员都应积极扶持,不应限于失业人员、残疾人员。有的委员建议,在"失业人员、残疾人员"后增加"返乡青年、复员军人";有的委员建议增加"高等院校学生"。有的委员建议,将上述规定中的"加强指导"改为"加强引导";将"高等学校毕业生"改为"学校应届毕业生"。有的委员建议将"引导高等学校毕业生"中的"引导"改为"鼓励"。

3. 有的委员建议将草案第二十七条中的"实现小型微型企业行政许可便捷"改为"为小型微型企业依法取得行政许可提供便利";对第二十八条规定的小微企业创业基地要避免重复建设。有的代表建议,在草案第二十九条中增加"国家鼓励产业园区为中小企业提供公益服务"的规定。有的委员建议对中小企业用地给予优先安排。

七、关于创新支持

1. 一些常委委员提出,要进一步重视中小企业技术创新,从税收、融资等方面给予优惠,促进中小企业技术进步和转型升级。

2. 草案第三十一条第二款规定,小型微型企业用于研发和生产经营的设备可依法缩短折旧年限或采取加速折旧方法。有的委员建议明确在纳税时可采取加速折旧方法。有的委员提出,企业的生产经营设备不一定是用于创新,不应在第五章规定。

3. 草案第三十四条对支持中小企业加强知识产权保护作了规定。有的委员提出,要鼓励中小企业实施标准品牌,提高知识产权意识并加大对中小企业的知识产权保护力度。有的委员建议增加减轻小微企业申请和维护知识产权的费用的规定。

4. 有的委员提出,草案第三十二条规定鼓励互联网、大数据、云计算等现代技术手段的应用,建议不作列举,改为"国家鼓励各类现代技术手段"的应用。

5. 有的委员建议增加中小企业技术职称评定的相关政策规定。

八、关于市场开拓

1. 草案第三十八条对支持大中型企业与小微企业建立原材料供应、生产销售等方面的协作关系作了规定。有的代表建议，增加鼓励和支持大型企业带动和帮助中小微企业发展的规定；有的列席人员提出，超大型企业集团应将一些配套产品转移给中小企业生产。有的委员提出，应从创新链的角度对大企业、小企业的融合作出规定，而不是只提及在供应链、生产要素链上怎么融合。有的委员建议，增加规定鼓励大型企业和中小企业开展股份合作，发展混合所有制。

2. 草案第三十九条第一款、第二款规定，政府采购应当优先安排向中小企业购买商品或服务，并规定了政府采购向中小企业预留的份额。一些常委委员提出，上述规定违背市场公平竞争原则，客观上难以实施。有的委员建议删去本条；一些常委委员建议不规定具体份额。有的委员建议规定，“在质量和价格相同的情况下”，优先向中小企业采购。一些常委委员认为，上述规定很有针对性和可操作性，建议保留。有的委员建议，在政府采购法中也要增加相应规定，加强落实。有的委员提出，政府采购部门在组织招投标时，应当对参与投标的企业进行认定和核查，确保上述规定能得到落实。有的委员提出，第二款中“中小企业无法提供的商品和服务除外”的规定可能会使执行效果受到影响。

草案第三十九条第三款规定，政府采购不得在企业股权结构、经营年限、经营规模和财务指标等方面对中小企业实行差别待遇或者歧视待遇。有的委员建议将上述规定中的“差别待遇”删去。

九、关于社会服务

1. 有的代表提出，应强调政府为中小企业提供的公共服务，建议将第七章章名“社会服务”改为“公共服务”。有的代表建议在草案第四十三条中增加规定，将中小企业公共服务机构经费支出列入政府预算。有的委员提出，草案第四十四条、第四十五条、第四十六条的内容都是关于向中小企业提供各种公共服务的规定，建议予以整合。有的委员建议在草案第四十五条中明确政府有关部门应当“免费公开”各项行政许可事项申请条件、申请程序、申报材料等信息。有的委员提出，草案第四十六条第一款关于政府网站应汇集、提供涉及中小企业的法律规范的规定缺少可行性，建议采用市场化方式，确保专业性。

2. 草案第四十四条对国家鼓励社会服务机构为中小企业提供创业辅导、管理咨询、法律咨询等服务作了规定。有的委员建议在服务项目中增加“人员培训”；有的委员建议将“管理咨询”改为“管理培训”；有的委员建议将“法律咨询”移至“管理咨询”之前。

3. 草案第四十七条第二款规定，国家支持高等学校、职业教育院校和技能培训等各类培训机构与中小企业合作共建实习实践基地，支持职业教育院校教师和中小企业技术人才双向交流。有的委员认为，上述规定难以落实，应明确政府、学校、企业的法律责任。有的委员建议在“职业教育院校”前增加“大学院校、科研院所”。有的列席人员建议将“高等学校、职业教育院校和技能培训等各类培训机构”修改为“高等学校、中等职业学校等教育和培训机构”。

4. 有的委员提出，草案第四十八条关于中小企业行业协会、商会的规定不清楚，现实中并没有中小企业行业协会，建议依据现行法的有关规定再作研究。

十、关于权益保护

1. 有的委员提出，草案第三条中实现各类企业“权利平等、机会平等、规则平等”与“对中小企业特别是小型微型企业实行积极扶持”的表述矛盾，建议再作考虑。有的委员建议将“实现”改为“保障”。

2. 草案第七条第一款规定，各级人民政府应当规范行政许可事项，依法开展管理工作，取消没有法律、法规依据的检查、评比等行政行为。有的代表建议将其中的“依法开展管理工作”删去，并将“取消”改为“不得开展”。有的委员建议将“取消”改为“严禁”。有的委员建议删去“取消没有法律、法规依据的检查、评比等行政行为”一句。

3. 有的委员提出，草案第八章权益保护的内容对所有企业都适用，没有针对性。

4. 草案第五十三条规定，政府部门和大型企业不得违约拖欠中小企业款项，并规定中小企业维权服务机构可以组织调查和调解，也可协助中小企业通过诉讼维护合法权益。有的委员建议进一步细化上述规定，并对拖欠行为增加处罚手段。有的委员建议将“不得违约拖欠”中的“违约”删去；有的代表建议改为“不得利用行政权力和市场垄断地位拖欠”。有的委员提出，社团、学校等也可能拖欠。有的委员建议在“诉讼”后增加“仲裁”。马志武委员建议将“可以协助”改为“应当协助”。

5. 草案第五十一条对受理、处理中小企业的投诉、举报作了规定。有的委员建议明确规定统一的调查处理时限。

6. 一些常委会组成人员建议，加强反垄断审查，创造平等竞争的市场环境，保护中小企业的合法权益；有的委员建议，增加营造公平市场环境的条款，通过改善整体环境增强中小企业活力。

十一、关于监督检查

1. 草案第五十七条规定，各级人民政府及有关部门应当将中小企业对其工作的评价列入年度考核范围。有的委员建议具体规定执行方式、评价方式等。有的委员建议，明确要求各级人民政府和有关部门应当建立落实本法的权力和责任清单，根据清单进行工作考核。有的代表建议增加规定，定期对国家出台的相关政策落实情况进行专项督查。

2. 有的委员建议在草案第五十九条中增加规定，科学编制我国中小企业发展环境指数。

3. 草案第六十条第二款规定，县级人民政府应定期向同级人大常委会报告中小企业促进工作情况和中小企业发展情况。有的委员提出，上述规定有无必要，建议进一步研究。

4. 有的委员建议，将草案第五十六条关于监督检查的规定纳入到第九章监督检查中。

十二、其他意见和建议

1. 有的委员建议，在草案第四条规定的中小企业应遵守的法律法规中增加“服务”法律法规；有的委员建议增加“财务会计”法律法规。有的委员建议加强中小企业内部管理，提升企业自我发展能力。有的委员建议增加“中小企业应当努力为国家经济社会发展做出贡献”。

2. 草案第六条规定，国家统计部门应当建立健全中小企业调查统计制度。有的列席人员建议，国家统计局建立全国统一的小微企业统计指标；有的委员建议，建立专门的小微企业统计口径。

3. 一些常委委员建议增加法律责任一章。有的委员建议，对乱收费、乱罚款、乱摊派的行为增加处罚措施和问责规定。有的委员建议，在草案第六十条中增加承担赔偿责任和刑事责任的规定。

4. 有的委员建议修改破产法，完善中小企业退出机制；有的代表建议修改劳动法，降低中小企业用工成本。

5. 有的列席人员建议，将小微企业发展纳入丝绸之路经济带总体规划，发挥其积极作用。

十二届全国人大常委会第二十八次会议审议中小企业促进法修订草案二次审议稿的主要意见

2017 年 6 月 27 日上午,十二届全国人大常委会第二十八次会议对中小企业促进法(修订草案二次审议稿)(以下简称二审稿)进行了分组审议。现将主要意见简报如下:

一、总的意见

常委会组成人员普遍认为,二审稿在财税支持、融资促进、创业扶持、监督检查等方面增加规定不少具体措施,进一步增强了本法的可操作性,对二审稿的修改内容表示赞成;希望进一步修改完善后,尽快提请常委会会议审议通过。

一些常委委员和列席代表提出,二审稿"鼓励"、"根据实际情况"等表述还是比较多,建议进一步细化有关规定,明确具体要求,增强法律的可执行性。

有些常委委员提出,本法的具体落实涉及公司、证券、金融、劳动、社保等方面的法律,要做好本法与这些法律之间的衔接,需要修改其他法律的,及时统筹作出修改;要与有关方面做好沟通,督促相关配套规定和实施细则在修订草案通过后及时出台,确保本法的有效落实。

二、关于总则

1. 二审稿第一条规定，为了改善中小企业经营环境，保障中小企业公平参与市场竞争，推动中小企业创业创新，促进中小企业健康发展，扩大城乡就业，发挥中小企业在国民经济和社会发展中的重要作用，制定本法。

有的常委会组成人员提出，本法对权益保护作了专章规定，建议在立法目的中增加规定保护中小企业合法权益的内容。有的委员提出，仅规定扩大城乡就业和发挥中小企业在国民经济和社会发展中的重要作用还不够，要在立法目的中进一步强调中小企业的重要性。有的委员建议将本条修改为“为促进中小企业健康发展，发挥中小企业在国民经济和社会发展中的重要作用，制定本法”。有的委员建议将“公平”修改为“平等、公平”。

2. 二审稿第二条第二款规定，中型企业、小型企业和微型企业划分标准由国务院负责中小企业促进工作综合管理的部门会同国务院有关部门，根据企业从业人员、营业收入、资产总额等指标，结合行业特点制定，报国务院批准。

有的委员提出，指标列举过于具体，不利于划分标准的制定，建议删去“根据企业从业人员、营业收入、资产总额等指标”。有的列席人员提出，国务院有关部门各自出台中小企业划分标准，存在标准不统一的情况，建议修改为“国家建立统一的中型企业、小型企业和微型企业划分标准，具体标准由国务院负责中小企业促进工作综合管理的部门会同国务院有关部门制定，报国务院批准”。有的代表建议，中小企业的划分标准不宜“一刀切”，要考虑不同地区的经济状况、发展水平等因素，进行差异化划分。有的委员建议参照日本中小企业基本法的做法，在本法中对中小企业标准作出明确具体的规定。有的委员建议明确个体工商户属于微型企业。

3. 二审稿第三条规定，国家将促进中小企业发展作为长期发展战略，实现各类企业权利平等、机会平等、规则平等。有的委员提出，要根据中小微企业不同发展阶段的特点，规定不同的促进措施，体现政策支持的精准性和有效性。有的委员建议删去“实现各类企业权利平等、机会平等、规则平等”。

4. 二审稿第五条对中小企业管理体制作出规定。有的委员提出，主管部门一定要明确、具体，专职专责。有的委员建议明确设立中小企业管理和发展的主导机构，明确有关部门和地方政府的职责任务分工。有的委员建议借鉴有的国家设立专门独立机构的做法，提高中小企业促进工作管理机构的规格，进一步强化该机构的职能和定位。有的委员提出，也可以把中小企业管理机构设在综合管理部门，以更好发挥作用。有的委员建议规定，地方政府“应当”明确相应的管理部门，同时增加规定管理部门服务中小企业的职能。有的代表建议增加规定工商联等单位的职能，或者成立类似香港贸易发展局的机构，为中小企业提供公共服务。有的委员提出，还是“综合协调部门”的表述比较好。有的委员建议授权国务院对管理机构及其职责作出具体规定。

三、关于财税支持

1. 二审稿第九条规定，中小企业发展专项资金通过资助、购买服务、奖励等方式，重点用于支持中小企业公共服务体系和融资服务体系建设，改善中小企业发展环境。

有的委员建议将“资助、购买服务、奖励”修改为“融资担保、公益服务和奖励”。有的委员建议将“公共服务体系和融资服务体系建设”修改为“小型微型企业创业基地等发展载体建设和中小企业公共服务体系建设”。有的委员提出，“改善中小企业发展环境”的表述过于笼统，建议删去。

一些常委委员提出，在法律中规定财政资金性质的专项资金和发展基金，以及对中小企业的“资助”等内容，可能会引发国外对我国是否具备市场经济地位的质疑，建议进一步研究。有的委员建议规定，以财政或者其他方式筹集的中小企业创新基金主要用于产品研究与开发，以避免国外质疑。

2. 二审稿第十条规定，国家中小企业发展基金主要用于引导和带动社会资金支持初创期中小企业。县级以上地方各级人民政府可以根据实际情况设立中小企业发展基金。

有的委员建议将“初创期”修改为“种子期初创期”。有的委员提出，基金的设立权还是放在国务院一级为好，如果下放也应由地方性法规作出规定，不宜下放到县一级。有的委员建议建立规范中小企业发展的专项扶持基金，帮助中小企业走向国际市场。

3. 二审稿第十一条规定，国家实行有利于小型微型企业发展的税收政策，对符合条件的小型微型企业按照规定实行减征、免征企业所得税、增值税等措施，简化税收征管程序，减轻小型微型企业税收负担。

有的委员建议规定，对中小微企业特别是微型企业未分配利润转增注册资本金给予税收优惠。有的委员提出，有的研究统计，我国中小企业的平均寿命是 8 到 10 年，建议规定对新设立的高科技企业免税 8 年，对成功度过这一阶段的企业才进行征税。有的委员建议删去“按照规定”，或者修改为“按照国家规定”。有的委员和代表建议规定，税收优惠的具体措施由国务院作出规定。有的列席人员提出，规定税收减免要慎重，税收优惠问题尽量要在税收专门法律中规定，建议本法规定得原则些。

4. 二审稿第十二条规定，国家对小型微型企业行政事业性收费实行优惠政策。有的委员建议，进一步规定具有可操作性的具体收费优惠措施。有的代表建议增加规定，由国务院制定优惠方案，各省、自治区、直辖市人民政府具体实施。有的委员建议增加规定，除个别项目外，国家免除对微型企业的行政事业性收费。

5. 有的代表提出，目前小微企业"五险一金"缴费负担过重，人工成本高，建议参考国务院授权地方根据情况自行调整、适当降低缴费比例的有关文件和实际做法，采取分级分档、逐年提升等措施，增加规定小微企业"五险一金"缴费方面的优惠政策。

四、关于融资促进

1. 有的委员提出，金融业不是开放的行业，取得牌照的金融机构有义务、有责任对中小企业和实体经济进行支持，建议对金融机构服务中小企业的规定减少"鼓励性"表述，增加引导性和约束性规定。

有的委员建议在拓宽中小企业融资渠道、促进中小企业直接融资方面作出进一步的规定。有的委员建议明确民间借贷的合法地位，引导民间借贷走向规范化、阳光化、法治化。

有的委员提出，政府要设立风险补偿基金和转贷基金，加大融资担保的财政投入。有的代表建议增加规定，中小企业银行贷款到期后，如果应还利息已还清的，银行应继续延长贷款期限，企业不必先还清到期贷款再重新贷款。

2. 二审稿第十五条规定，国务院银行业监督管理机构对金融机构开展小型微型企业金融服务应当制定差异化监管政策，采取合理提高小型微型企业不良贷款容忍度等措施，鼓励和引导金融机构增加小型微型企业融资规模和比重，提高金融服务水平。

有的委员建议将"增加小型微型企业融资规模和比重"修改为"对小型、微型企业扩大融资规模，增加融资比重"，有的委员建议修改为"引导金融机构确定小型微型企业融资占比额度"。有的列席人员建议删去"国务院银行业监督管理机构"，在"差异化监管政策”后增加“税收政策”，在“合理提高小型微型企业不良贷款容忍度”后增加规定“减免小型微型企业金融业务税负”。有的委员建议规定，银行业金融机构应当按照银行业监督管理机构的规定，增加小型微型企业融资规模和比重。有的委员提出，银行贷款损失涉及股东权益，对不良贷款的容忍度以及如何核销应由股东确定，不宜在法律中作出规定。

3. 有的委员建议将第十六条第一款修改为“国家通过贴息、风险补偿等措施鼓励各类金融机构提供适合中小企业特点的金融产品和服务”。有的委员提出，传统的金融产品和服务不一定适合中小企业的特点，建议“提供”修改为“开发和提供”。

二审稿第十六条第三款规定，国有大型商业银行应当设立专营机构，为小型微型企业提供金融服务。有的委员提出，目前的大型商业银行都已成为股份制上市公司，其内部机构设置属于企业的自主权，不宜在法律上对商业银行的机构设置作出规定；或者将银行的机构建设归入普惠金融体系建设范畴，在第十七条中予以体现。

4. 二审稿第十七条规定，国家推进普惠金融体系建设，推动中小银行、非存款类放贷机构和互联网金融有序健康发展，鼓励和引导银行业金融机构向县域和乡镇等小型微型企业金融服务薄弱地区延伸网点和业务。

有的委员建议修改为国家“推动各类银行、非存款类金融机构和互联网金融有序健康发展”。有的委员提出，为防止出现小银行刚成立就到大城市开展业务、投资大项目和房地产，不为小微企业服务的情况，建议明确规定中小银行应当为所在地的小微企业提供服务。

5. 二审稿第二十一条规定，县级以上人民政府应当建立中小企业政策性信用担保体系，鼓励各类社会担保机构为中小企业提供信用担保。

有的委员建议对再担保机制作出规定，促进担保机构健康发展，为中小企业提供可持续的信用担保。有的委员建议增加规定，“省级以上人民政府应当建立和完善政策性再担保体系”。有的代表建议增加中小企业申请信用担保的义务，规定中小企业在申请信用担保时，要具备资产抵押等相应的担保能力。

6. 其他意见

（1）有的列席人员提出，货币政策工具的运用以中国人民银行为主，但也涉及其他部门，建议删去二审稿第十四条中的“中国人民银行”。

（2）有的委员建议在二审稿第十九条中增加规定知识产权等方面的担保融资。

（3）有的委员建议在二审稿第二十三条中增加规定，国家推动中小企业评级标准体系建设，建立有资质的第三方评级机构库。

五、关于创业扶持

1. 有的委员提出，要在技术支持、人才供应、职业及管理能力培训、权益保护等影响小微企业生存与发展的关键领域实行差异化政策，集中资源，加大力度对创办小微企业予以扶持。

2. 二审稿第二十五条规定，高等学校毕业生、退役军人、失业人员、残疾人员等创办小型微型企业的，按照国家规定享受税收优惠和收费减免。县级以上人民政府有关部门应当采取措施，拓宽渠道，引导高等学校毕业生到中小企业就业。

有的常委会组成人员提出，高等学校毕业生的就业能力较强，与退役军人、失业人员、残疾人员等人员有所不同，不宜并列规定享受相关优惠。有的常委会组成人员建议增加规定返乡创业人员、进城农民工、小微企业脱贫户等群体创业也能享受上述税费优惠。有的委员建议增加规定政府对人员安置提供补贴等具体措施,解决好小微企业引进人才难的问题。

3. 二审稿第二十六条规定,国家鼓励社会资金参与投资中小企业。有的委员建议修改为"国家鼓励各种创业投资机构和个人投资者投资初创期科技创新企业"。有的委员建议增加鼓励天使投资、风险投资对中小企业投资的规定,解决创业创新"最先一公里"的问题。

4. 二审稿第二十七条规定,国家改善企业创业环境,优化审批流程,实现中小企业行政许可便捷,降低中小企业设立制度成本。有的委员建议修改为"国家改善企业创业环境,简化企业设立的商事制度和审批流程,降低中小企业设立成本"。

5. 二审稿第二十八条规定,国家鼓励建设小型微型企业创业基地,为小型微型企业提供生产经营场地和服务。

有的委员提出,除了创业基地外,还有楼宇产业园、创业孵化基地等多种形式,建议将"企业创业基地"修改为"企业创业基地等中小企业发展载体"。有的代表建议增加规定,县级以上人民政府建立中小企业发展委员会,由该委员会落实国家相关政策,为小微企业提供免费咨询、扶持和服务。有的委员建议规定,国家通过税收、土地等方面的优惠措施,支持建立科技型中小企业科技创新和综合服务平台,推动科技型中小企业集群发展。

6. 二审稿第二十九条第一款规定,地方各级人民政府应当根据中小企业发展的需要,在城乡规划中安排必要的用地和设施,并积极创造条件,为中小企业获得生产经营场所提供便利。有的委员建议修改为"在土地利用规划和城乡建设规划中安排必要的用地,用于建设小型微型企业创业基地等中小企业发展载体,为中小企业提供生产经营场所"。

7. 二审稿第二十九条第二款规定,国家支持利用闲置商业用房、工业厂房、企业库房和物流设施等，为创业者提供低成本办公场所。

一些常委会组成人员和列席代表建议将“办公场所”修改为“生产经营场所”或“经营场所”。有的委员建议规定中小企业可以居民住宅作为法人住所地，到工商等部门注册登记。有的委员提出，本条第一款已规定政府为中小企业获得生产经营场所提供便利，目前商业用房等闲置的状况将来也可能发生变化，建议删去本款规定。

六、关于创新支持

1. 二审稿第三十三条规定，国家鼓励中小企业在研发设计、生产制造、运营管理等环节应用互联网、云计算、大数据等现代技术手段，创新生产方式，提高生产经营效率。有的委员建议在“大数据”后增加“物联网、人工智能”。

2. 二审稿第三十四条第二款规定，国家推动军民融合深度发展，鼓励和支持中小企业参与国防科研和生产活动。有的代表提出，“国家推动军民融合深度发展”已在中央文件中提出要求，可不再法律中作出规定，建议规定中小企业、民营企业参与国防科研和生产活动的，与军工企业同等享受税收等优惠政策。

3. 有的委员建议，删去二审稿三十六条第二款、三十七条中的“国家鼓励”，并规定各类创新服务机构、科研机构、高等学校和大型企业等“应当”为中小企业提供相关的支持和服务。

七、关于市场开拓

1. 二审稿第三十八条规定，国家完善市场体系，实行统一的市场准入制度和市场监管，反对垄断和不正当竞争，营造中小企业公平参与竞争的市场环境。有的委员建议将“市场监管”修改为“市场监管制度”，将“反对垄断和不正当竞争”修改为“反对垄断和不正当行为”。

2. 二审稿第三十九条规定，国家鼓励和支持大型企业与中小企业建立以市场配置资源为基础的、稳定的原材料供应、生产、销售、服务外包、技术开发和技术改造等方面的协作关系，带动和促进中小企业发展。有的委员提出，稳定的原材料供应、生产、销售、服务外包等规定难以落实，建议删去。有的委员建议进一步强化和完善大型企业带动中小企业发展的激励机制建设。

3. 二审稿第四十条第二款对政府采购向中小企业预留采购份额的具体比例作出规定。有的委员和代表建议在规定具体比例的同时，要坚持产品质量标准，对中小企业保证产品质量方面的义务作出规定。有的委员建议，进一步细化完善预留份额的具体适用范围、优先方式、支持措施、监督管理、保障制度、结果公开等内容。

八、关于服务措施

1. 二审稿第四十五条规定，县级以上人民政府负责中小企业促进工作综合管理的部门应当推动建立跨部门的互联网政策信息发布平台，及时汇集各类政府服务信息，为中小企业提供便捷服务。有的委员建议删除“推动”，将“互联网政策信息发布平台”修改为“政策信息互联网发布平台”，将“便捷”修改为“便捷无偿”。

2. 二审稿第四十六条规定，国家鼓励各类服务机构为中小企业提供创业培训与辅导、法律咨询等服务。有的委员建议按照国家统计标准中的产品分配目录，将服务项目修改为“信息、投融资、创业、人才与培训、技术创新与质量、管理咨询、市场开拓、法律等”。

3. 有的委员建议专章规定中小企业法律风险防控措施，对中小企业法律顾问制度、重大经营活动法律审查机制、企业合同管理制度以及法律培训等内容作出规定。

有的委员建议增加规定，县级以上人民政府以购买服务等方式为中小企业提供法律服务，促进中小企业规范发展，维护合法权益。

九、关于权益保护

1. 二审稿第五十二条第一款规定，任何单位不得违反法律、法规向中小企业收费和罚款。有的委员提出，收费和罚款是两种性质不同的行为，不宜并列作出规定，建议修改为“任何单位不得违反法律、法规向中小企业收取费用，不得实施没有法律、法规依据的罚款”。有的委员提出，本条关于不得违反法律、法规向中小企业收费的规定与第五十四条内容上有重复，建议予以调整。

2. 二审稿第五十二条第二款规定，县级以上地方各级人民政府有关部门或者有关行业组织应当公布联系方式，受理中小企业的投诉、举报，并在规定的时间内予以调查、处理。有的委员提出，本款规定适用于第八章全部内容，建议放到第五十条中作为第二款。

3. 二审稿第五十三条第一款规定，国家机关、事业单位和大型企业不得违约拖欠中小企业的货物、工程、服务款项。有的委员建议，适当引入信用管理或问责处罚等方式，进一步作出明确细化的规定。有的委员建议规定，对故意拖欠有关款项的，列入诚信“黑名单”。

4. 一些常委委员提出，权益保护一章的措施对所有企业都适用，没有特殊性，建议再斟酌，或删除有关规定。

十、其他意见和建议

1. 一些常委委员提出，本法在财税支持、融资促进等方面的措施要尽可能地聚焦小微企业,突出扶持政策的针对性和实效性。

2. 一些常委会组成人员和列席人员提出,在监督检查一章中规定对有关人员的责任处分还不够,建议进一步增加规定相应的法律责任,或者对法律责任作专章规定。

3. 有的委员建议在二审稿第四条“知识产权”后增加“财政税收”。

4. 有的列席人员建议将二审稿第七条中的“实现中小企业信用信息查询、交流和共享的社会化”修改为“实现中小企业信用信息共享”。

5. 有的委员提出,二审稿第八条中设立中小企业科目属于技术问题,没有必要在法律中作出规定。

6. 有的委员建议将二审稿第三十条的“网络平台”修改为“互联网平台”。

7. 有的委员建议恢复一审稿地方人民政府向同级人大常委会报告中小企业促进工作的有关规定。

地方和中央有关部门对中小企业促进法草案的意见

十二届全国人大常委会第二十四次会议对中小企业促进法(修订草案)(以下简称草案)进行了初次审议。会后,法制工作委员会将草案印发各省(区、市)和中央有关部门,部分研究机构、高等院校、企业和全国人大代表征求意见。现将主要意见简报如下:

一、总的意见

一些地方和部门提出,草案体现了全面深化改革的要求,回应了社会关切,具有较强的针对性和可操作性,对于中小企业持续健康发展,具有重要意义。

一些地方、部门提出草案倡导性、鼓励性规定过多,刚性不足,建议进一步具体化,增强可操作性。

二、关于本法的名称、宗旨和适用范围

1. 一些地方和部门提出,本法应重点扶持小型微型企业,建议将本法的名称改为小微企业促进法、中小微企业促进法或小企业法。

2. 有的地方建议,在草案第一条立法宗旨中增加规定,任何组织、个人不得因所有制不同而不公平对待中小企业。有的地方建

议增加“为了促进中小企业发展”。有的地方建议增加“提高中小企业投资者的创业创新动力”。有的地方建议,将本条中的“保障中小企业公平参与市场竞争”修改为“保障中小企业公平、自由参加市场竞争”;有的部门建议将“经营环境”改为“经营发展环境”。

3. 草案第二条对国务院中小企业促进工作综合协调部门牵头制定中小微企业的划分标准并报国务院批准作了规定。一些地方建议在本法中明确三类企业的划分标准。有的地方建议按照《中小企业划型标准规定》划分。有的地方建议,借鉴国外的立法经验,不区分小型和微型企业,并由国务院相关部门规定中小企业的划分标准。有的地方建议增加制定初创期小型、微型企业划分标准的规定。有的地方建议将第二款中的“销售额”改为“经营规模”。有的部门提出,划分标准应由国务院中小企业促进工作综合协调部门与统计部门共同牵头制定。

三、关于中小企业促进工作部门

1. 有的地方建议明确草案第五条第二款规定的“国务院中小企业促进工作综合协调部门”是哪个部门;有的地方建议明确其具体职责。有的地方建议将本款规定的国务院中小企业促进工作综合协调部门“牵头”组织实施中小企业政策中的“牵头”改为“负责”。

2. 一些地方和部门建议国务院成立专门的主管中小企业促进工作的部门。有的地方建议国务院设立直属机构作为主管部门。有的部门建议设立国家中小企业局或者明确由国家发改委负责。有的地方建议将“中小企业促进工作综合协调部门”改为“中小企业行政管理部门”;有的部门建议改为“中小企业综合管理部门”;有的地方建议改为“中小企业促进工作部门”。

有的部门提出,对是否有必要建立中小企业工作协调机制,建议再作研究。

3. 一些地方建议，明确县级以上地方人民政府设立中小企业工作部门或促进工作协调部门，负责本地区的中小企业促进工作。有的地方建议，统一各省市中小企业厅（局）的性质、级别建制等。有的地方建议增加规定，县级以上地方人民政府有关部门在各自职责范围内对本行政区域内的中小企业进行指导和服务。

四、关于财税支持

1. 有的地方建议将第二章财税支持和第三章融资促进顺序对调。一些地方建议，进一步充实财税支持的内容，细化措施，增加可操作性。

2. 草案第九条规定，中央财政在预算中设立中小企业科目，安排中小企业发展专项资金；县级以上地方人民政府根据实际情况在本级财政预算中安排中小企业发展专项资金。有的地方建议删除设立中小企业科目的规定。有的部门建议将“应当”设立中小企业科目改为“可以”设立。有的地方建议将“中小企业发展专项资金”改为“相关专项资金”；有的部门建议改为“相应专项资金”；有的地方建议改为“财政支持”；有的地方建议改为“发展专项引导资金”。一些地方和部门建议明确此项资金在本级预算中所占比例。一些地方建议将“根据实际情况”安排修改为“应当”安排。有的地方建议增加规定，有条件的乡镇政府也应当根据实际情况给予一定的财政支持。有的地方和部门建议增加规定，县级以上地方人民政府根据发展需要逐年适度增加预算。有的地方建议增加规定，专项资金使用情况纳入各级人大常委会监督范畴。

3. 草案第十条第一款规定，中小企业发展专项资金通过无偿资助、购买公共服务等方式，重点用于改善中小企业发展环境，促进中小企业公共服务体系和服务平台建设，推动创业创新，支持建立中小企业信用担保体系，改善融资环境。有的地方建议，将“无偿资助”修改为“以奖代补、引导融资、产业基金”，创新资金使用方式并注重绩效。有的地方建议在促进中小企业公共服务体系和服务平台建设后增加“运营管理”，在推动中小企业创新后增加“转型发展”。有的地方建议增加支持建立中小企业法律服务体系。有的地方建议将“改善融资环境”改为“降低融资成本”。有的部门建议将“信用担保体系”改为“融资担保体系”。有的部门提出，目前正逐步取消竞争性领域专项资金，中小企业融资担保体系主要通过市场化方式予以支持，建议删去“支持建立中小企业信用担保体系”的表述。有的地方建议增加规定，各类支持企业发展的专项资金，用于中小企业的比例不低于三分之一，其中用于小微企业的不低于用于中小企业的资金总额的三分之一。有的地方建议增加规定，中小企业发展专项资金不得用于对企业的投资和扶持具体项目。有的部门建议增加规定，提高中小企业专项资金申报、审批、投放、使用的透明度和效率。有的地方建议增加对中小企业专项资金进行审计监督的规定。有的部门建议，可将中小企业专项资金部分用于投资中小企业发展基金。

4. 草案第十一条规定，国家设立中小企业发展基金，引导和带动社会资金，主要用于种子期、初创期成长型中小企业，促进创业创新。有的地方建议，将“主要用于种子期、初创期成长型中小企业”修改为“主要用于扶持中小企业”。一些地方和部门建议明确“种子期”、“初创期”的含义。有的部门建议，国家设立中小企业发展母基金，县级以上地方人民政府设立中小企业发展基金。有的地方建议明确省级人民政府应当设立中小企业发展基金。有的地方建议增加规定，地方设立中小企业发展基金，以各地财政收入的百分比确定。有的部门建议增加规定，中小企业发展基金的使用和管理办法由国务院制定。

有的地方和部门建议，明确基金的来源、具体用途，重点支持领域及监管机关。一些地方和部门建议增加规定，基金扶持项目应当公开、透明，接受监督。有的部门建议明确发展基金实行商业化运作的原则，明确基金理事会的基本权责。有的部门建议增加规定，中小企业发展基金根据需要逐步扩大规模。有的地方建议增加规定，基金应适度向西部地区倾斜。有的部门建议增加规定，基金优先资助小型微型企业开展技术创新。

5. 草案第十二条规定，国家实行有利于小型微型企业发展的税收政策，简化征管程序，降低税收负担。一些地方建议进一步细化。有的地方建议将“小型微型企业”改为“中小企业”。有的地方提出，应由税收征收管理法对简化税收征管程序加以规范，建议删去简化税收征管程序的规定。有的部门提出，税收优惠政策应统一由专门税收法律规定，建议删去降低税收负担的规定。有的地方建议增加规定，设立不满三年的小微企业获得的财政性补贴和奖励资金，不计入应纳税所得额。

五、关于融资促进

1. 有的部门提出，融资促进一章涵盖了银行贷款、资本市场融资、保险服务、担保体系建设、征信服务等内容，建议将章名改为“金融服务”。有的地方建议，对融资促进措施进一步具体化，增强可操作性。有的地方建议将国家文件已经明确、地方实践中行之有效的措施吸收进草案。有的地方建议，对符合国家产业政策的中小企业，应对其融资实行财政贴息等政策。有的部门建议增加规定，对中小企业私募股权投资、创业投资等机构或基金实行税收优惠。

2. 有的部门建议在草案第十五条中增加加强信贷政策指导和效果评估的规定，同时删去本条中“增加小型微型企业融资规模和比重”的规定。有的地方建议明确规定金融机构对中小微企业提供信贷的具体比例。有的地方建议增加规定,出台小微企业信贷尽职免责管理办法。

3. 一些地方建议,在草案第十六条中增加国家设立专门的中小企业政策性金融机构的规定。有的部门建议,在草案第十七条中增加规定,国家鼓励各类融资服务机构为中小企业提供融资服务。

4. 草案第十八条规定,国家推动中小银行、非存款类放贷机构和互联网金融发展,鼓励和引导银行业金融机构向县域和乡镇等小型微型企业金融服务薄弱地区延伸网点和业务。有的地方建议将非存款类放贷机构扩大至小额贷款公司、租赁公司、商业保理公司、消费金融公司等非存款类金融服务机构。有的部门建议将“银行业金融机构”改为“各类金融机构”,涵盖证券公司等金融机构。有的部门提出,中小银行、非存款类放贷机构和互联网金融不能全面概括普惠金融的形式,建议删去“推动中小银行、非存款类放贷机构和互联网金融有序发展”的表述。有的地方建议,鼓励设立中小企业发展银行和针对中小企业的地方性金融机构。有的部门建议增加规定,支持社会资本发起设立服务中小企业的银行类金融机构。

5. 草案第十九条对促进中小企业直接融资作了规定。有的部门建议明确规定,鼓励中小企业根据不同发展阶段和需求,通过区域性股权市场、全国中小企业股份转让系统以及创业板、中小板和主板等不同层次的资本市场直接融资。有的地方建议增加规定,支持符合国家发展战略、有国家综合配套改革创新政策支持、制度体系健全、运营管理规范、规模较大的股权市场跨区域开展业务。有的地方建议增加规定,国务院证券业监督管理机构应当制定支持中小企业上市、挂牌的差异化监管政策。

6. 草案第二十条、第二十一条对中小企业担保融资作了规定。有的地方提出,除动产担保外,还存在不动产抵押等担保方式,建议删去草案第二十条相关规定中的“动产”。有的地方建议明确将知识产权、金融资产作为主要担保品。有的地方建议增加商标专用权作为担保品。有的部门建议增加无形资产特别是知识产权质押的规定。有的地方建议将“担保品”改为“担保物”。有的部门建议增加规定,国家鼓励担保品管理机构提供适合动产担保融资特点的产品和服务。有的部门提出,动产担保融资应当在担保法等一般性法律中规定,建议删去有关“动产融资登记互联网公示系统”和“动产融资服务平台”的规定。有的部门建议,明确上述公示系统与人民银行现行登记系统的关系,并区分不同类型的抵押、质押财产,明确登记的效力。

有的地方提出,应收账款具有不确定性,以应收账款申请动产担保融资可能会增加不良信贷风险。有的地方建议草案第二十一条不对应收账款付款方进行列举。有的部门建议删去付款方中的“各级政府采购人”。有的地方提出,要求付款方确认债权债务金额的规定在实践中难以执行。

7. 草案第二十二条规定,县级以上人民政府应当建立中小企业政策性信用担保制度,鼓励各类担保机构为中小企业提供信用担保。有的地方建议修改为:县级以上人民政府应当建立中小企业信用担保体系,发展以政府出资为主的政策性中小企业信用担保机构。有的部门建议将“政策性信用担保制度”改为“融资担保促进制度”,并增加规定,中小企业融资担保促进管理办法由国务院另行规定。有的部门建议将“县级以上人民政府”改为“省级人民政府”。

有的地方和部门建议增加再担保制度。有的地方建议增加规定,加强政策性信用担保基金等担保风险机制建设,专项用于社会担保机构为中小企业提供信用担保的风险补偿。有的地方建议增加规定,国家鼓励中小企业依法开展互助性融资担保。

8. 草案第八条规定,国家推进中小企业信用制度建设,建立社会化信用征集与评价体系,实现中小企业信用信息查询、交流和共享的社会化。有的地方建议将“国家”推进改为“征信部门”推进。有的地方建议将中小企业“信用制度建设”修改为“信用体系建设”。有的地方建议,将中小企业信用制度建设与正在推进的社会信用体系建设有机衔接。有的部门提出,中小企业信用体系建设可纳入社会化的信用信息征集与评价体系。有的地方建议增加中小企业信用制度建设依托国家企业信用信息公示系统的规定。

有的地方提出,草案第二十四条中规定,征信机构可以依法向各级政府相关部门、公用事业单位和商业机构采集信息。有的地方建议将采集信息的范围限定在政府相关职能部门、公用事业单位和商业机构的信用信息;有的部门建议,限定于这些部门机构公开的信息。

9. 有的地方建议将草案第二十三条中的“中小企业贷款保证保险”修改为“中小企业贷款履约保证保险”。

六、关于创业扶持

1. 草案第二十五条对县级以上地方政府及相关部门为创业人员免费提供工商、财税、金融等方面的法律政策咨询和公共信息服务作了规定。有的地方建议将“县级以上地方人民政府”修改为“各级人民政府”。有的地方提出,并非所有的公共信息服务都应免费,建议删去“公共信息服务”。有的地方建议在咨询和服务内容中增加“知识产权”。

2. 草案第二十六条规定,对失业人员、残疾人员创办中小企业,地方政府应当积极扶持,提供便利,加强指导;有关部门应当引导高等学校毕业生到中小企业就业。一些地方建议增加“高等学校毕业生”作为创办中小企业的扶持对象；有的地方建议增加“返乡农民工、零就业家庭”；有的部门建议增加“退役军人”；有的部门建议增加“退役军人和现役军人家属等优待抚恤对象”；有的部门建议在失业人员、残疾人员后增加“等需要扶助的人员”。有的部门建议增加对此类企业的具体扶持政策。有的部门建议，在“高等学校”后增加“职业学校”，并增加规定，国家对在小型微型企业就业的高等学校、职业学校应届毕业生实行社保补贴、培训补贴、税费减免等优惠政策。

3. 草案第二十七条规定，国家改善企业创业环境，优化审批流程，实行小型微型企业行政许可便捷。有的地方建议与草案第三十条简化注销登记的规定合并。有的地方提出，优化审批流程、实现行政许可便捷是面向所有企业的要求，建议针对小型微型企业的特点和需要，制定相应政策措施。有的地方建议增加“下放审批事项”；有的部门建议增加“减少审批环节”。有的部门建议，对新创业公司的住所登记给予一定年限的宽限。有的部门建议，明确中小企业的“小商人”地位，并对其监管或登记予以区别对待、适度放宽。

4. 草案第二十八条对鼓励建设小微企业创业基地及为小微企业提供经营场地、必要的用地、各项服务等措施作了规定。一些地方和部门建议增加规定，国家鼓励发展科技企业孵化器、加速器、专业化众创空间。有的地方建议增加规定，利用开发区、高新产业园、工业园区的存量房产以及其他闲置厂房、场地，设立中小企业产业聚集区，建设面对中小企业的标准厂房和基础设施；农村集体经济组织可以通过集体经营性建设用地使用权出租、入股、联营等形式创办中小企业。有的地方提出，应弱化政府主导，避免重复建设。

5. 有的地方建议,将草案第二十九条规定的为创办小型微型企业提供社会服务中的"小型微型企业"改为"中小企业"。有的部门建议在社会服务的内容中增加工商财税、知识产权、法律咨询、资质代理、社会融资、品牌宣传、技术转移。

6. 草案第三十条规定,国家简化小型微型企业注销登记程序,实现小型微型企业市场退出便利化。有的地方建议增加具体措施,增强可操作性。有的地方提出,企业登记有专门的法律予以规定,建议删去本条。有的部门建议改为,国家简化和完善小微企业注销流程,对未开业以及无债权债务的小微企业实施简易注销登记程序。有的部门建议增加简化小微企业迁移程序的规定。

七、关于创新支持

1. 有的地方建议增加对企业创新转型、加快升级的支持措施。有的地方建议,增加有关指导中小企业与大企业配套发展,促进中小企业"专精特新"发展的规定。有的地方建议,增加管理创新的具体内容,切实提升中小企业经营管理水平

2. 草案第三十一条第二款规定,小型微型企业用于研发和生产经营的设备可依法缩短折旧年限或采取加速折旧方法。有的地方提出,享受加速折旧的主体与企业所得税法规定的主体范围不一致,建议再作研究。有的部门提出,税收优惠政策应由专门税收法律规定,建议删除这一款。有的部门建议增加规定,中小企业研究开发费用在计算应纳税所得额时可加计扣除或享受优惠。

3. 有的地方建议在草案第三十三条中增加鼓励中小企业参加"专利认定预审、产业发展规划"的规定。有的部门建议将本条中的鼓励参加"国家科研项目实施"修改为鼓励参加"财政资助科研项目实施"。

4. 草案第三十四条对支持中小企业加强知识产权保护作了规

定。有的部门建议将“完善知识产权保护”改为“完善内部知识产权管理制度、提升保护和运用知识产权的能力”。有的地方建议，将减轻申请和维持知识产权费用的范围由“微型企业”扩大至“小型微型企业”；有的部门建议增加“按规定”减轻的表述；有的部门提出，知识产权申请和维持费用实行统一标准，对符合条件的企业可按照《专利收费减缴办法》减缴相关收费，建议删去减轻费用负担的规定。有的部门建议增加规定，探索建立小微企业知识产权维护法律救济制度。

5. 草案第三十五条规定，政府有关部门在规划、用地、财政等方面提供支持，推动建立和发展各类创新服务机构，支持其为中小企业提供技术信息、研发设计应用等服务。有的部门提出，政府配置土地资源应坚持市场化原则，应通过制定政策对中小企业用地予以支持，建议将“支持”改为“政策支持”。有的部门建议增加通过税收给予支持。有的部门建议，将“财政支持”改为“财税支持”，并增加创业孵化、知识产权、科技咨询、科技金融等服务内容。有的部门建议增加计量测试、检验检测认证等服务内容。

6. 有的部门建议在草案第三十六中增加规定，鼓励以科技成果作价入股方式投资中小企业，联合设立研发机构或技术转移机构。

八、关于市场开拓

1. 草案第三十七条规定，国家实行统一的市场准入，取消各类地方保护，依法查处垄断和不正当竞争行为，营造中小企业公平竞争市场环境。有的地方建议，制定保障措施，切实放宽中小企业投资准入，发挥中小企业在基础设施建设、金融、电信等领域的作用。有的地方建议将“取消各类地方保护”修改为“禁止滥用行政权力排除、限制竞争”；有的部门建议将“取消”改为“严禁”。有的部门建议修改为，国家实行统一的市场准入，破除垄断、保护正当竞争，维护自由及公平的竞争环境。

2. 有的地方建议，将草案第三十八条中国家鼓励和支持“大中型企业与小微型企业”建立协作关系修改为鼓励和支持“大型企业与中小微企业”建立协作关系。

3. 草案第三十九条第一款、第二款规定，政府采购应当优先安排向中小企业购买商品或服务，并规定了政府采购向中小企业预留的份额。有的地方提出，优先安排应建立在提供的商品或服务同质的基础上；有的部门提出，应建立在保证产品质量和合理价格的基础上。有的地方提出，当前没有专门面向中小企业的政府采购目录，优先安排难以执行，建议将“优先安排”改为“鼓励优先安排”，并制定专门面向中小企业的采购目录。有的部门建议，将优先安排的对象限定为“积极开展创业创新、承担环境保护等社会责任”的中小企业。有的部门提出，政府采购法规定，采购人不得以不合理的条件对供应商实行差别待遇或者歧视待遇，建议对预留采购份额、价格评审优惠等措施再作研究。有的部门提出，扶持中小企业发展不应影响竞争，建议删去预留采购份额的规定。有的部门建议，对向中小企业预留的采购份额比例不作具体规定。有的地方提出，涉及不可替代的专利、专有技术等特殊要求的，不宜要求必须向中小企业预留30%的采购份额。有的部门建议制定向中小企业预留采购份额的商品目录，并定期更新。

草案第三十九条第三款规定，政府采购不得在企业股权结构、经营年限、经营规模和财务指标等方面对中小企业实行差别待遇或者歧视待遇。有的地方建议进一步增强本款的刚性和可操作性。有的地方建议增加规定，不得要求中小企业提供政府部门开具的中小企业认定文件。

草案第三十九条第四款规定，政府采购部门应当及时公开发布采购信息。有的地方建议,将“政府采购部门”修改为“采购人、采购代理机构”。

4. 有的部门建议,将草案第四十条中的“促进中小企业产品和服务出口”修改为“促进中小企业产品和服务进出口”,并增加政府有关部门应提供市场营销、资金支持方面的指导和帮助。有的部门建议将本条中的“产品认证”改为“检验检测认证”;有的部门建议将“国家政策性金融机构”改为“有关国家政策性金融机构”。

有的地方建议,将草案第四十一条中政府有关部门为企业提供“外汇、出入境”等方面的便利,修改为提供“融资、汇兑、出入境”等方面的便利。

九、关于社会服务

1. 草案第四十二条规定,国家健全社会化的中小企业服务体系,为中小企业提供服务。有的地方建议将“社会化的中小企业服务体系”修改为“中小企业公共服务体系”,并增加支持发展社会化服务机构的规定。有的部门建议增加便利性、时效性和精准性的原则。有的地方建议增加规定,鼓励有条件的地方联合社会机构共建创业创新一站式综合服务平台。

2. 草案第四十三条规定,县级以上地方人民政府应建立和完善中小企业公共服务机构。有的地方建议规定公共服务机构的人员和经费保障。有的地方建议明确公共服务机构的职责。有的地方建议增加规定,县级以上政府必须为中小企业提供公益性服务。有的地方建议,以政府向社会组织采购服务的方式完善中小企业公共服务,包括创业辅导、咨询、维权等。有的部门提出,不宜就机构编制事项在法律中作出规定,建议改为“加强中小企业服务体系建设,完善政策措施”。

3. 草案第四十四条对国家鼓励社会服务机构为中小企业提供

创业辅导、管理咨询、法律咨询等服务作了规定。有的部门提出，草案第二十九条、第三十五条、第四十四条都是关于社会服务的内容，建议整合。有的部门建议将“法律咨询”改为“法律服务”；有的地方建议将“法律服务”排在首位；有的部门建议增加资产评估服务。有的部门建议增加规定，地方政府应当建立律师库，通过政府购买服务的方式为中小企业维权提供支持。

4. 草案第四十五条规定，政府有关部门应通过网络信息平台向中小企业公开各项行政许可相关信息。有的部门建议增加规定，网络信息平台应免费向社会开放。有的地方提出，上述规定对中小微企业没有特殊性，建议删去。

5. 草案第四十七条规定，国家支持有关机构、高等学校开展针对中小企业人员培训；国家支持高等学校、职业教育院校和技能培训等各类培训机构与中小企业合作共建实习实践基地。有的部门建议将“国家支持”改为“国家鼓励”。有的地方建议将“职业教育院校”改为“职业院校”。有的部门建议将“技能培训”改为“职业培训”。有的部门建议，将“职业教育院校和技能培训等各类教育培训机构”修改为“职业学校及各类教育培训机构”，并增加共建技术研发中心等产教融合机构的规定。

6. 有的地方建议在草案第四十八条中增加支持行业协会、商会间开展交流合作的内容。有的地方建议增加扶持行业协会商会的规定。有的部门建议明确中小企业行业协会商会的地位和作用。有的地方建议明确是否要成立新的协会。

十、关于权益保护

1. 有的部门建议将草案第三条中“实现各类权利平等、机会平等、规则平等”改为“营造各类企业公平竞争的市场环境”。有的地方和部门建议增加“政策平等”。有的地方建议删去“特别是小微型企业”的表述。

2. 草案第七条规定，各级人民政府应当规范行政许可事项，依法开展管理工作，取消没有法律、法规依据的检查、评比等行政行为。有的地方建议将“取消”改为“不得实施”；有的部门建议改为“禁止”。有的地方建议将“没有”法律依据改为“缺乏”法律依据；有的地方建议将“法律、法规依据”修改为“法律、法规、规章依据”。有的部门提出，没有法律明确要求检查、评比等行政行为应当有法律或法规依据，建议对上述规定再作研究。有的地方建议增加规定，各级人民政府应确立公平开放透明的市场规则。有的部门建议将上述规定与草案第二十七条有关行政许可的规定进行整合。

3. 有的地方建议将第八章名称“权益保护”改为“法律服务”，并增加法治宣传教育、法律风险防范、纠纷调解等内容。有的地方提出，本章的内容过于原则，缺少可操作性。有的地方建议将草案第四十九条保护中小企业合法权益的内容调整到总则中。有的部门提出，有关法律中对草案第五十一条至第五十四条的内容都有明确规定，建议删去。有的地方提出，草案第五十一条与第五十四条规定的内容有重复，建议整合。

4. 草案第五十条规定，国家在制定有关中小企业法律法规时，应征求中小企业及社会各界意见；政府有关部门在制定部门规章和政策时，应征求中小企业促进工作综合协调部门的意见。有的部门提出，立法法等对此已有明确规定，建议删去本条。有的地方提出，制定部门规章和政策时也应征求中小企业、工商联和行业协会商会的意见。有的地方提出，制定有关法律法规也应征求其他企业的意见。有的部门建议，将“有关中小企业法律法规”改为“影响中小企业发展的法律法规”；并增加规定，国务院中小企业促进工作综合协调部门可以每两年发布一次法律实施报告，并向立法机关及政府相关部门提出建议。

5. 草案第五十一条第一款规定，中小企业对侵害其合法权益的行政执法行为有权拒绝和举报、控告。一些地方提出，由中小企业自行判断并拒绝行政执法行为不合适；有的部门提出，不宜赋予中小企业直接拒绝行政执法行为的权利。有的地方建议修改为，对不符合法律、法规规定的行政检查，中小微企业有权拒绝和举报、控告；有的地方建议限定为“违法的行政执法行为”；有的地方建议将“行政执法行为”修改为“行政行为”。有的地方建议将“有权拒绝和举报、控告”修改为“有权申诉、检举、控告或者申请国家赔偿”。有的地方建议增加有权“依法寻求法律救济”的规定；有的地方建议增加有权“提起行政复议和行政诉讼”。

草案第五十一条第二款规定，各级人民政府或者有关协会、商会维权服务机构应受理中小企业的投诉、举报。有的地方建议，县级以上人民政府建立中小企业维权服务机构，为中小企业提供法治宣传教育、受理投诉维权、矛盾纠纷调处等服务；指导、支持行业协会商会设立法律服务机构，为中小企业提供法律服务。有的地方建议增加规定，在30个工作日内调查处理并给予书面回复。

6. 草案第五十二条规定，司法机关应当加强中小企业诉讼渠道建设和法律服务，提高中小企业维权程序的透明度和便捷度。有的地方建议明确司法机关如何加强诉讼渠道建设。有的地方建议增加规定，鼓励法律服务机构为中小企业提供优质、高效的法律服务。有的部门建议，将“加强中小企业诉讼渠道建设和法律服务”修改为“畅通中小企业诉讼渠道，提供诉讼法律服务”。有的部门提出，法律对当事人维护合法权益的诉讼程序作了明确规定，建议删去“诉讼渠道建设”和“维权程序的透明度”。

7. 草案第五十三条规定，政府部门和大型企业不得违约拖欠中小企业款项，并规定中小企业维权服务机构可以组织调查和调解，协助中小企业通过诉讼维护合法权益。有的地方建议明确中小企业维权服务机构的性质和定位。有的地方和部门提出，民法通则、合同法对上述内容已有规定，对中小企业不具有特殊性，建议删去。有的部门建议明确应支付拖欠利息、违约金等。有的地方和部门建议增加协助中小企业通过仲裁维护合法权益的规定。

8. 草案第五十四条规定，国家依法查处向中小企业乱收费、乱罚款和乱摊派的行为，对微型企业行政事业性收费实行优惠政策。有的地方建议将“国家依法查处”修改为“政府有关部门依法查处”。有的地方建议对乱摊派行为予以公开。有的部门建议对小型企业的行政事业收费实行优惠政策；有的地方建议对中小微企业都实行优惠政策。有的部门提出，行政事业性收费实行统一标准，建议不单独对微型企业优惠。

十一、关于监督考核

1. 草案第五十七条规定，各级人民政府及有关部门应当将中小企业对其工作的评价列入年度考核范围。有的地方建议，建立全国统一的中小企业经济运行统计调查制度，将年度中小企业增加数、增加值、从业人员增长幅度列入政府年度目标责任考核体系。有的地方建议明确考核机关。有的地方建议增加规定，各级人民政府应将中小企业发展规划列入国民经济和社会发展规划。

2. 有的地方建议建立中小企业发展专项资金的政策评估机制。有的部门建议将草案第五十八条中“发展专项资金”改为“相关专项资金”。

3. 有的地方建议将草案第五十九条中的“可以根据实际情况委托第三方开展中小企业发展环境评估”改为“应当定期委托开展”。有的部门建议，发展环境评估报告应向社会公布。

4. 草案第六十条规定，各级人民政府应当定期对本法的实施情况进行检查，对相关责任人员给予行政处分。县级以上人民政府应定期向同级人大常委会报告中小企业促进工作情况和中小企业发展情况。有的地方建议将“各级人民政府”应当定期进行检查修改为“各级人大常委会”进行检查。有的地方和部门建议将“行政处分”改为“处分”。有的部门建议，全国人大常委会定期开展法律实施情况的监督检查。有的部门建议增加政府部门向人大报告中小企业工作的规定。

十二、其他建议

1. 有的部门建议将草案第四条中的“维护社会公共利益”修改为“不得损害社会公共利益”。有的地方建议增加中小企业应当加强财务会计管理的内容。

2. 草案第六条规定，国家统计部门应当建立健全中小企业调查统计制度。有的地方建议增加规定，省、市、县人民政府统计部门要加强监测分析，定期发布有关信息。有的地方建议，由国家统计部门会同中小企业促进工作综合协调部门建立健全统计调查制度。有的部门提出，统计法对统计调查项目的制定、组织实施等已作了明确规定，建议删去本条。

3. 一些地方和部门建议增加法律责任一章。有的地方建议，针对乱收费、乱摊派、乱罚款及政府和有关部门的违法失信行为设定问责处罚条款。

法律委、财经委、法工委座谈会对中小企业促进法修订草案的意见

3月20日，全国人大法律委员会、财政经济委员会和常委会法制工作委员会联合召开座谈会，听取有关部门对中小企业促进法修订草案的意见。法律委副主任委员孙宝树、财经委委员黄荣、法工委副主任张勇参加了会议。与会同志普遍认为，为促进中小企业健康稳定发展，对中小企业促进法进行修订很有必要，总体上赞成草案的规定。同时，提出以下主要意见和建议：

一、关于总则

修订草案第二条第一款规定，“本法所称中小企业，是指在中华人民共和国境内依法设立的，人员规模、经营规模相对较小的企业，包括中型企业、小型企业和微型企业。”一些部门的同志建议，扩大中小企业的外延，将个体工商户纳入本法视同小微企业享受相关优惠政策。

修订草案第五条第二款规定，“国务院中小企业促进工作综合协调部门牵头组织实施中小企业政策，对中小企业发展促进工作进行综合协调、监督检查和指导服务。”工业和信息化部的同志提出，修订草案的规定不够清楚，中小企业促进工作的责任主体不够明确，将影响法律的贯彻实施。建议明确规定“国家设立中小企业综合管理部门，牵头组织实施中小企业政策，对中小企业发展促进

工作进行综合协调、监督检查和指导服务”。

二、关于财税支持

修订草案第九条规定，“中央财政应当在本级预算中设立中小企业科目，安排中小企业发展专项资金。”“县级以上地方人民政府根据实际情况在本级财政预算中安排中小企业发展专项资金。”财政部的同志建议，将本条修改为“县级以上人民政府可在本级财政预算中设立与中小企业相关的科目，安排相应的专项资金。”

修订草案第十条第一款规定，“中小企业发展专项资金通过无偿资助、购买公共服务等方式，重点用于改善中小企业发展环境，促进中小企业公共服务体系和服务平台建设，推动创业创新，支持建立中小企业信用担保体系，改善融资环境。”财政部的同志建议，将本条中的“支持建立中小企业信用担保体系，改善融资环境”修改为“降低融资成本”。

修订草案第十二条规定，“国家实行有利于小型微型企业发展的税收政策，简化小型微型企业税收征管程序，降低小型微型企业税收负担。”科学技术部的同志提出，实践中面向中小企业的税收优惠政策的对象包含科技型中小企业、小型微利企业等，建议将本条中的“小型微型企业”修改为“科技型中小企业和小型微利企业”。财政部的同志建议，将“降低小型微型企业税收负担”修改为“支持小型微型企业发展”。

三、关于融资促进

中国人民银行的同志提出，作为基本法律，目前草案关于中小企业融资支持的规定在原则性和具体性之间把握得很好，中小企业融资问题宜平衡好中小企业融资的可获得性与金融机构提供融资支持的可持续性。

修订草案第十六条规定,“国家政策性金融机构应当采取多种形式,为中小企业提供金融服务。”财政部的同志、中国银行业监督管理委员会的同志建议,在“采取多种形式”前增加“在其业务经营范围内”。

修订草案第十八条规定,“国家推进普惠金融体系建设,推动中小银行、非存款类放贷机构和互联网金融有序健康发展,鼓励和引导银行业金融机构向县域和乡镇等小型微型企业金融服务薄弱地区延伸网点和业务。”中国银行业监督管理委员会的同志提出,为避免以偏概全,建议只作原则性规定,删除“推动中小银行、非存款类放贷机构和互联网金融有序健康发展”。

现行中小企业促进法第十七条规定,“国家通过税收政策鼓励各类依法设立的风险投资机构增加对中小企业的投资”。修订草案删除了该条规定内容。中国证券监督管理委员会的同志提出,税收政策对于市场机制的建设和发展很重要,具体税收政策不能代替基本法的规定,本法作为基本法应当体现促进中小企业税收优惠的方向和精神。

修订草案第二十条规定,“国家健全完善动产担保融资法律制度建设,推动建立全国统一的动产融资登记互联网公示系统,支持金融机构为中小企业提供以应收账款、存货、机器设备等为主要担保品的动产担保融资。”中国银行业监督管理委员会的同志提出,中小企业和大型企业均有动产融资登记需求,涉及的内容应当在担保法等一般性法律中规定,不宜纳入针对特定主体的立法调整范围,建议删除“推动建立全国统一的动产融资登记互联网公示系统”。

修订草案第二十一条规定,“中小企业以应收账款申请动产担保融资时,其应收账款的付款方,包括各级政府采购人、工程建设项目的中标人、大型企业,应当确认债权债务关系,支持中小企业融资。”“国家鼓励企业及付款方通过动产融资服务平台确认债权债务关系，提高融资效率，降低融资成本。”财政部的同志提出，政府作为采购人的，可以通过中国政府采购网确认政府采购合同的真实性，建议删除第一款中“各级政府采购人”的表述，或者不与工程建设项目的中标人、大型企业并列表述。中国银行业监督管理委员会的同志建议，将第二款删除。

修订草案第二十二条规定，“县级以上人民政府应当建立中小企业政策性信用担保制度，鼓励各类社会担保机构为中小企业提供信用担保。”财政部的同志建议，将“政策性信用担保制度”修改为“融资担保促进制度”，同时增加一款作为第二款“中小企业融资担保促进管理办法由国务院另行规定。”中国银行业监督管理委员会的同志建议，将本条修改为“省级人民政府应当建立融资担保体系，重点发挥政策性融资担保机构的示范、引领作用，鼓励各类融资担保机构为中小企业提供融资担保。融资担保公司管理办法由国务院另行规定”，这样规定更符合现行融资担保的管理体制。

修订草案第二十四条第一款规定，“国家鼓励征信机构发展针对中小企业融资的征信产品和服务，依法向各级政府相关部门、公用事业单位和商业机构采集信息。”国家工商行政管理总局的同志提出，根据《征信业管理条例》规定，征信机构可以通过政府有关部门依法已公开的信息来采集企业信息，政府部门没有向征信机构提供信息的义务。政府部门依照《政府信息公开条例》《企业信息公示暂行条例》等公开政府信息并公示涉企信息后，征信机构即可使用，无需另行向政府部门采集。建议删除征信机构向各级政府相关部门采集信息的规定。

四、关于创业扶持

修订草案第二十六条规定，“失业人员、残疾人员创办中小企业的，所在地政府应当积极扶持，提供便利，加强指导。”“各级人民政府有关部门应当采取措施，拓宽渠道，引导高等学校毕业生到中小企业就业。”人力资源和社会保障部的同志提出，“高等院校毕业生”创办中小企业的也应当给予扶持。教育部的同志建议，在第一款“失业人员、残疾人员”后增加“等”字，从而将就业困难的大中学毕业生包括进去，同时在第二款后增加“国家对接收应届毕业生就业的小型微型企业实施优惠政策”的内容。

修订草案第二十八条第一款规定，“国家鼓励建设小型微型企业创业基地，为小型微型企业提供生产经营场地和各项服务。”科学技术部的同志提出，实践中各部门支持的创业孵化基地包括众创空间、科技企业孵化器、小型微型企业创业基地等多种载体，建议将该款中的“小型微型企业创业基地”修改为“各类创业孵化基地”。

修订草案第三十条规定，“国家简化小型微型企业注销登记程序，实现小型微型企业市场退出程序便利化。”国家工商行政管理总局的同志提出，为控制风险，保护职工、债权人、股东等各方主体的合法权益，建议按照简易注销改革相关制度要求，在本条中增加“对未开业以及无债权债务的小型微型企业实行简易注销登记程序”的表述。教育部的同志提出，民办学校注销时有特殊规定，建议增加一款“法律、法规对注销、撤销另有规定的，从其规定”。

五、关于创新支持

修订草案第三十一条第二款规定，“小型微型企业用于研发和生产经营的设备可依法缩短折旧年限或采取加速折旧方法。”科学技术部的同志提出，现行加计扣除政策不分大中小企业，对于亏损企业的研发费用，一律规定在五年内结转，但有些科技型中小企业，尤其是一些以医药研发为主的中小企业亏损期较长。建议增加一款规定“加大对科技型中小企业研发费用加计扣除优惠力度，延长结转抵扣年限。”国家税务总局、财政部的同志提出，该款规定得太具体，建议删除。

修订草案第三十四条规定，“国家鼓励中小企业研发和应用拥有自主知识产权的技术和产品，完善知识产权保护，鼓励中小企业投保知识产权保险，减轻微型企业申请和维持知识产权的费用等负担。”国家知识产权局的同志建议，将“完善知识产权保护”修改为“完善内部知识产权管理制度，提升保护和运用知识产权的能力”，以增强针对性。财政部、国家发展和改革委员会的同志建议，在“减轻微型企业申请和维持知识产权的费用等负担”前增加“按规定”。

现行中小企业促进法第三十一条规定，“国家鼓励中小企业与研究机构、大专院校开展技术合作、开发与交流，促进科技成果产业化，积极发展科技型中小企业”。修订草案将该条修改为“国家鼓励科研机构、高等学校和大型企业等向中小企业开放试验设施，开展技术研发与合作，帮助中小企业开发新产品，培养专业人才。”科学技术部的同志建议，保留现行法规定，以进一步突出对科技型中小企业的支持。

六、关于市场开拓

修订草案第三十九条第二款规定，“向中小企业预留的采购份额应当占本部门年度政府采购项目预算总额的30%以上，其中，预留给小型微型企业的比例不低于60%。中小企业无法提供的商品和服务除外。”财政部的同志提出，预留份额属于政策性内容，不同行业、领域、地区都有差别，本款规定的太具体，建议删除。

修订草案第四十条第二款规定，“国家政策性金融机构应当通过开展政策性进出口信贷、出口信用保险等业务，支持中小企业开拓境外市场。”财政部的同志建议，删除“政策性进出口信贷、出口信用保险等业务”中的“政策性”。

七、关于社会服务

修订草案第四十三条规定，“县级以上地方人民政府应当根据实际需要建立和完善中小企业公共服务机构，为中小企业提供公益性服务。”中央机构编制委员会办公室的同志建议，将“中小企业公共服务机构”修改为“中小企业公共服务体系”。

修订草案第四十四条规定，“国家鼓励各类社会专业服务机构为中小企业提供创业辅导、管理咨询、信息咨询、信用服务、市场营销、投资融资、财会税务、产权交易、技术支持、知识产权、人才引进、对外合作、展览展销、法律咨询等服务。”财政部的同志建议，增加“资产评估”服务。

修订草案第四十六条第一款规定，“各级人民政府中小企业促进工作综合协调部门的网站，应当汇集并提供涉及中小企业的法律法规、政策及创业、创新、金融、市场、权益保护等各类政府服务信息。”国家工商行政管理总局的同志提出，2014 年 10 月，国务院印发《关于扶持小型微型企业健康发展的意见》，要求依托工商部门的企业信用信息公示系统，集中公开各类扶持政策及企业享受扶持政策的信息，公示系统有专门的小微企业名录。鉴于小微企业名录制度已经建立且较为成熟，建议不再规定综合协调部门汇集并提供相关信息。

修订草案第四十七条规定，“国家支持有关机构、高等学校开展针对中小企业经营管理及生产技术等方面的人员培训，提高企业营销、管理和技术水平。”“国家支持高等学校、职业教育院校和技能培训等各类教育培训机构与中小企业合作共建实习实践基地，支持职业教育院校教师和中小企业技术人才双向交流，创新中小企业人才培养模式。”财政部的同志建议，将本条中的两个“支持”修改为“鼓励”。教育部的同志建议，将第二款中的“职业教育院校和技能培训”修改为“职业学校和职业技能培训机构”，在“实习实践基地”后增加“产业融合基地”。

八、关于权益保护

国家发展和改革委员会的同志提出，增加“权益保护”一章是这次修法的一个亮点，但目前规定的很多内容适用于所有企业并在相关法律法规中已有规定，建议对有关内容进行整合、精炼，专门针对中小企业作出规定。

修订草案第五十条规定，“国家在制定有关中小企业法律法规时，应当公开征求中小企业及社会各界的意见。政府有关部门制定涉及中小企业的部门规章和政策时，应当征求同级中小企业促进工作综合协调部门的意见。”中国银行业监督管理委员会的同志提出，立法法和相关法律法规规定了立法程序，其中包括听取各方面意见，部门规章和政策是否“涉及中小企业”标准不明确，建议删除本条规定。

修订草案第五十四条第三款规定，“国家对微型企业行政事业性收费实行优惠政策。”财政部的同志建议，将“微型企业”修改为“小型微型企业”。

修订草案第五十六条中规定，“同一行政机关对企业实施多项监督检查的，应当合并进行。”国家工商行政管理总局的同志提出，实践中存在多项检查无法合并进行的情形，建议修改为“同一行政机关对企业实施多项监督检查的，能够合并进行的应当合并进行”，为执法留有一定空间。

九、关于监督检查

中国人民银行的同志建议，增加健全失信联合惩戒机制，打击恶意逃废债的内容。

修订草案第六十条规定,“各级人民政府应当定期对本法的实施情况进行检查,对违反本法的行为及时进行纠正,对相关责任人员依法给予行政处分。”中国银行业监督管理委员会的同志建议,将“各级人民政府”修改为“各级人民政府会同相关部门依照法定职责”。

社会公众对中小企业促进法修订草案的意见

2016年11月15日至12月14日，中小企业促进法修订草案（以下简称草案）在中国人大网公布，向社会公众征求意见。期间，共收到51位社会公众提出的241条意见，还收到群众的两封来信。现将主要意见简报如下：

一、关于法律名称和总则

1. 有的意见提出，本法应重点扶持小型微型企业，建议将本法名称改为“小微企业促进法”或“中小微企业促进法”。

2. 有的意见建议在草案第一条立法宗旨中增加：“为中小企业发展营造良好的经营环境”；“解决中小企业融资难问题”。有的意见建议在“就业”前增加“有效”。

3. 有的意见建议将草案第二条关于中小微企业的划分标准由国务院“批准”的规定改为由国务院“制定”。有的意见建议在草案中明确三类企业的划分标准。

4. 有的意见建议在草案第三条中增加，各级人民政府应当将中小企业发展列入国民经济和社会中长期发展规划。有的意见建议在草案第三条中的“规则平等”后增加“资源共享”。

5. 草案第五条对中小企业促进工作综合协调部门作了规定。

有的意见提出，地方中小企业促进工作综合协调部门设置混乱，有行政机关，有事业单位，参差不齐，职能弱化，综合协调能力差。建议加强地方中小企业促进工作机构建设。有的意见建议成立综合协调机制统筹中小企业发展工作。有的意见建议，成立正部级中小企业部。有的意见建议明确有关促进中小企业发展的部门职能分工，防止相互推卸责任。

6. 草案第六条对中小企业统计调查制度作了规定。有的意见建议增加省级统计部门建立健全中小企业统计调查制度的规定。

二、关于财税支持

1. 草案第十条对中小企业发展专项资金的运作方式和管理原则作了规定。有的意见建议增加，中小企业发展专项资金应建立地区平衡制度，鼓励中西部地区积极改善中小企业发展环境。有的意见建议，对中小企业无偿获取的中小企业发展专项资金免税。有的意见建议删去本条第一款中的“无偿援助”。有的意见建议在第一款中的“改善融资环境”后增加“开展运行监测”。有的意见建议在第二款中的“透明”后增加“高效”。

2. 草案第十一条对中小企业发展基金作了规定。有的意见提出，中小企业发展应遵循市场化原则，不建议国家设立中小企业发展基金用于投资。有的意见建议将中小企业发展基金改为“中小微企业发展基金”。有的意见建议明确中小企业发展基金的支持项目；有的意见建议明确中小企业发展基金采取有限合伙形式管理；对于符合政策导向的中小企业，可以适当放宽成长性、盈利性等股权投资标准要求。有的意见建议将外资中小企业纳入中小企业发展基金支持范围。

3. 有的意见建议增加对中小企业实行一定期限税收减免政策的规定。

三、关于融资促进

1. 草案第十七条对国家鼓励各类金融机构提供适合中小企业特点的金融产品和服务作了规定。有的意见建议，将各类金融机构，如融资租赁公司、商业保理公司、小额贷款公司、融资担保公司、典当行、互联网金融企业等纳入鼓励范围。有的意见建议增加，国有商业银行和股份制银行应当建立小型微型企业金融服务专营机构，完善中小企业授信业务制度，逐步提高中小企业中长期贷款的规模和比重。

2. 草案第二十条对支持中小企业进行动产担保融资作了规定。有的意见建议增加“仓单”和“知识产权”为担保品。

3. 草案第二十一条对中小企业以应收账款申请动产担保融资作了规定。有的建议在“中小企业以应收账款”后增加“转让债权”，在“大型企业”后增加“产业链核心企业”。有的意见建议在“确认”前增加“及时以书面形式”。

4. 草案第二十二条对中小企业政策性担保作了规定。有的意见建议在“政策性信用担保制度”后增加“担保机构风险补偿制度”。有的意见建议根据《国务院关于促进融资担保行业加快发展的意见》的要求，明确国家融资担保基金、省级再担保机构、辖区内融资担保机构三层组织体系，同时明确不对政策性担保机构进行盈利性考核，并加大风险补偿力度。

5. 有的意见建议在草案第二十三条中的“贷款保障保险”后增加“履约保证保险”。

6. 草案第二十四条对中小企业征信作了规定。有的意见建议增加规定，中国人民银行以及国家征信机构应当依法谨慎使用失信惩戒制度，对已经清缴债务或者履行义务的，不再列入失信人员名单，及时恢复信用级别。

四、关于创业扶持

1. 有的意见建议在草案第二十七条中进一步明确，优化简化外资中小企业工商注册、财税及外籍员工工作许可的行政手续，减轻外资中小企业负担。

2. 有的意见建议草案第二十八条中增加允许以个人住宅作为企业登记住所的规定。

3. 有的意见建议在草案第三十条中增加“市场准入”程序便利化的规定。

五、关于市场开拓和社会服务

1. 草案第三十九条对政府采购优先安排向中小企业购买商品或者服务作了规定。有的意见提出，对中小企业预留采购份额，是对市场的过度干预，容易造成权利寻租，对中小企业做大做强作用不大。建议将相关规定修改为，政府采购在相同条件下优先采购中小企业产品和服务。有的意见建议增加允许中小企业组成联合体对工程类项目进行投标的规定。有的意见建议将外资中小企业纳入政府优先采购范围。有的意见建议本条第三款增加不得要求投标企业开具中小企业证明的规定。

2. 草案第四十三条规定，县级以上地方人民政府应当根据实际需要建立和完善中小企业公共服务机构，为中小企业提供公益性服务。有的意见提出，中小企业公共服务机构存在着政府不够重视、职能弱化、经费保障不足等情况，建议加强中小企业公共服务机构建设，删去本条中的“根据实际需要”。有的意见建议增加规定，县级以上地方人民政府应当按照统筹规划、集聚资源、加强服务、注重实效的原则，建立和完善中小企业公共服务机构。有的意见建议将“中小企业公共服务机构”改为“中小企业发展局”或者“中小企业发展促进中心”。有的意见建议明确中小企业公共服务机构为公益类事业法人。有的意见建议增加规定，县级以上地方人民政府应当建立政府通过服务平台购买中小企业公共服务的机制。

3. 有的意见建议删去草案第四十四条中“社会专业服务机构”中的“社会专业”。

4. 有的意见建议在草案第四十六条第二款中增加，政府部门应当将相关政府服务信息汇集到中小企业促进工作综合协调部门。

5. 有的意见建议草案第四十八条明确行业协会的法律地位、治理结构、会员权利义务、一行多会原则、协会的自律监管职责等。

六、关于权益保护和监督检查

1. 有的意见建议增加规定，县级以上地方人民政府应当建立中小企业维权服务机构。

2. 有的意见提出，对草案第五十条规定的公开征求意见的分析报告和第五十一条第二款规定的投诉和举报调查、处理的结果也应向社会公布。

3. 草案第五十三条对政府部门和大型企业不得违约拖欠中小企业款项作了规定。有的意见建议增加规定，鼓励政府机关及国有企业公开发布其对中小企业应付账款的支付期限。有的意见建议将本条第三款中的“诉讼”修改为“诉讼或仲裁”。

4. 有的意见建议，草案五十九条规定的地方人民政府开展的中小企业发展环境评估报告应向社会发布。有的意见建议明确发展环境评估包括法律和竞争环境评估。

5. 有的意见建议增加规定，中小企业对于大型企业滥用垄断优势、排斥或者限制公平竞争的行为，有权提起反垄断民事诉讼，主张损害赔偿、责令停止滥用垄断优势的不法行为。

七、其他意见

1.有的意见提出,草案鼓励性表述太多,有的规定过于原则,难以落到实处,建议充实具体的鼓励措施,增强法律的可操作性和可执行性。

2.有的意见提出,草案第四条、第七条、第五十四条不是针对中小企业的特有规定,建议删去。

3.有的意见建议增加法律责任一章。

中小企业促进法修订草案二次审议稿向社会公众征求意见的情况

2017 年 6 月，第十二届全国人大常委会第二十八次会议对中小企业促进法修订草案二次审议稿进行了审议。2017 年 6 月 28 日至 7 月 27 日，中国人大网公布中小企业促进法修订草案二次审议稿，征求社会公众的意见。期间，共收到 38 位社会公众提出的 157 条意见。现将主要意见简报如下：

一、关于总则

草案二次审议稿第一条规定，为了改善中小企业经营环境，保障中小企业公平参与市场竞争，推动中小企业创业创新，促进中小企业健康发展，扩大城乡就业，发挥中小企业在国民经济和社会发展中的重要作用，制定本法。有的意见建议将“扩大城乡就业”修改为“促进城乡充分就业”。

草案二次审议稿第二条对中小企业的范围和划分标准作了规定。有的意见建议明确本法所称中小企业包括属于非法人组织的个人独资企业、合伙企业等。

草案二次审议稿第四条规定，中小企业应当依法经营，遵守国家劳动用工、安全生产、职业卫生、社会保障、资源环境、质量标准、知识产权等方面的法律、法规，遵循诚信原则，规范内部管理，提高经营管理水平，不得损害劳动者合法权益，不得损害社会公共利益。有的意见建议在“不得损害劳动者合法权益”后增加“不得损害消费者合法权益”。

草案二次审议稿第五条对负责中小企业促进工作综合管理的部门作了规定。有的意见提出，中小企业在国民经济发展和促进社会稳定中的作用越来越凸显，需要强有力的工作机制来保障。建议在法律层面强化负责中小企业促进工作综合管理的部门的职责，或者参照国际上中小企业较发达国家的做法，设立独立的机构（如设立国家中小企业局）。有的意见建议明确国务院负责中小企业促进工作综合管理的部门是工业和信息化部。

二、关于财税支持

草案二次审议稿第十一条规定，国家实行有利于小型微型企业发展的税收政策，对符合条件的小型微型企业按照规定实行减征、免征企业所得税、增值税等措施，简化税收征管程序，减轻小型微型企业税收负担。有的意见建议增加“减征、免征生产经营个人所得税”。有的意见提出，本条规定要注意与企业所得税法、增值税法相衔接。

草案二次审议稿第十二条规定，国家对小型微型企业行政事业性收费实行优惠政策。有的意见建议增加一款“国家保护中小企业在符合法律规定的情况下自主定价的权利，中小企业的定价实行备案制度。”

三、关于融资促进

有的意见提出，目前的商业银行运营体制解决不了中小企业融资难、融资贵问题，必须另起炉灶，从顶层设计解决。建议规定国家设立中小企业政策性金融机构，专门服务中小企业。

草案二次审议稿第十九条规定，国家健全完善动产担保融资制度建设，推动建立全国统一的动产融资登记互联网公示系统，支持金融机构为中小企业提供以应收账款、存货、机器设备等为主要担保品的动产担保融资。有的意见建议增加规定“互联网公示系统应保护中小企业经营者的个人信息安全”的内容。

草案二次审议稿第二十一条对建立中小企业政策性信用担保体系作了规定。有的意见提出，目前很多地方已经建立了中小企业政策性信用担保机构，但没有发挥出应有的作用，主要是因为管理体制和考核体系的问题。建议明确由各级政府负责中小企业促进工作综合管理的部门管理中小企业政策性信用担保机构，真正发挥政策性担保的作用。

四、关于创业扶持和创新支持

草案二次审议稿第二十四条对政府和有关部门为创办中小企业的人员提供法律政策咨询和公共信息服务作了规定。有的意见提出，国家应当建立全国统一的中小企业互联网服务平台，政府和有关部门在统一的服务平台上提供咨询和服务。

草案二次审议稿第三十三条规定，国家鼓励中小企业在研发设计、生产制造、运营管理等环节应用互联网、云计算、大数据等现代技术手段，创新生产方式，提高生产经营效率。有的意见建议在“研发设计”后增加“创意策划”，在“大数据”后增加“微信平台”。

五、关于市场开拓和社会服务

草案二次审议稿第三十八条规定，国家完善市场体系，实行统一的市场准入制度和市场监管，反对垄断和不正当竞争，营造中小企业公平参与竞争的市场环境。有的意见建议将“国家完善市场体系”修改为“国家全面构建和完善统一开放、竞争有序的市场体系”。有的意见建议将“反对垄断”修改为“反对行政垄断”。

草案二次审议稿第三十九条对大型企业与中小企业协作，带动中小企业发展作了规定。有的意见提出，大型企业对于中小企业的扶持与促进，应该纳入企业社会责任的范畴。大型企业对与其合作的中小企业，要采取有效的方式扶持并促进这些利益相关的中小企业健康成长以及可持续发展。大型企业对于中小企业供应商，不得在准入门槛、价格、质保金、付款条件、赔付等方面进行非法限制或者约束，不得在合约以外采取不公平、不合理、不合法的手段增加中小企业供应商的负担。

草案二次审议稿第四十条对中小企业政府采购相关优惠政策作了规定。有的意见建议增加一款，规定“中小企业政府采购由负责中小企业促进工作综合管理的部门负责监督实施。政府采购部门应当与负责中小企业促进工作综合管理的部门建立工作协调机制。”

草案二次审议稿第四十九条规定，中小企业有关行业组织应当依法维护会员的合法权益，反映会员诉求，加强自律管理，为中小企业创业创新、开拓市场等提供服务。有的意见建议增加中小企业行业组织“定期调研市场制度环境、企业发展遇到的困难，向有关部门提供公共政策建议”的内容。有的意见建议增加行业组织“为中小企业改善管理等提供服务”的内容。

六、关于权益保护和监督检查

草案二次审议稿第五十二条第一款规定，任何单位不得违反法律、法规向中小企业收费和罚款，不得向中小企业摊派财物。中小企业对违反上述规定的行为有权拒绝和举报、控告。有的意见建议在“任何单位”后增加“及其工作人员”，在“摊派财物”后增加“或指定中小企业接受消费服务”。

草案二次审议稿第五十三条对国家机关、事业单位和大型企业不得违约拖欠中小企业款项作了规定。有的意见提出应当设置一个专门的机构或者部门负责处理违约拖欠中小企业款项的问题。

有的意见提出应当在监督检查一章增加“县级以上地方各级人民政府应当每年向同级人民代表大会报告中小企业发展情况，县级以上地方各级人民代表大会应当定期或不定期听取同级人民政府的汇报，对贯彻落实中小企业促进法的情况进行检查”的相关内容。

七、其他意见

有的意见提出，草案鼓励性表述太多，有的规定过于原则，难以落到实处，建议充实具体的鼓励措施，增强法律的可操作性和可执行性。

有的意见提出，在国内注册的外商独资的中小企业在国内融资、政府采购和申请政府项目上经常因为是外商企业的原因遇到很多困难和挑战。建议从法律层面明确所有中小企业享有同等的待遇。

中小企业促进法修订草案
广东调研简报

11 月 15 日至 19 日，全国人大法律委员会委员郎胜同志和经济法室的同志到广东省调研，重点了解中小企业发展的有关情况及突出问题，听取对完善中小企业促进法修订草案的意见。期间，召开有关部门、全国人大代表、中小企业、相关协会和服务机构参加的座谈会，并深入基层到东莞市和佛山市顺德区对厨电生产企业、初创型电商企业等多种类型的中小企业和专业人才服务机构、行业协会进行实地调研，面对面了解情况，听取意见。简报如下：

一、广东省支持中小企业发展的有关情况

广东省是我国民营经济最为发达的省份之一，云集了大量中小企业，在全省经济发展中占有重要地位。为支持中小企业发展，广东省出台了一系列政策措施：

在资金支持方面，省财政于 2003 年设立了中小企业发展专项资金，每年安排 2.5 亿元（2012 年以前为每年 2 亿元），主要用于中小企业服务体系建设、创新转型和融资服务创新等项目，目前正在对专项资金使用方式进行改革，拟逐步减少对企业的直接补贴，加大对公共服务平台的扶持力度。今年省财政又安

排15亿元设立了按照市场化原则运作的中小微企业发展基金，用于带动社会资本投向符合产业发展方向，成长性创新性强，掌握核心技术或资源的中小微企业，也可投资种子期、初创期成长型中小微企业。

在融资促进方面，一是，去年省政府出台了《关于创新完善中小微企业投融资机制的若干意见》，从融资平台建设、政府基金支持、增信支持、间接融资、直接融资、创新融资工具、政府服务等方面提出18条政策措施，同时省财政从2015年至2017年统筹安排66亿元，着力缓解中小企业投融资困难。二是，2015年安排17.5亿元用于支持省市建立政策性担保和再担保机构，目前全省已设立或正在筹建的政策性融资担保和再担保机构达26家。三是，加快构建中小企业信贷风险补偿机制，共有21个地市和20个县区设立了信贷风险补偿资金，各级财政投入共计28.9亿元，累计帮助3400多家中小企业获得贷款超过267亿元。四是，加大对中小企业票据贴现支持力度，遴选3家商业银行设立“广东省中小微企业小额票据贴现中心”，小额票据贴现余额26.5亿，加权平均利率3.32%，带动贴现利率逐渐下行。五是，与广州股权交易中心共建高成长板，对能够达到境内外上市或新三板挂牌标准的企业进行重点培育和孵化，目前在该中心挂牌及展示的企业超过4700家，融资及流转交易总额达307亿元。六是，建设中小企业信用信息和融资对接平台，汇集68个省级部门通过该平台交换共享数据。

在服务体系建设方面，一是，完善公共服务平台网络，全省21个地市已建立18个市级服务中心，县级中小企业服务中心建设覆盖率超过85%。通过实施中小企业公共服务平台网络建设工程，实现1个省级平台和33个地方窗口平台的互联互通和资源共享。目前入库服务机构 6976 家、服务产品 8821 项、咨询专家 420 多位，年均开展服务对接活动 6100 场次。二是，实施民营企业家素质提升工程，累计培训中高层经营管理人员 10 万人次以上，今年围绕中国制造 2025、战略新兴产业、传统行业转型升级、上市培育等 9 个专题开展 170 多场培训。三是，由省经信委、司法厅等 6 部门联合成立“广东省小微企业律师服务团”，为小微企业提供法律服务，并为经营困难的中小微企业减免相关法律服务费用。

在推进创新方面，一是，省政府去年出台了《关于加快科技创新的若干政策意见》，为中小微企业开展科技创新营造良好政策环境。二是，建立以技术创新项目和资金扶持为主线的科技计划管理体系，省财政从 2013 年起每年安排 1 亿元专项资金，引导中小微企业开展技术创新和转型升级；设立省级企业研究开发财政补助资金，为建立研发投入准备金的 1494 家企业给予财政补助 12.1 亿元；实施高新技术企业培育计划，省市两级对符合条件的 3685 家企业给予财政补助 7.06 亿元；设立孵化器风险补偿专项资金 4000 万元，引导科技企业孵化器和创投机构在广东集聚发展。三是，全面落实研发费用税前加计抵扣、高新技术企业等税收优惠政策，近三年累计减免企业税负约 800 亿元。

在为中小企业减负方面，建立了由省经信委牵头的企业减负工作机制，对行政审批前置服务项目及收费、涉企行政事业性收费和社会团体收费、进出口环节收费及政府性基金收费等进行清理和规范，先后取消、降低、免征或缓征 139 项行政事业性收费；对涉企收费项目全部实施目录清单管理，从 2014 年起陆续向社会公布了《广东省涉企行政事业性收费目录清单》、《广东省省级涉企行政审批前置服务收费目录清单》等一系列清单。省工商局实施“五证合一、一照一码”登记制度改革，试点电子营业执照，开展“同城通办”便民注册，放宽企业住所登记条件，推进企业简易注销登记改革试点，通过多项举措积极推进商事登记制度改革。

二、中小企业发展中面临的主要问题和对中小企业促进法修订草案的建议

在调研中，相关企业、机构和部门普遍认为，目前各级政府都十分重视中小企业的发展，在当前经济总体平稳，但部分地区和企业困难较大，一些中小企业外贸下行的情况下采取了一系列政策措施给予帮扶，企业也得到了一定的实惠。中小企业促进法修订草案根据近年来中小企业发展的实际情况充实完善扶持措施，与现行法相比内容更加丰富，针对性较强，总体是赞成的。同时，也反映了一些目前中小企业发展过程中遇到的突出问题和对修订草案的建议：

1. 经营管理层素质不高，不利于企业长远发展。一些部门和企业的同志提出，广东的中小微企业主要集中在传统制造业、零售业和服务业等领域，多是由土生土长的“土老板”建立的，其知识水平不高，缺乏必要的经营管理技能，加之观念理念落后，大都采取家族式经营，难以吸引到高端的管理和技术人才，导致企业管理不规范、缺乏长远规划等问题较为突出，特别是在市场环境转差时，看不清产业和市场趋势，创新能力不足，往往对下一步发展举棋不定，在需要转型升级时“不想转、不敢转、不会转”。现在不少企业老板对提高自身素质有迫切需求，但市场上名目繁多的培训班、培训教程往往不切合企业实际，经常是花了不少钱和时间还走了弯路，希望政府有关部门能够提供有针对性和系统性的培训和指导。

2. 人才缺口大,用工成本增长较快。一些部门和企业的同志提出,这几年企业招工难、员工流失率高等问题较为突出,特别是熟练工、技术人才等普遍存在较大缺口,要吸引并留住这些人才只能被动提高工资,人工成本上升较快,建议政府和有关部门根据企业需求采取相配套的政策措施,积极扶持人力资源企业发展,给予专门政策优惠,拓宽企业用工渠道,缓解用工难问题。一些部门和企业的同志提出,由于工资上涨、缴费基数提高等原因,导致企业社保缴费增速过快,目前已占到用工成本的约40%,特别是传统制造业、服务业等劳动力密集型企业,社保费用已成为其最大负担,建议国家适当降低社保缴费标准,减轻中小微企业用工成本。

3. 国家扶持政策多,但中小企业获得感不强。

关于税负问题。一些部门和企业的同志提出,近年来中央和地方采取了一系列降低中小微企业税负的措施,但企业的感受并不明显,一是受经济放缓、利润下降等因素的叠加影响,减税效果被抵消;二是随着“金税”三期系统的上线,税务部门的信息化水平和征管能力显著增强,使得地方政府给予的税收优惠和企业规避税收的空间越来越小,实际税负不断逼近名义税负,有的地方为完成财政增长的目标,通过“金税”系统对企业往年税收进行补查、补征,企业负担较重;三是“营改增”后,有的服务型中小企业难以取得有效票据进行税前抵扣,有的行业可抵扣进项减少,造成部分企业实际税负还高于原来税负,减税效果不平衡。

关于融资问题。一些部门和企业的同志提出,虽然政府采取了很多措施,但融资难始终是困扰中小企业发展的大问题。一是融资渠道仍较为单一,大部分中小企业受直接融资门槛高、民间借贷利率高的影响,仍依赖银行贷款融资,银行从风险控制的角度普遍存在对中小企业惜贷的情况,特别是初创企业、轻资产企业,由于缺乏抵押物,很难获得银行贷款;二是融资成本仍然较高,目前中小企业贷款平均利率相比基准利率要上浮15%—32%，同时融资过程中的担保费、评估费、保险费、公证费、评级费等隐性费用进一步推高了融资成本；三是信息不对称加大融资难度，为缓解融资难，政府采取了政策性担保、风险补偿、支持票据贴现等多种方式帮助拓宽融资渠道，但很多中小企业对传统渠道以外的融资方式和政府扶持政策不了解，政府部门间的条块分割也加剧了企业信息汇集的难度。

某位全国人大代表、一些部门和企业的同志提出，现有中小企业帮扶措施不够普惠，如税收优惠、专项资金等多用于符合产业政策和发展方向的企业，传统企业很难享受到；政府财政出资设立的专项资金、基金等，审核程序复杂、放款周期长，有的企业由于股权改造急需使用资金，但经过省、市、区层层审批，拿到资金已是两年后，起不到雪中送炭的作用，今后政府专项资金的管理将越来越严，可能也不符合世贸规则，建议将减税作为支持中小企业发展的主要手段；对中小企业而言，相关优惠政策只是锦上添花，更希望获得公平的市场竞争环境，虽然目前各级政府都在简政放权，但部分放权事项的含金量不高，一些行业的准入仍然存在对中小企业、民营企业的“弹簧门”、“隐形门”，有的政府工作人员服务企业的责任和意识不强，与企业“清而不亲”，只在网上往来不见面，企业的问题不能及时有效解决。

4. 充分发挥社会化服务机构作用，提升公共服务的精细化水平。某位全国人大代表、一些部门和企业的同志提出，很多小微企业与政府打交道的能力不强，对扶持政策不了解，对市场趋势缺乏清晰认识；部分初创期的小微企业对人力资源、财会、法律、检测等服务需求较大，但受制于成本通常不会设置专门岗位。而这些方面恰恰是商协会、小微企业孵化平台、专业中介组织等社会化服务机构的优势，能够提供企业迫切需要的服务。建议政府重视社会化服务机构的作用,通过购买服务等方式加大对这些机构的支持力度。一些部门和企业的同志提出,目前大部分中小企业公共服务机构仍是政府部门工作的延伸,服务能力较弱,与中小企业的需求不匹配,企业广泛需要的融资、技术、设计、物流等新型服务供给不足,建议不断提升公共服务机构能力,建立分工细致的行业协会,鼓励服务创新,提高服务的针对性和精准化水平。

5. 关于政府采购向中小企业预留采购份额的比例。参与调研的企业普遍认为,草案第三十九条对政府采购向中小企业预留采购份额的比例作出具体规定,有利于中小企业获得政府采购合同,体现了国家对中小企业的扶持。一些部门和企业的同志提出,草案的这一规定与 2011 年财政部制定的《政府采购促进中小企业发展暂行办法》是一致的,从近年已完成的政府采购项目看,中小企业的中标金额都能达到这一比例。但在具体执行过程中也存在难以判断中标企业是否属于中小企业、投标产品是否由中小企业生产等问题,且随着今后政府采购规模的逐步扩大,中小企业的采购份额能否保证也存在不确定性。此外,在支持中小企业参与政府采购方面不仅只有预留采购份额一项措施,如暂行办法还规定对中小企业投标的产品按照投标价给予一定比例扣除后的价格参与评审等。因此,建议草案对向中小企业预留采购份额作出较为原则的规定。

三、其他意见

1. 有的部门的同志提出,目前工信、工商部门对中小企业各有一套认定标准,不利于工作的衔接,建议统一中小企业的认定标准。

2. 有的部门的同志提出,草案第六条对统计部门建立健全中小企业统计调查制度,加强监测分析,定期发布信息等作了规定,这些统计调查措施在国务院2009年出台的《关于进一步促进中小企业发展的若干意见》和2012年出台的《关于进一步支持小型微型企业健康发展的意见》中均提出过，但至今没有落实到位，建议督促落实。

3. 有的部门的同志建议，将草案第九条第二款中的“中小企业发展专项资金”改为“支持中小企业发展的专项资金”，规定得更灵活一些。

4. 有的部门的同志建议，将草案第十一条第二款“县级以上地方人民政府可以根据实际情况设立中小企业发展基金”中的“可以”改为“应当”。

5. 有的部门的同志建议增加规定，国家实行有利于中小企业创新的税收政策。

6. 有的部门的同志建议增加规定，国家鼓励建立中小银行，专门为小型微型企业提供个性化融资服务。有的部门的同志建议，增加国家设立政策性再担保基金，对地方政策性担保机构给予再担保支持的内容，并加强国家层面的中小企业征信体系建设，为落实中小企业融资支持措施提供支撑。

7. 有的部门的同志建议，将草案第五十七条关于“各级人民政府及有关部门应当将中小企业对其工作的评价列入年度考核范围”的规定改为“各级人民政府及有关部门应当将支持中小企业发展的工作列入年度考核范围”。

中小企业促进法修订草案
北京调研简报

3月29日、4月7日，法工委张勇副主任带领社会法室的同志，到北京市就中小企业促进法修订草案（以下简称修订草案）有关问题进行调研。期间，在中关村自主创新示范区会议中心召开座谈会，听取了北京市经济和信息化委员会工作汇报，以及8家科技型小微企业对修订草案的意见和建议。实地考察了北京市中小企业公共服务平台、海淀区创业服务中心、海淀创业园、77文化创意产业园，与5家科技型小微企业、5家文化类中小企业的负责人和工作人员面对面交流。简报如下：

一、北京市中小企业基本情况

北京市中小企业超过42.5万户，占全市企业总数的97%以上，承载了60%的就业，创造了40%的收入。2014年以来，全市中小企业收入利润率稳步提高，户均收入、户均利润持续增长。2016年，新三板挂牌企业数量达1479家，占全国总数的14.9%。北京市中小企业呈现出增长日益健康、结构日益优化、创新日益活跃的发展态势。具体表现为：

一是产业结构不断优化。近年来，北京市疏解力度不断加大，不符合城市功能定位的中小企业逐步退出。2014年以来，服务业中小企业数量占比保持在80%左右,信息服务业、科技服务业、商务服务业和文体娱乐业等服务业保持快速增长。制造业中小企业“减量增效”特征明显,在企业数下降3.5%的同时,营业收入保持稳步增长5.5%。

二是空间布局较为合理。随着中心城区发展空间日渐饱和,城市发展新区和城市功能拓展区成为中小企业发展的重要阵地。特别是城市发展新区的中小企业,在企业数量、资产总额、营业收入、应缴税金等方面均实现快速增长,增速远高于全市平均水平。

三是科技创新生力军作用明显。“十二五”时期全市中小企业申请专利数量超过全市企业总量的50%,2016年全市新设科技型企业占全部新设企业数的比重超过1/3,增长22%,中小企业成为北京科技创新的生力军。

四是从业人员结构高端化。信息服务业、商务服务业、科技服务业从业人员数持续增长,分别为9.0%、11.9%和13.5%。劳动密集型行业人员持续下降,建筑业、批发零售业和住宿餐饮业分别下降3.5%、14.1%和10.6%。

五是私营企业规模占主导,国有企业盈利能力较强。私营中小企业数量占全部中小企业总量的59%,营业收入和利润总额分别占23.4%和2.3%。国有中小企业数量占1.1%,但利润占比达到27.8%。

二、北京市促进中小企业发展工作情况

2014年,北京市颁布实施了《北京市促进中小企业发展条例》,围绕该《条例》实施,北京市积极发挥政府公共服务的作用,凝聚社会资本和服务机构力量,重点在政策保障、融资促进、创新创业、公共服务等关键环节精准发力,初步构建了有利于中小企业创

新发展的服务生态体系。

一是强化政策保障,着力优化中小企业发展环境。分年度细化贯彻落实《条例》的路线图、分工表和责任部门,加强中小企业政策法规落实,在双创、财税优惠、普惠金融、放管服等方面出台了系列配套政策文件,为中小企业创新发展提供政策保障。

二是着力融资促进,破解企业发展“卡脖子”难题。市经信委负责统筹安排6.65亿元中小企业发展专项资金,重点支持中小企业服务体系建设。市商务委、财政局、科委等单位推动商贸流通发展资金、普惠金融发展专项资金、科技创新领域专项资金等向中小微企业倾斜。强化基金引导作用,撬动民间资本共同“扶小助微”,目前全市中小企业发展基金规模已达25.2亿元。不断健全金融服务体系,拓宽中小企业融资渠道,引导银行业金融机构加大小微信贷投放。依托多层次资本市场,扩大企业直接融资规模,中小板创业板上市企业居全国首位。推动设立北京首家民营银行,丰富中小企业融资渠道和模式。

三是加强平台基地建设,完善中小企业服务生态体系。基本建成全覆盖的中小企业公共服务平台网络,聚合全市33个委办局、138家机构的服务资源,辐射带动2000家服务机构。科技金融综合服务平台、“政保贷”中小企业出口金融服务平台、北京跨境电子商务公共信息平台等金融、科技、商贸领域的公共服务平台对中小企业的支撑能力显著提高。着力提升承载能力,推进创新创业孵化载体建设。目前全市有国家小企业创业(示范)基地8家,共认定市级基地53家。各类众创空间、科技孵化器、创业孵化示范基地等载体蓬勃发展,为小微企业提供规范化、集约化的生产经营场地和各项服务。

三、对中小企业促进法修订草案的意见和建议

1. 关于促进中小企业发展的理念

一些企业的同志介绍，根据在国外求学、创业时的感受，发达国家通常对小微企业管理松散，不采取系统的鼓励和促进措施，而是通过注册登记“零门槛”、低征税或者免征税等措施“放水养鱼”，为小微企业营造宽松的成长环境。同时，注重从法律上对小微企业的权益保护，防止大公司收购兼并小微企业，让小微企业安心成长。这些理念和做法效果较好，值得借鉴。

2. 关于中小企业发展基金的专业化管理

修订草案第十一条规定，国家中小企业发展基金应当遵循政策性导向和市场化运作原则，引导和带动社会资金，主要用于种子期、初创期成长型中小企业，促进创业创新。一些部门的同志建议增加规定“专业化管理”的原则，明确鼓励中小企业发展基金注资市场化母基金，聘请专业化创业投资管理机构管理基金，由具有资质的托管机构托管基金资产，政府出资人依托绩效考核、信息披露等方式进行事中事后监管，不参与基金日常管理事务，提高基金运作效率和灵活性。

3. 关于中小企业的税费优惠

修订草案第十二条规定，国家实行有利于小型微型企业发展的税收政策。一些企业的同志提出，目前企业的税收、社保负担太重，对于初创期的小微企业尤其如此，建议规定减免小微企业税收、降低社会保险费率的具体措施，或者允许小微企业在初创期的一定时间内暂缓缴纳相关税费，待成长到一定规模后再予以补缴。

4. 关于鼓励融资担保机构和再担保机构发展

修订草案第二十二条规定，县级以上人民政府应当建立中小企业政策性信用担保制度，鼓励各类社会担保机构为中小企业提

供信用担保。有的部门的同志提出，国务院关于大力发展政府支持的融资担保和再担保机构的要求，在实际中执行效果较好，融资担保和再担保机构的建设，对于缓解小微企业融资难、融资贵起到了重要作用。建议增加规定，国家鼓励发展中小企业融资担保机构，推进政府主导的再担保机构发展。

5. 关于鼓励中小企业的人才引进

修订草案第二十六条规定，各级人民政府有关部门应当采取措施，拓宽渠道，引导高等学校毕业生到中小企业就业。有的企业的同志建议规定，政府要在创造好的人才发展环境上下功夫，比如放宽中小企业引进人才的户籍指标限制、为中小企业引进人才提供好的生活条件等，鼓励人才到中小企业就业。

有的企业的同志提出，高学历海归人才对文化类中小企业的发展至关重要，建议对引进海归人才的学历认证、购房资格许可、居住证办理等措施作出具体规定，为中小企业引进此类人才提供实实在在的便利。

6. 关于中小企业知识产权保护

修订草案第三十四条规定，国家鼓励中小企业研发和应用拥有自主知识产权的技术和产品，完善知识产权保护。有的企业的同志提出，专利维权的成本很高，除了强调中小企业自身维权外，政府也要加强市场监管，加大对中小企业知识产权、商业模式的保护力度。

7. 关于平等参与政府采购

修订草案第三十九条规定，政府采购不得在企业股权结构、经营年限、经营规模和财务指标等方面对中小企业实行差别待遇或者歧视待遇。有的企业的同志提出，实际中有的政府采购项目在投标企业的注册资本、历史业绩以及是否存在同类产品等方面设置限制条件，导致小微企业即便拥有先进的技术、产品也无法入围，建议规定具有可操作性的措施，切实保证小微企业平等参与政府采购。

8. 关于发挥中小企业公共服务平台作用

修订草案第四十六条规定，各级人民政府中小企业促进工作综合协调部门的网站，应当汇集并提供涉及中小企业的法律法规、政策及创业、创新、金融、市场、权益保护等各类政府服务信息。有的部门的同志提出，目前除中小企业主管部门的政府网站外，已有地方依托中小企业公共服务平台网络实现中小企业各类相关政府服务信息的一网归集和一窗查询，建议增加中小企业公共服务平台应当汇集并提供相关信息的规定。

9. 关于增强小微企业用工灵活性

有的企业的同志提出，我国劳动法律过于侧重保护劳动者权益，导致中小企业解雇员工难，解雇成本高，在劳动合同纠纷中企业即便无过错，往往也难以胜诉。建议考虑小微企业的特殊情况，在解雇劳动者的条件和经济补偿等方面作出特别规定，增强小微企业的用工灵活性。

中小企业促进法修订草案安徽调研简报

近日，法律委员会副主任委员孙宝树带领社会法室的同志，赴安徽省就中小企业促进法修订草案进行调研，法律委员会委员倪英达参加了调研。期间，调研组与安徽省、合肥市和蚌埠市部分部门和单位以及两家企业的同志进行座谈，并实地考察了四家中小企业。简报如下：

一、安徽省中小企业基本情况

截至2016年底，安徽省中小企业超过70万户，其中规模以上中小工业企业19110户。2016年，规模以上中小工业企业从业人员219.4万人，主营业务收入27883.9亿元，实现利润1444.5亿元；实现工业增加值6826.4亿元，增长11%，比全部工业高2.2个百分点，增加值占比由2015年的65.6%提高到67.7%，对全部工业增长的贡献率由2015年的81.10%提高到82.4%，在繁荣经济、增加就业、推动创新、改善民生等方面发挥了重要作用。

中小企业促进工作政策性强，涉及面广，安徽省按照权责一致、一件事情原则上由一个部门负责的要求，在整合有关促进中小企业发展职能的基础上，将指导、协调、服务中小企业发展置于全省经济运行、工业发展和行业管理中，统一由省政府综合经济部门负责。2009年,安徽省撤销经济委员会,组建经济和信息化委员会,内设中小企业局,主要职能是:会同有关方面拟订促进中小企业发展、全民创业和非公有制经济发展的政策措施;拟订改善中小企业融资环境的政策建议,协调解决有关重大问题;指导中小企业和非公有制经济创业、创新,推动建立完善中小企业社会化服务体系。2013年,省经信委增设企业发展服务处,负责中小企业问题的收集整理、分类转办、协调服务。

二、促进中小企业发展的主要举措

为促进中小企业健康发展,安徽省主要开展了以下工作:

1. 完善中小企业保护法律政策体系。2006年8月,安徽省人大常委会通过《安徽省中小企业促进条例》,结合本省实际对中小企业促进法作了细化。安徽省还先后出台了《关于促进中小企业加快发展的若干意见》(皖政〔2004〕94号)、《关于进一步加快个体私营等非公有制经济发展推进全民创业的意见》(皖政〔2007〕1号)、《关于进一步推动个体私营等非公有制经济又好又快发展的意见》(皖发〔2008〕19号)和《关于进一步促进非公有制经济和中小企业加快发展的实施意见》(皖政〔2010〕93号)等一系列细化配套政策措施。2013年《关于大力发展民营经济的意见》(皖发〔2013〕7号)出台后,16个市全部出台了贯彻意见,23个省直部门出台了实施细则或配套文件。2015年,针对经济下行压力加大,省政府出台《关于扶持小型微型企业健康发展的实施意见》(皖政办〔2015〕15号),在扶持资金、税收优惠、创业基地建设、就业补助、小微企业、融资担保、服务平台等方面提出了十项创新举措。2016年,围绕增效益、降成本,省政府出台《关于降成本减轻实体经济企业负担的实施意见》(皖政〔2016〕54号)。此外,安徽省各市、县(区)把促进中小企业发展作为"十一五"、"十二五"、"十三五"规划的重要内容纳入国民经济和社会发展考核范围，增加指标权重。

2. 减税降费减轻中小企业负担。近年来，国家出台了一系列税收优惠政策支持中小企业发展。安徽省围绕税费负担、人工成本等，采取措施切实降低企业生产经营成本。2016 年，全面落实结构性减税和普遍性降费政策，共减免税费 702.4 亿元，其中：减税 662.8 亿元；持续清理并减少省级行政事业性收费项目，贯彻落实国家和省行政事业性收费和政府性基金政策，减轻企业负担 17.4 亿元；全省养老保险单位费率由 20% 降至 19%，失业保险单位费率由 1.5% 降至 1%，生育保险平均费率由 0.8% 降至 0.55%，工伤保险综合费率由 1% 降至 0.83%，降低企业缴费负担 22.2 亿元。

3. 加大对中小企业融资支持力度。一是修改完善金融机构支持地方经济发展的考核办法，引导金融机构加大对中小企业融资支持力度。二是创新金融产品和服务方式。在全省推广“税融通”业务，根据企业的纳税情况给予一定额度的信用贷款；设立续贷过桥资金；推广新型政银担合作模式，贷款由融资担保公司、省信用担保集团、银行、当地政府按照 4:3:2:1 的比例承担风险责任；推进还款方式创新，变“还旧借新”为“借新还旧”，减轻企业还款压力。三是推动中小企业对接多层次资本市场。支持符合条件的中小企业上市；支持暂不具备上市条件的中小企业到全国股权转让系统挂牌发展；降低省区域性股权市场准入门槛，为中小企业登陆资本市场打造区域服务平台，支持中小企业通过股权交易、股权质押、私募债、定向增资等形式多渠道融资。四是增强担保增信能力。通过省、市、县三级政府安排财政资金补充县域国有担保机构资本金，壮大政策性担保机构实力。全省政策性担保机构融资担保在保余额 1694.02 亿元，担保费率为 1.18%。

4. 加大对中小企业资金扶持力度。一是设立创新型省份建设专项资金，2016 年省兑现 1340 家单位政策补助 7.5 亿元，其中支持自主创新能力建设补助 3.35 亿元,并带动市县补助 12.4 亿元。二是设立省级中小企业发展专项资金,重点支持中小企业技术改造、技术创新、企业信息化、产业集群建设及信用担保等,2008 年以来共安排专项资金近 5 亿元。三是安排奖励资金 2.22 亿元,引导企业开展技术创新、节能减排、安全生产及品牌培育,支持对象大部分为中小企业。四是给予社会资本孵化基地补贴,鼓励社会资本、民营企业或高校投资建设和管理运营孵化基地,为中小微企业创业提供场地等扶持。五是给予中小企业人力资源补贴。对中小企业招用就业困难人员的给予职工五项社会保险补贴;对小微企业新招用毕业年度高校毕业生的给予社会保险和岗前培训补贴;对中小企业自主开展或委托培训机构实施新招聘人员岗前技能培训和在岗职工技能提升培训的,分别给予人均 800—3000 元的培训补贴;实施"安徽省留学回国人员创业创新"项目,每年安排 200—300 万元资金扶持一批中小企业。

5. 降低和简化中小企业准入门槛和退出机制。安徽省深入实施商事制度改革,自 2014 年以来,严格实行注册资本认缴制、放宽注册资本登记条件、"先照后证"、放宽经营范围登记、"五证合一、一照一码"等登记改革任务,降低了中小企业准入门槛。根据国家工商总局《关于全面推进企业简易注销登记改革的指导意见》的统一部署,安徽于 3 月 1 日起在全省范围内全面实行企业简易注销登记改革,方便了中小企业退出。

6. 完善中小企业公共服务体系。一是深入推进"3+2"清单(权力清单、责任清单、涉企收费清单+公共服务清单、中介服务清单)制度建设,规范调整 258 项政府权责事项,动态调整省、市、县三级涉企收费,清理规范行政审批等行政权力所涉中介服务事项。二是加强载体建设。截至 2016 年底,累计建成城市就业创业园、创业街、农民工创业园、大学生创业孵化基地、留学人员创业园等创业园(区)662个,为中小微企业创业提供场地租金减免、水电费优惠等政策扶持;建成国家小型微型企业创业创新示范基地7个、省级小微企业创业基地135个、省级产业集群专业镇213个;建设国家级众创空间24家、省级106家、市级100家。三是打造服务平台。以省中小企业公共服务网络平台为依托,构建覆盖全省的中小企业服务平台网络,带动6748家服务机构入驻网络服务平台。合肥市将市本级保留、除市政府批准外的行政许可和非许可审批项目全部纳入市行政服务中心集中办理,有关部门整建制进入中心受理和办理业务。

三、中小企业发展面临的主要困难和问题

1. 市场准入难。有的部门的同志提出,一些地方对企业经营场所等条件的认定还存在审核过严、程序繁琐的情况,不利于中小企业及时注册。"先照后证"等公司登记制度改革后,取得营业执照前的审批环节减少了,但之后的审批部门和环节还很多,"办证难"、"准入不准营"的问题依然存在,一定程度上影响了中小企业进入市场。

2. 融资难。有的部门的同志提出,中小企业的资金需求具有"短、小、频、急"等特点,目前中小企业融资难的问题还相当普遍,融资贵、融资慢、融资渠道单一等问题比较突出。有的部门的同志提出,小微企业普遍存在规模小、实力弱、管理不规范、经营风险大等问题,实际中金融机构宁可不贷也不愿错贷,这些客观情况制约了小微企业的融资。

3. 税费负担重。一些部门和企业的同志提出,目前企业承担税收、"五险一金"和行政事业性收费的负担较重,制约了企业的创新和发展能力。在经济下行压力加大的情况下,劳动密集型企业社保缴费负担重的问题尤为突出。经济欠发达地区由于社保基金缺口大,通常执行较高的社保费率,也加大了本地区中小企业的负担。

4. 引进、留住人才难。有的部门和企业的同志提出,由于缺乏有效的人才引进机制和激励机制,生活环境、工资待遇、科研水平等方面与发达地区差距明显,中小企业自身在引进、培训人才方面的投入也存在不足,导致中小企业难以吸引和留住人才,影响和制约了中小企业的创新发展。

四、对修订草案的意见和建议

1. 总的意见和建议

在调研中许多同志提出,要进一步增强本法的可操作性,把实践中对中小企业行之有效的促进措施上升为法律制度,提出刚性要求,尽量减少“鼓励”、“支持”等表述,确保法律规定能落到实处。

一些同志提出,促进中小企业发展要处理好政府和市场的关系,处理好公益性和竞争性的关系,政府要充分发挥桥梁、纽带作用,不宜过多地直接介入市场;政府在财税支持、融资促进等方面不宜采取直接的资金补贴等措施,而是应该把重点放在营造公平竞争的市场环境、完善适合中小企业发展的公共服务体系上来。

有的同志提出,要针对初创期、成长期、成熟期各个阶段中小企业的不同特点,采取差异化促进措施。既要为创新创业营造宽松的政策环境,促进小微企业“铺天盖地”成长,也要为小微企业做强做大创造条件,培养“顶天立地”的大中型企业。要对不同发展阶段的企业采取不同的促进措施,并做好这些措施之间的有效衔接,对有发展前景的小微企业,要“扶上马、送一程”。

2. 关于总则

修订草案第二条规定,本法所称中小企业,是指在中华人民共和国境内依法设立的，人员规模、经营规模相对较小的企业，包括中型企业、小型企业和微型企业。中型企业、小型企业和微型企业划分标准由国务院中小企业促进工作综合协调部门牵头，根据企业职工人数、销售额、资产总额等指标，结合行业特点制定，报国务院批准。有的部门的同志建议，划分标准根据“产值、销售额、营业额、职工人数、资产总额”等指标制定。有的部门的同志建议将“相对较小的企业”修改为“为中、小型的企业”，并规定划分标准区分工业企业、科技型企业和其他企业类别，与有关法律和政策做好衔接。有的部门的同志提出，目前的划型标准过于细化，操作起来比较困难，建议只区分一、二、三产业，结合相关指标作大致划分。有的部门的同志建议规定，中型企业、小型企业和微型企业划分标准由国务院制定。

修订草案第四条规定，中小企业应当依法经营，遵守国家劳动用工、安全生产、职业卫生、社会保障、资源环境、质量标准、知识产权等方面的法律、法规，恪守诚实信用原则，规范企业管理，保障劳动者合法权益，维护社会公共利益。有的部门的同志建议删除“国家”、“恪守诚实信用原则”、“规范企业管理”等内容。有的部门的同志建议将“遵守”修改为“严格遵守”。有的部门的同志建议在“质量标准”后增加“财政税收”。

修订草案第五条规定，国务院负责制定中小企业政策，建立中小企业工作协调机制，统筹全国中小企业发展促进工作。国务院中小企业促进工作综合协调部门牵头组织实施中小企业政策，对中小企业发展促进工作进行综合协调、监督检查和指导服务。一些部门的同志提出，既要明确中小企业促进工作的协调机制和工作机制，也要明确承担中小企业促进工作的具体部门，建议明确国务院承担综合协调职责的部门，或者成立国务院直属机构，作为主管中小企业发展工作的专门部门，牵头全国中小企业发展促进工作，指导地方中小企业发展促进工作。有的部门的同志提出，“综合协调部门”是议事协调机构还是常设机构不清楚，建议删除本条规定。

修订草案第七条第一款规定，各级人民政府应当规范行政许可事项，依法开展管理工作，取消没有法律、法规依据的检查、评比等行政行为。有的部门的同志提出，法无禁止即可为，建议规定各级人民政府应当取消没有法律、法规依据的约束性行政行为，实施对中小企业正向激励性的行政行为。有的部门的同志建议在“法规”后增加规定“国务院有明确规定”。有的部门的同志提出，本条规定属于普遍性规定，不宜在本法中规定，建议删除。

修订草案第八条规定，国家推进中小企业信用制度建设，建立社会化的信用信息征集与评价体系。有的部门的同志建议将“社会化”修改为“政府与社会化相补充”。有的部门的同志建议增加规定中小企业“规范财务核算管理”，把中小企业信用建设纳入社会诚信体系建设。

3. 关于财税支持

修订草案第九条、第十条对中小企业发展专项资金及用途作了规定。有的部门的同志建议规定，中小企业专项资金“支持中小企业创业创新发展、专精特新发展、集聚集约发展、开放合作发展，完善中小企业信用担保体系”。有的部门的同志建议，在专项资金中设立人才培养专门资金，为中小企业引进人才提供支持。有的部门的同志建议，增加规定中小企业发展专项资金目标合同管理制度，确保资金使用效益。有的部门的同志建议将第九条、第十条合为一条，并对规定内容顺序和逻辑作相应调整。

修订草案第十一条对中小企业发展基金及用途作了原则规定。有的部门的同志建议增加规定基金的资金来源渠道。有的部门的同志建议将“重点用于”修改为“主要用于”。有的部门的同志建议,由政府出资设立产学研合作风险补偿基金,对中小企业参与的产学研合作项目,由于技术、市场等客观原因导致无法履行合同的,给予一定风险补偿。

修订草案第十二条规定,国家实行有利于小型微型企业发展的税收政策,简化小型微型企业税收征管程序,降低小型微型企业税收负担。有的部门的同志建议根据近年来税收优惠政策落实情况,通过提高小规模纳税人增值税起征点、提高企业所得税减计所得比例、提高研发费用加计扣除比例等措施,加大对小微企业的税收优惠。有的部门的同志建议,对现行各个环节针对中小企业的税收优惠政策整合起来,落实国家结构性减税政策。有的部门的同志建议规定,国家按照企业全生命周期的成长过程,对小型微型企业实行更加优惠的税收政策。有的部门的同志建议将本条修改为,国家实行有利于中小企业发展的税收政策,简化小型企业的税收征管程序,降低小型微利企业的税收负担。有的部门的同志提出,税收问题应由专门的税收法律规定,建议将"降低小型微型企业税收负担"修改为"落实税收优惠政策"。

有的部门的同志提出,目前《中小企业划型标准规定》对于小微企业的认定标准,与企业所得税法实施条例关于"小型微利企业"的认定标准不一致,导致有关政策口径不统一,建议做好衔接,并对本法相关表述作出修改。

有的部门的同志提出,要综合考虑国有企业、私营企业职工和灵活就业人员、自由职业者等群体的工资收入,合理确定社会平均工资标准以及相关的社保缴费基数,切实降低中小企业缴费负担。有的企业的同志建议统一各地区社会保险缴费比例。有的部门的同志建议规定,鼓励各地出台减轻企业社保负担政策,比如参照灵活就业人员费率确定小微企业员工的社保费率、区分用工规模设计差异化的缴费费率等。

4. 关于融资促进

一些部门提出，要根据中小企业的自身特点和融资需求，将实践效果较好的融资促进做法在法律中予以肯定。一是鼓励“税融通”、“政采贷”、“信贷 + 担保”、“信贷 + 保险”等金融模式创新。二是建立和完善守合同重信用企业信用融资模式，鼓励金融机构给予守合同重信用的中小企业一定额度的信用贷款。三是鼓励银行业金融机构提供中小企业商标、专利等知识产权质押贷款业务，鼓励地方建立知识产权质押贷款市场化风险补偿机制。四是明确非存款类放贷机构和互联网金融的法律地位，给予相应的税收优惠，鼓励它们为中小企业提供金融服务。

修订草案第十五条规定，国务院银行业监督管理机构对金融机构开展小型微型企业金融服务应当制定差异化监管政策，采取措施鼓励和引导金融机构增加小型微型企业融资规模和比重，提高小型微型企业金融服务水平。一些部门的同志建议规定，提高银行对中小企业不良贷款的容忍度，实行尽职免职原则，进一步完善放贷业务的容错纠错机制。有的部门的同志建议增加规定，国家政策性银行、商业银行要鼓励和引导金融机构增加小微企业融资规模和比重，提供符合中西部中小企业特点的金融产品和服务。

修订草案第十七条规定，国家鼓励各类金融机构提供适合中小企业特点的金融产品和服务。国家鼓励银行业金融机构设立小型微型企业金融服务专营机构。有的部门的同志建议增加规定，国家深化金融体制改革，探索设立全国中小企业政策性银行，鼓励民间资本发起设立民营银行。有的部门的同志建议增加规定，国家和创新性试点省份设立政策性科技中小企业发展银行，提供针对科技创新的产品和服务，建立内部政策性评价体系，支持科技型中小企业发展。有的部门的同志建议，针对中小企业融资难、融资慢的问题，增加规定国家鼓励银行业金融机构优化小微企业贷款流程,适当下放县域分支机构业务审批权限;国家鼓励金融机构发展投贷联动、投保联动、投债联动等联动融资模式,加大对创新创业企业的支持力度。

修订草案第二十二条规定,县级以上人民政府应当建立中小企业政策性信用担保制度,鼓励各类社会担保机构为中小企业提供信用担保。有的部门的同志提出,建立中小企业政策性信用担保制度不属于地方事权,建议将“政策性信用担保制度”修改为“融资担保体系”。有的企业的同志提出,有的企业从银行贷款后不用于企业发展,挤占、浪费了金融资源,建议通过信用监管措施为此类行为划定“红线”,予以规范。

5. 关于创业扶持

修订草案第二十七条规定,国家改善企业创业环境,优化审批流程,实现小型微型企业行政许可便捷。有的部门的同志建议在修订草案中恢复现行法的有关规定,如增加规定“不得在法律、行政法规和国务院决定之外新增工商登记的前置审批事项”,同时将本条有关内容修改为“简化审批程序、优化审批流程、明确审批时限,实现小型微型企业注册登记等行政许可便捷”。有的部门的同志建议,进一步推进登记注册制度便利化,取消企业名称预先核准环节,由企业自行选择、自主申报、自行负责。有的部门的同志建议规定,中小企业设立登记时只要提供租赁合同、无偿使用证明等材料,并对住所的真实性、合法性和安全性做书面承诺即可,不需要提交产权证明。

6. 关于创新支持

第三十一条第二款规定,小型微型企业用于研发和生产经营的设备可依法缩短折旧年限或采取加速折旧方法。有的部门的同志建议修改为,中小企业用于研发的固定资产需要加速折旧的,可以选择缩短折旧年限或采取加速折旧的方法;小型微利企业购买小额用于研发和生产经营公用的仪器、设备，依法允许一次性计入当期成本费用在税前扣除。有的部门的同志提出，上述规定过于具体，且在修订草案第十二条已有原则规定，建议删除。

修订草案第三十四条规定，国家鼓励中小企业研发和应用拥有自主知识产权的技术和产品，完善知识产权保护，鼓励中小企业投保知识产权保险，减轻微型企业申请和维持知识产权的费用等负担。有的部门的同志建议在“鼓励中小企业投保知识产权保险”后增加规定，国家鼓励中小企业申请知识产权质押贷款。有的部门的同志建议规定，国家建立中小企业知识产权信息共享平台，实行信息共享，加大对侵犯知识产权行为的打击力度；建立中小企业知识产权维权援助基金，加强维权援助工作。

修订草案第三十五条规定，政府有关部门应当在规划、用地、财政等方面提供支持，推动建立和发展各类创新服务机构。有的部门的同志建议增加规定，政府推动建立和发展“新型研发机构”。有的部门的同志建议明确本法“创新服务机构”、“公共服务机构”、“社会专业服务机构”等概念的内涵与外延，避免重复交叉。

7. 关于市场开拓

修订草案三十九条第二款规定，向中小企业预留的采购份额应当占本部门年度政府采购项目预算总额的30%以上，其中，预留给小型微型企业的比例不低于60%。中小企业无法提供的商品和服务除外。有的部门的同志提出，明确规定比例是否妥当，建议再斟酌。有的部门的同志提出，预留给小型微型企业的采购比例不低于60%的要求实际中难以做到，建议删除该规定。有的企业的同志建议规定，政府实行集中统一采购，防止采购中出现区域分割、只比价格不顾质量等问题。

修订草案第四十三条规定，县级以上地方人民政府应当根据实际需要建立和完善中小企业公共服务机构，为中小企业提供公益性服务。有的部门的同志建议增加规定,通过政府购买公共服务的方式,为中小企业提供公益性服务。有的部门的同志提出,根据机构编制管理相关规定,为避免公共服务提供方式一刀切,建议将“建立和完善”修改为“采取多种方式培育建立”。

8.其他意见

(1)有的部门的同志提出,本法中很多具体规定是针对小微企业的,目前“双创”等活动的主体也主要是微型企业,建议将本法名称修改为“中小微企业促进法”。

(2)有的企业的同志提出,要明确本法“有关部门”具体指哪些部门,或者采取列举加概括的形式明确牵头部门,解决“谁来管”和“找谁管”的问题。

(3)修订草案第六条规定,国家统计部门应当建立健全中小企业统计调查制度,加强监测分析,定期发布有关信息。有的部门的同志建议增加规定国家工业和信息化部门作为建立健全中小企业统计调查制度的部门。

(4)修订草案第四十七条第二款规定,国家支持职业教育院校教师和中小企业技术人才双向交流,创新中小企业人才培养模式。有的部门的同志建议增加规定国家支持“高等学校”与中小企业技术人才双向交流。

(5)修订草案第五十条规定,政府有关部门制定涉及中小企业的部门规章和政策时,应当征求同级中小企业促进工作综合协调部门的意见。有的部门的同志提出,根据立法法规定,部门规章制定权仅限于国务院部委,建议删除“部门规章”。

(6)修订草案第五十三条规定,政府部门和大型企业不得违约拖欠中小企业的货物、工程、服务款项。中小企业有权要求拖欠方支付拖欠款并要求对拖欠造成的损害进行赔偿。有的部门的同志建议将“政府部门和大型企业”修改为“任何单位和个人”。有的部门的同志建议规定，中小企业有权要求拖欠方对拖欠造成的实际损害进行双倍赔偿。

（7）修订草案第五十四条第三款规定，国家对微型企业行政事业性收费实行优惠政策。有的部门的同志建议将“微型企业”修改为“小型微型企业”，与第十二条规定的税收优惠对象保持一致。

中小企业促进法修订草案
辽宁调研简报

2017年4月17日至19日,法工委副主任张勇同志率社会法室的同志赴辽宁省,就中小企业促进法修订草案(以下简称修订草案)有关问题进行调研。期间,与辽宁省、锦州市有关部门、企业座谈交流,并到7家中小企业实地考察,了解情况,听取意见和建议。工信部中小企业局有关负责同志参加了调研。简报如下:

一、辽宁省中小企业的基本情况

根据辽宁省工商登记数据,截至目前辽宁省市场主体总量达302.3万户,其中各类企业72.7万户,个体工商户223.7万户,农民专业合作社5.9万户。中小企业数量达66万户,占全省企业总量的90.78%。今年第一季度,全省新登记的各类市场主体达11.3万户,同比增长46.2%;其中新登记的各类中小企业达到3.1万户,同比增长36.5%,平均每天新登记企业超过500户。中小企业蓬勃发展的态势正在形成。

从2016年全省的经济数据看,辽宁的中小企业为全省贡献了50%以上的地区生产总值(11566亿元);60%以上的财税收入(上缴税金1335亿元);70%左右的固定资产投资(投资4484亿元)和80%以上的新增就业(33.6万人)。中小企业的规模持续扩大,发展的质量稳步提高,对全省经济发展和社会稳定的支撑作用逐步增强。

二、促进中小企业发展的主要做法

1. 完善促进中小企业发展的法规政策和工作体制。为贯彻落实中小企业促进法,辽宁省人大常委会于2008年9月25日通过了《辽宁省促进中小企业发展条例》,2013年11月29日通过了《辽宁省中小微企业权益保护条例》。其中,《辽宁省中小微企业权益保护条例》是目前国内第一部专门保护中小微企业权益的地方性法规。近年来,围绕促进民营经济发展,省人大常委会还先后制定了《辽宁省优化营商环境条例》(2016年12月7日)以及《关于促进民营经济发展的决议》。省政府及有关部门也先后出台了《关于支持中小微企业发展的若干意见》等系列规范性文件,为中小企业促进工作提供了制度保障。

2002年,辽宁省政府明确由当时的辽宁省乡镇企业局全面负责中小企业发展工作。2004年,成立省中小企业厅,作为全省主管中小企业、乡镇企业和民营经济、城镇集体经济工作的省政府组成部门,2016年更名为省企业服务局。2017年1月起,改由省工信委负责中小企业的宏观指导和综合协调工作,下设中小企业局(正处级)负责具体工作;目前辽宁省各地市一般都在工信委(经信委)下设中小(民营)企业处(科、局)。

2016年,辽宁省成立了省委书记、省长为组长的省软环境建设工作领导小组,负责统筹组织协调全省优化投资营商环境建设工作,办公室设在省政府办公厅。2017年,专门成立了省营商环境建设监督局,划转省政府办公厅承担的领导小组办公室职能,着力整治与中小企业发展相关的侵占企业财产、增加企业负担和融资难、融资贵等问题。各地区各部门也相继成立了领导小组和工作机构。

2. 营造有利于中小企业发展的良好环境。2013 年以来，辽宁省深入推进简政放权，共取消调整行政审批等事项 1682 项，各地市共取消调整行政职权 11013 项，将省政府 40 个部门保留的 499 项行政审批等事项全部纳入省政府服务中心集中办理，方便企业办事。建立健全法律维权服务体制机制，在市县区设立中小企业维权服务机构，发挥中小企业法律服务平台作用，为中小企业提供优质法律援助服务。

3. 提升中小企业规模和质量。近年来，辽宁省实施“小升规”、“个转企”等工程，建立小升规企业数据库，促进小微企业转型升级；重点培育个体工商户转型升级为企业，提高小微企业整体发展水平。促进和鼓励有条件的民营企业、中小企业建立以现代产权制度、组织制度和管理制度为主要内容的现代企业制度。

4. 完善中小企业服务体系建设。辽宁省着力推进中小微企业创业基地建设工作，目前全省已建立各级创业孵化基地 200 多个，其中国家级创业基地 7 家，省级创业基地 140 家，共入驻企业 6000 余户，带动就业超过 80000 人。推进中小企业公共服务平台网络建设，完成 28 个平台建设任务，通过平台网络组织开展线上线下服务，为企业提供精准高效服务。培育中小企业公共技术服务平台，2010 年以来共认定省级平台 136 家，破解企业技术难题 63000 多项。

5. 多措并举缓解中小企业融资困难。近年来，辽宁省通过与大型国有银行、商业银行签订中小企业融资战略合作协议，与部分银行分行合作推广“助保贷”产品。搭建银企对接平台，2016 年共组织银企对接活动 106 次。引导支持中小企业信用担保体系建设，2016 年全省（不含大连）为中小微企业提供融资担保的 109 家担保机构，累计担保代偿 19.56 亿元。与人民银行沈阳分行共同建立“辽宁省中小微企业信用培育池”，为“入池”企业提供综合性金融服务和信用培育、辅导咨询服务，改善企业融资条件。

6. 推动中小企业提升创业创新能力。通过开展创业培训和创业辅导、提供创业补贴、完善小额担保贷款、搭建创业孵化平台等，支持大学生自主创业和农民工返乡创业。2016 年全省发展众创空间 99 家，孵化基地总面积达 134 万平方米，在孵企业、团队 2986 个。鼓励企业技术创新，推动中小企业发展“专精特新”产品技术，2010 年以来共认定省级中小企业“专精特新”产品和技术 2307 项，其中达到国际国内先进水平项目的产品和技术占 75% 以上。

三、中小企业发展面临的主要困难和问题

1. 产业结构矛盾突出。一些部门提出，辽宁省中小企业产业结构中传统产业比重高，转型升级进展缓慢。初加工产品多、中间产品多，终端产品少、产品附加值低。高新技术、新兴产业和现代服务业企业发展相对滞后。中小企业的平均生命周期较短。长期以来形成的注重大工业、大项目的传统观念和惯性思维，导致一些部门和地方在战略布局和工作部署上，没有把发展中小微企业放在突出位置，形成了“大树底下不长草”的局面，影响了中小企业的发展环境。

2. 融资难。一些部门和企业提出，资金紧张，融资难、融资贵是企业特别是小微企业面临的最大难题，中小微企业贷款利率高，导致融资成本高，贷不到、不敢贷的现象比较普遍。实际中除了贷款利率高，银行放贷过程中的附加性收费也是造成中小企业融资贵的原因。中小企业特别是小微企业自身管理不规范、信用积累不持续等问题，也直接导致了中小企业融资难。

3. 税费负担重。有的单位和企业提出，目前企业承担的税费负担较重，在经济下行压力加大的情况下，中小企业税费重的感受

尤其明显。对生产类中小企业而言,还容易被动承受上游企业转嫁的税收等经营成本。劳动密集型中小企业由于用工数量大,“五险一金”缴费支出占营业利润比重较大,影响了企业的创新发展投入能力。

4. 拖欠问题突出。一些单位和企业提出,由于中小企业相对弱势,常常被政府和大企业“打白条”,被动承受大企业转嫁的经营风险;有的国有单位、企业甚至在项目合作完成后,以中小企业的“民营身份”无法做账为由,长期拖欠款项。中小企业为维持合作关系,获得订单,往往不愿将欠款纠纷诉诸法律。拖欠问题是造成中小企业经营困难重要原因之一。

5. 企业管理水平低。有的部门和企业提出,目前很多私营中小企业没有建立起现代企业制度,家族式管理的情况比较普遍,缺乏现代企业管理经验和国际视野。企业财务管理制度不健全,信用评级低。管理者普遍创新意识不强,管理方式落后,缺乏高技能人才,自主创新能力不足,人才流失严重,影响了企业的创新发展后劲。

四、对修订草案的主要意见和建议

1. 关于总则

修订草案第二条第一款规定,本法所称中小企业,是指在中华人民共和国境内依法设立的,人员规模、经营规模相对较小的企业,包括中型企业、小型企业和微型企业。有的部门建议,把新型农民专业合作组织纳入中小企业范畴,享受相关政策优惠。有的部门提出,个体工商户作为阶段性的市场经济主体,目前已完成了历史使命,应通过“个转企”等工程,纳入本法的促进范围。有的部门提出,个体工商户作为客观存在的市场主体形式,应允许其自然发展,不宜一概纳入小微企业范畴。

修订草案第二条第二款规定，中型企业、小型企业和微型企业划分标准由国务院中小企业促进工作综合协调部门牵头，根据企业职工人数、销售额、资产总额等指标，结合行业特点制定，报国务院批准。有的部门提出，除本法规定的划型标准外，目前对金融业企业另有一套划型标准，要做好各类划型标准的衔接，解决中小微企业“身份”认定问题，建议增加规定“依据年度报告信息，由国务院有关部门推动建立完善国家中型企业库、小型企业库、微型企业库”。有的部门建议，中小企业的划型标准要考虑企业组织形式、融资方式、市场份额等因素。有的部门建议国家出台划型标准的具体执行办法，指导地方中小企业认定工作。

修订草案第五条对中小企业促进工作的管理体制作了规定。其中第二款规定，国务院中小企业促进工作综合协调部门牵头组织实施中小企业政策，对中小企业发展促进工作进行综合协调、监督检查和指导服务；第三款规定，国务院有关部门根据国家促进中小企业发展政策，在各自职责范围内负责中小企业发展促进工作。有的部门建议明确各级人民政府负责中小企业促进工作的具体部门，或者成立专门的中小企业综合管理部门，形成统一有层次的中小企业管理体制。有的部门建议在第三款增加规定，国务院有关部门“在中小企业工作综合协调部门的统筹协调和指导下”负责相关工作。有的企业提出，实际中地方的中小企业厅(局)存在被合并或“缩脖设立”的趋势，不利于中小企业促进工作，建议本法进一步明确中小企业促进工作的管理部门和责任主体。有的企业提出，综合协调部门是临时协调机构还是常设机构不清楚，建议借鉴国外做法，在各级人大成立“位高权实”的中小企业专门委员会。

修订草案第八条规定，国家推进中小企业信用制度建设，建立社会化的信用信息征集与评价体系，实现中小企业信用信息查询、交流和共享的社会化。有的部门提出，目前各地、各行业建立的征信系统，由于目标、用途不一，导致标准不统一，难以共享和有效衔接，建议规定国家建立全国统一的征信体系。有的部门建议规定守信企业正向激励条款，引导中小企业遵纪守法，提高信用水平。

2. 关于财税支持

修订草案第九条规定，中央财政应当在本级预算中设立中小企业科目，安排中小企业发展专项资金。县级以上地方人民政府根据实际情况在本级财政预算中安排中小企业发展专项资金。第十条对专项资金的用途作了规定。有的部门建议规定，省级、市级财政也应当在本级预算中设立中小企业科目，安排中小企业发展专项资金。有的部门提出，根据三中全会“逐步取消竞争性领域专项和地方资金配套”的要求，建议规定对中小企业的财税支持侧重从基金投入和税收优惠方面加大力度。有的部门建议明确中小企业专项资金的用途包括“支持企业改善管理、提升信用能力，组织中介机构服务中小微企业”。有的部门建议规定，中央财政安排的中小企业专项资金应更多向欠发达地区倾斜。

修订草案第十一条规定，国家设立中小企业发展基金。国家中小企业发展基金应当遵循政策性导向和市场化运作原则，引导和带动社会资金，主要用于种子期、初创期成长型中小企业，促进创业创新。县级以上地方人民政府可以根据实际情况设立中小企业发展基金。有的部门建议规定各级政府都要建立中小企业发展基金，并对发挥基金作用提出明确要求。有的部门建议规定，省级人民政府也应当设立中小企业发展基金。有的部门建议，明确将支持中小企业服务机构建设作为发展基金的用途之一。有的企业建议，明确规定地方中小企业发展基金的额度，比如以当地财政收入的一定比例作为基金设立的标准。

修订草案第十二条规定，国家实行有利于小型微型企业发展的税收政策，简化小型微型企业税收征管程序，降低小型微型企业税收负担。有的部门提出，由于行业状况、科技含量和用工密集程度的不同，不同类型的中小企业对税收优惠的需求不同，建议区分行业、企业种类实施税收优惠政策。

3. 关于融资促进

修订草案第十五条规定，国务院银行业监督管理机构对金融机构开展小型微型企业金融服务应当制定差异化监管政策。一些部门建议规定，提高银行不良贷款容忍度，明确风险免责制度。有的部门提出，对于信用评级优良的中小企业，应当支持他们通过"借新还旧"、"展期还款"等方式从银行获得贷款，解决资金周转困难；对银行恶意抽贷的行为要予以处理。

修订草案第十七条第二款规定，国家鼓励银行业金融机构设立小型微型企业金融服务专营机构。有的部门建议明确规定，金融机构应当设立小微企业金融服务专营机构。有的部门建议规定，国家推动设立中小企业政策性银行。

修订草案第十九条规定，国家健全多层次资本市场体系，多渠道推动股权融资，发展并规范债券市场，促进不同特点、规模和发展阶段的中小企业利用多种方式直接融资。有的部门建议规定，国家鼓励各类社会资本设立天使投资、创业投资等股权投资基金，支持中小企业创新创业活动。有的部门提出，为了给区域性股权交易市场与新三板、创业板之间的转板机制提供法律依据，建议规定"国家建立多层次资本市场之间的连接机制"。

修订草案第二十二条规定，县级以上人民政府应当建立中小企业政策性信用担保制度，鼓励各类社会担保机构为中小企业提供信用担保。有的部门建议规定，政府应当安排财政专项资金，用于建立健全面向小型微型企业的贷款担保和风险分担机制。有的企业提出，县级人民政府没有立法权，不宜赋予其建立中小企业政策性信用担保制度的权力。

修订草案第二十三条规定，国家鼓励保险机构开展中小企业贷款保证保险和信用保险业务，开发适应中小企业风险分散，补偿损失需求的保险产品。有的部门提出，实际中有的保险公司虽然愿意开展此类保险业务，但是以银行承担部分风险损失为条件，这种做法是否合理，需要进一步研究，建议在国家层面予以明确。有的部门提出，银行“以物抵债”过程中处置固定资产和股权时，需交纳契税、增值税和过户费等税费，间接推高了中小企业融资成本，建议规定对中小企业金融服务机构处置不良资产的，国家给予税费优惠，政府有关部门要精简抵债物权过户流程，为银行处置不良资产提供便利。

4. 关于创业扶持

修订草案第二十六条规定，失业人员、残疾人员创办中小企业的，所在地政府应当积极扶持，提供便利，加强指导。有的部门提出，对失业人员、残疾人员的创业扶持在其他相关法律法规中已有规定，本法创业扶持的重点应突出大学毕业生、退伍人员、返乡农民工等群体。

5. 关于创新支持

修订草案第三十四条规定，国家鼓励中小企业研发和应用拥有自主知识产权的技术和产品，完善知识产权保护，鼓励中小企业投保知识产权保险，减轻微型企业申请和维持知识产权的费用等负担。有的部门建议增加规定，国家“引导企业运用公证保护知识产权”。

修订草案第三十五条规定，政府有关部门应当在规划、用地、财政等方面提供支持，推动建立和发展各类创新服务机构。有的企业建议，恢复现行法“生产力促进中心”、“科技企业孵化基地”的法律地位，并增加列举“众创空间”、“星创天地”等服务机构。有的部门建议，除了推动实体创业基地的发展，还要在法律上对

"创客空间"等网络创业服务载体予以肯定。

修订草案第三十六条规定,国家鼓励科研机构、高等学校和大型企业等向中小企业开放试验设施,开展技术研发与合作,帮助中小企业开发新产品,培养专业人才。有的部门建议增加规定,县级以上人民政府建立科技创新券制度,支持科技型中小企业向高校、科研院所、公共服务平台购买科技服务。

6. 关于市场开拓

修订草案第三十九条第二款规定,向中小企业预留的采购份额应当占本部门年度政府采购项目预算总额的30%以上,其中,预留给小型微型企业的比例不低于60%。中小企业无法提供的商品和服务除外。有的部门提出,要贯彻军民融合等发展理念,鼓励军工等大企业降低采购门槛,允许中小企业承接、参与生产中低端配套产品。

7. 关于社会服务

修订草案第四十三条规定,县级以上地方人民政府应当根据实际需要建立和完善中小企业公共服务机构,为中小企业提供公益性服务。有的部门提出,与市场化服务相比,公益性服务的效率较低,性价比往往不高,建议政府不要直接建立公共服务机构,而是重点支持社会化专业服务机构为中小企业提供服务。

8. 关于权益保护

修订草案第五十一条第一款规定,中小企业对侵害其合法权益的行政执法行为有权拒绝和举报、控告。有的部门提出,行政执法行为是法定的授权行为,具有法律效力,中小企业可以保留申诉、复议、诉讼的权利,但不宜规定中小企业有权拒绝执行,建议删去"拒绝"。

修订草案第五十二条规定,司法机关应当加强中小企业诉讼渠道建设和法律服务,提高中小企业维权程序的透明度和便捷度。

有的企业提出,在保证中小企业的司法维权渠道畅通的同时,也要强调对中小企业及其负责人的权益保障,防止司法机关草率对中小企业负责人采取强制措施,影响企业生产经营。

修订草案第五十三条第二款规定,中小企业有权要求拖欠方支付拖欠款并要求对拖欠造成的损害进行赔偿。有的部门建议增加规定,连锁债务链的源头(多数是大型企业或政府机构)在一定条件下应当承担整个债务链企业的损失。有的企业提出,拖欠问题在大型企业之间也存在,双向债、三角债、连环债等问题直接冲击了国家的经济体系,要从国家宏观层面进行治理。

9. 其他意见和建议

(1)有的部门建议,将本法的名称“中小企业促进法”修改为“中小企业法”。

(2)一些部门和企业建议,明确“鼓励”、“支持”的手段、方式,或者多采用“应当”、“必须”等表述,提高本法的可操作性。

(3)一些部门提出,根据权责对等的原则,建议在本法增加相应的法律责任,更好地维护中小企业的合法权益。

(4)有的部门提出,中小企业用工难的问题比较突出,建议增加中小企业用工保障方面的条款。

(5)有的部门建议规定,国家鼓励高等学校设立中小企业经营管理方面的学科,专门为中小企业培养经营管理人才。

(6)有的部门建议增加规定,国家鼓励律师、公共法律服务机构为中小企业提供法律服务。

中小企业促进法修订草案
山西调研简报

2017年4月20日至21日，法工委副主任张勇同志率社会法室的同志赴山西省，就中小企业促进法修订草案有关问题进行调研。期间，与山西省、阳泉市有关部门、中小企业负责人座谈交流，并到太原市和阳泉市的中小企业综合服务平台、清控创新基地，以及7家中小企业实地考察，了解情况，听取意见和建议。工信部中小企业局有关负责同志参加了调研。简报如下：

一、山西省中小企业和促进措施的基本情况

截至2016年底，全省共有21.68万户中小企业法人，占全省企业总量的99.7%，占全国中小企业总量的1.7%。从业人员401万人，占全省企业从业人员总量的67.5%。全省中小企业营业收入24059亿元，上缴税金848亿元，占全省税收总收入的50%。

山西省的省、市、县三级均设有中小企业局。山西省中小企业局是副厅级行政机构，归省经信委管理。大同市中小企业局设在经信委内，其他设区市的中小企业局为事业单位法人。县级中小企业局有的设在经信局，有的是事业单位法人。

2006年，山西省制定了《山西省实施〈中华人民共和国中小企业促进法〉办法》，2012年出台了《关于扶持小型微型企业加快发

展的若干政策措施》,2013 年出台了《关于进一步支持中小微企业健康发展的措施》,2015 年制定了《关于加快民营经济发展的意见》,各市、县共出台支持中小企业、民营经济发展的配套措施 263 件。主要有以下促进措施:

一是,推进简政放权,减轻企业负担。清理规范报建审批事项,将全省投资项目开工前的报建事项由 58 项减至 36 项。下放投资项目备案权限,除跨市项目及国家明确要求省级备案的项目外,企业固定资产投资备案权限下放至设区的市。实行涉企收费目录清单管理,取消省级以下政府设立的行政事业性收费。

二是,推动中小企业公共服务平台建设。建设"1 + 11 + 24"(1 个省级枢纽平台、11 个市级综合服务窗口平台、24 个产业服务窗口平台)的中小企业公共服务平台体系。建设了 370 多个小微企业服务站,为创业人群和小微企业提供创业辅导、政策咨询、人才、技术等服务。

三是,安排财政资金通过其他形式支持中小企业发展。山西省分别设立了小微企业扶持基金、中小企业创投基金、民营企业创新转型投资基金,总规模 55 亿元,财政承诺出资 11. 2 亿元,社会资本 43. 8 亿元,重点支持企业在"新三板"挂牌上市。每年安排 1500 万元支持中小企业建立技术中心、开展产学研合作等。推进"小升规",安排专项资金对当年主营业务收入首次达到规模以上的小微工业企业进行奖励。推进产业集群发展,2016 年安排 2860 万元对稷山印刷包装、定襄锻造等 6 个产业集群进行奖励。

四是,加大对中小企业的金融支持,具体有以下措施:第一,推动银行等金融机构成立小企业金融服务专营机构,在分行层面成立独立的中小企业部,全省设立小微支行和社区支行 225 家。第二,发展小额贷款公司,全省设立小额贷款公司 574 个,贷款余额达到 298 亿元,相当于一家中小股份银行的投放规模。第三,完善担保制度。全省共有融资担保公司237家,担保业务规模达到338.5亿元。支持政策性担保机构发展,2016年成立了注册资本10亿元的省级农业担保公司,设立了6家再担保公司。建立1亿元的融资担保企业风险补偿基金,主要用于对发生担保损失的担保公司给予补贴,2016年进行风险补贴2057万元。推动企业拓宽应收账款融资渠道,截至2016年末,累计办理登记350笔,融资金额合计590.82亿元。第四,推动保险公司加大对重点行业和领域的民营企业保险力度,财产保险公司针对中小民营企业财产保险承保1200余笔,风险保障超过197亿元。第五,建立"政银企"融资平台。2014年起,省财政三年安排5亿元政府风险补偿资金,采取以奖代补方式支持市县创新中小企业融资模式。截至2016年底,带动银行为2833户中小企业贷款175.65亿元。第六,推动企业直接融资。对在中小板、新三板、山西股权交易中心融资的中小企业分别给予100万、50万、10万元的奖励。2016年推动33户中小企业在新三板挂牌。

五是,支持中小企业参与政府采购。2014~2016年,全省政府采购授予中小微企业的合同金额达到636.16亿元,占政府采购总规模的60%。

二、促进中小企业发展面临的主要问题

政府部门和企业都提出,中小企业发展问题涉及面广,需要系统化的解决措施,实践中有的促进措施缺乏针对性、力度不够、覆盖面窄、落实困难,实施效果不明显,中小企业"获得感"不强、发展状况不理想。

1. 政府行政管理效率不高,服务不到位。有的部门提出,中小企业面临"玻璃门"、"弹簧门"、"旋转门"等问题,准入障碍仍然变相存在。部分市县政府所有制情结过重,对中小企业关注不够。

例如,工业用地指标一般优先供应国有项目、重点工程和大型项目,有的中小企业即使有项目、有资金,也难以拿到用地指标。行政审批方面,审批事项多、机关多、程序多、周期长、效率低等问题没有得到根本改善。政策落实方面,有的政策缺乏具体实施细则和操作办法,无法有效实施。政府招商引资时承诺的优惠政策,在企业落户后有时得不到落实和兑现。

有的部门提出,立项、环评、土地、安监等环节审批手续多,管理服务不到位,“慢、拖、扣”现象时有发生,行政机关服务意识差、行为不规范,收费较高,制约中小企业发展。

有的企业的负责人提出,规划、建设等审批事项时间较长,企业在这方面消耗的精力较多,不利于企业正常开展研发生产工作。

2. 融资难、融资贵。有的部门提出,大多数企业反映融资困难,一些原本运转正常、效益较好的企业因资金链断裂陷入困境,停产甚至破产。有的部门提出,太原市民营企业融资成本普遍在15%—18%之间,小微企业则高达25%以上。

有的企业的负责人提出,为了给公司融资贷款,自己把个人财产都抵押了出去。企业家承担的风险过大,影响大胆创业和企业长远发展。

一些部门提出,中小企业融资难、融资贵,主要有以下原因:一是,中小企业抗风险能力弱、淘汰率高、财务不规范、信息不透明、治理结构不完善,有的企业不重视自身信用,甚至编制虚假财务资料骗贷,金融机构向中小企业放贷的积极性不高。放贷人员要就不良贷款承担责任,中小企业贷款不良率较高,有的银行对向大企业放贷与向中小企业放贷适用相同的考核标准,影响工作人员向中小企业放贷的积极性。在阳泉调研时,有的企业的一位负责人提到,他曾经在银行中小企业部工作过,由于中小企业部贷款不良率过高,该银行最后取消了专门的中小企业部。二是,中小企业缺乏抵押物，无形资产抵押、应收账款抵押等还没有被普遍接受。虽然全省有多家融资担保公司，但大部分融资担保公司注册资本规模小，难以与银行开展有效合作为中小企业提供担保。三是，缺乏健全的中小企业信息平台。目前银行主要通过人民银行企业征信系统对中小企业进行资信调查，企业的纳税、土地、环评和民间融资等信息没有进入统一、完整的信息征集渠道。四是，银行信贷审批权集中，难以适应中小企业“小、频、急”的资金需求特点。

3. 企业创新不足，人才短缺。有的部门提出，受全省“一煤独大”产业结构影响，很多中小企业依附于煤炭行业，企业缺乏创业创新意识，产学研联合创新机制不完善、技术创新经费投入不足，高层次技术人才缺乏。近70%的企业存在用工紧缺问题，高级人才难引进，普通工人难留住。

4. 中小企业公共服务平台运营存在问题。根据2010年公信部等部门联合颁布的《关于促进中小企业公共服务平台建设的指导意见》，中小企业公共服务平台要按照“政府引导、市场化运作，面向产业、服务企业，资源共享、注重实效”的原则进行建设。目前，有的服务平台是事业单位法人，其建设、维护和运营主要依赖财政资金，提供的服务中有些属于政府相关部门在各自本职工作中应当提供的基本公共服务，对中小企业的吸引力不够。太原市中小企业综合服务平台负责人介绍，平台目前主要是免费提供服务，以后需要进一步加强市场化运作能力，通过提供高质量服务吸引中小企业，更好地发挥平台的价值。

阳泉市的某电子商务园区属于公司运营的平台，该园区为入住企业提供公共关系、法务、财务、企业策划等服务，帮助企业解决运营中存在的各种问题，因为有规模优势，园区向企业收取的相关服务费用也低于市场价。该园区负责人建议，加强政府公共服务平台与公司平台的沟通和衔接。

5. 政府部门间缺乏协作、衔接。目前许多促进中小企业发展的措施具有临时性，政府部门之间缺乏协作、衔接，影响实施效果。例如，关于中小企业的信息收集和管理，许多部门有各自的涉及中小企业的信息，但由于互不衔接，难以形成统一的信息平台，无法充分发挥作用。行政审批权从省级下放到市级，没有有效解决部门协调配合不畅、行政效率低下等问题，中小企业仍然感到办事难。

三、对修订草案的主要意见和建议

1. 关于总则

修订草案第五条第四款规定："地方各级人民政府根据本法，负责本行政区域内的中小企业发展促进工作。"有的部门建议修改为："地方各级人民政府应当建立中小企业工作综合协调机制，统筹本行政区域内的中小企业发展促进工作；设立中小企业综合协调机构，履行本法规定的依法行政职责。"有的部门建议，从法律层面理顺中小企业工作综合协调部门的工作机制，统一各级中小企业综合协调部门的性质、级别建制，明确职能职责。有的部门建议，规定成立国家中小企业发展促进局，地方各级政府设立地方中小企业发展促进部门。

有的部门建议，在修订草案第六条中增加规定："各级统计部门应当定期向中小企业促进工作综合协调部门提供有关数据，定期向社会发布有关信息。"

有的部门建议，明确本法适用于个体工商户、农村承包经营户和合伙组织。

2. 关于财税支持

有的部门建议，将修订草案第九条第二款"县级以上地方人民政府根据实际情况在本级财政预算中安排中小企业发展专项资金”中的“根据实际情况”修改为“一般应当”。

修订草案第十条第二款规定:“中小企业发展专项资金向小型微型企业倾斜”。有的部门提出,该规定涉嫌构成“两反一补”中的政府直接向企业补贴的情形,可能引发国际贸易纠纷,建议斟酌具体表述。

有的部门建议,在修订草案第十条中增加规定,中小企业发展专项资金可用于弥补金融机构中小企业信贷风险损失。

修订草案第十二条规定:“国家实行有利于小型微型企业发展的税收政策,简化小型微型企业税收征管程序,降低小型微型企业税收负担。”有的部门建议,增加规定:“地方政府应当采取具体措施切实降低本行政区域内小型微型企业税收负担。”有的部门建议,增加规定:“降低金融机构开展小型微型企业金融服务的税收负担”。

3. 关于融资促进

修订草案第十六条规定:“国家政策性金融机构应当采取多种形式,为中小企业提供金融服务。”有的部门建议,规定国家成立中小企业政策性金融机构。

有的部门建议,建立政策性担保体系,将修订草案第二十二条中的“县级以上人民政府应当建立中小企业政策性信用担保制度”修改为“建立全国性中小企业政策性信用担保制度,县级以上人民政府应当制定实施细则”。

修订草案第二十四条第一款规定:“国家鼓励征信机构发展针对中小企业融资的征信产品和服务,依法向各级政府相关部门、公用事业单位和商业机构采集信息。”有的部门建议修改为:“征信机构发展针对中小企业融资的征信产品和服务,依法向各级政府相关部门、公用事业单位和商业机构及中小企业采集信息。”

有的部门建议,增加规定:“银行金融机构一般应当在县域设立小型微型企业金融服务专营机构。”

4. 关于创业扶持

修订草案第二十八条第二款规定:“各级人民政府应当根据中小企业发展的需要,在城乡规划中安排必要的用地和设施,并积极创造条件,为中小企业获得生产经营场所提供便利。”有的部门建议,增加规定:“各级人民政府中小企业促进机构根据本地中小企业年度发展规划,做出中小企业年度用地计划,同土地、规划部门协调确定具体预留比例。”

5. 关于市场开拓

修订草案第三十九条第三款规定:“政府采购不得在企业股权结构、经营年限、经营规模和财务指标等方面对中小企业实行差别待遇或者歧视待遇。”有的部门建议,增加规定:“不得设置明显不利于中小企业竞标的评价条件和评价指标。”

6. 关于权益保护

修订草案第五十条规定:“国家在制定有关中小企业法律法规时,应当公开征求中小企业及社会各界的意见。政府有关部门制定涉及中小企业的部门规章和政策时,应当征求同级中小企业促进工作综合协调部门的意见。”有的部门建议将“有关中小企业”修改为“涉企”。有的部门建议,将“政府有关部门”修改为“各级人民政府及其有关部门”。

修订草案第五十一条规定:“各级人民政府或者有关协会、商会中小企业维权服务机构应当公布联系方式,受理中小企业的投诉、举报,并在规定的时间内予以调查、处理。”有的部门提出,有关协会、商会作为中介性质的机构,没有调查、处理权,建议成立专门的中小企业投诉受理机构。有的部门建议,删除协会、商会的规定。

有的部门建议,将修订草案第五十三条中“通过诉讼维护合法权益”修改为“通过诉讼、调解、仲裁维护合法权益”。有的部门建议,将政府部门拖欠中小企业款项的情况纳入对其负责人的考核机制,国有大型企业拖欠中小企业款项的,取消其享受政策优惠的资格。

7. 其他意见和建议

(1)修订草案第六十一条规定:“省、自治区、直辖市可以根据本地区中小企业的情况,制定有关的实施办法。”有的部门建议将“可以”修改为“应当”。

(2)有的部门建议,国务院中小企业促进工作协调部门牵头组织国务院各部门,研究制定更为具体、可操作性更强的实施细则。

(3)有的部门建议,规定政府相关部门制定配套、可操作性强的实施办法,形成科学、规范、有序的中小企业法律体系。

(4)有的部门提出,修订草案中多次出现“鼓励”、“可以”等表述,约束力较弱,建议做适当调整。例如,修订草案第十七条规定:“国家鼓励各类金融机构提供适合中小企业特点的金融产品和服务。国家鼓励银行业金融机构设立小型微型企业金融服务专营机构。”修订草案第二十二条中规定“鼓励各类社会担保机构为中小企业提供信用担保”。建议将“鼓励”修改为“应当”。建议将修订草案第三十六条中“国家鼓励科研机构、高等学校和大型企业等向中小企业开放试验设施”的“鼓励”修改为“支持”。

(5)有的部门建议,明确规定更具体的支持方式和措施,例如资金支持的方式、优惠的具体政策等。

(6)有的部门建议,增加“法律责任”一章,进一步明确各方责任。

中小企业促进法修订草案浙江调研简报

2017年5月8日至9日，社会法室的同志赴浙江省温州市、台州市，分别就中小企业促进法修订草案中涉及的中小企业融资和信用体系建设问题进行调研。期间，在温州市、台州市分别召开座谈会，与一些部门、担保公司、小额贷款公司以及4家中小企业进行交流，了解情况，听取意见和建议。工信部中小企业局有关负责同志参加了调研。简报如下：

一、温州市、台州市中小企业基本情况

截至2016年底，温州市全市户籍总人口818.2万人，在册企业19.9万户，99%以上的企业为中小企业。温州市与211个国家和地区建立了进出口贸易关系，2016年货物出口总额1060.4亿元，民营企业出口额占出口总额的89.4%。2016年全市生产总值5045.4亿元，财政总收入724亿元。2016年底，金融机构本外币存款余额10625亿元，贷款余额8072亿元。

截至2016年底，台州市全市户籍总人口约600.2万人，在册企业约14.3万户，其中只有40家是大型企业。台州市与213个国家和地区建立了进出口贸易关系，2016年外贸出口总额1169.38亿

元。2016年台州市生产总值3842.81亿元,年底全市金融机构本外币存款余额7068亿元,金融机构本外币贷款余额5826亿元。

二、温州市中小企业融资情况

1. 温州市金融风波及金融改革

2011年,受多方面因素影响,温州市一些企业因资金链断裂陷入困境,有的企业负责人“跑路”,企业逃废债引发连锁反应,许多中小企业资金紧张、经营困难,温州市金融市场纠纷增加、情况严峻,被称作金融风波。最终有关方面及时采取措施,妥善解决了相关问题。

温州市金融风波后,2012年3月,国务院批准《浙江省温州市金融综合改革试验区总体方案》,决定设立温州市金融综合改革试验区。温州市金融综合改革包括十二项主要任务,许多是针对中小企业融资难、融资贵问题,包括:鼓励和支持民间资金依法发起设立或参股村镇银行、贷款公司、农村资金互助社等新型金融组织,鼓励国有银行和股份制银行在符合条件的前提下设立小企业信贷专营机构,创新发展面向小微企业和“三农”的金融产品与服务,探索建立多层次金融服务体系,鼓励温州市辖区内各银行机构加大对小微企业的信贷支持,支持发展面向小微企业和“三农”的融资租赁企业,建立小微企业融资综合服务中心,推动更多企业尤其是小微企业通过债券市场融资,建立健全小微企业再担保体系,推动小微企业和农村信用体系建设。

结合金融改革,温州市采取了以下具体措施解决中小企业融资问题:

一是由政府、金融机构等共同出资设立规模为8.5亿元的小微企业信用保证基金(简称信保基金),主要为市区优质小微企业融资提供信用担保。单个企业信用担保额度最高不超过500万元,综合平均担保费率控制在年1%左右。温州市小微企业信保基金运行中心负责信保基金的运行。贷款风险由信保基金运行中心和银行共同承担。

二是实施创业担保贷款。由政府出资设立的创业担保基金提供担保或以其他方式提供担保,由财政予以贴息。创业担保贷款分为两类:“一类贷款”由创业担保基金提供担保,“二类贷款”是以抵押、质押、保证、信用等其他方式发放的贷款。初次创业人员以及登记注册三年内的企业的法定代表人、个体工商户经营者可申请创业担保贷款。在校大学生和毕业十年内的高校毕业生、登记失业半年以上人员、就业困难人员、城镇复退军人、残疾人(统称重点人群)可申请一类、二类贷款,其他人群只能申请二类贷款。中小企业符合招用重点人群等条件的,可申请创业担保贷款。由信保基金扶持的企业可申请一类、二类贷款,其他企业只能申请二类贷款。初次创业人员和个体工商户可申请不超过30万元的创业担保贷款;合伙经营或创办企业的(股份占30%以上),可申请最高不超过60万元的创业担保贷款。中小企业贷款最高额度按“吸纳重点人群就业人数×20万元”计算,最高不超过500万元。

三是设立企业应急转贷资金,解决企业燃眉之急。该做法在处理金融风波时就曾采用。目前应急转贷资金总规模为5亿至7亿元,单笔额度原则上不超过2000万元,使用时间原则上不超过5个工作日。2016年共发放转贷资金586笔次,涉及金额62亿元。

四是开展“政银企”对接服务。经信委向银行推荐优质企业,帮助企业获得银行贷款;针对中小企业创业园等重点项目,推动银行解决园区内中小企业建设资金问题。

五是实行中小企业贷款风险补偿。银行向中小企业放贷的,经过审核认定后可以获得风险补偿金。

六是推动以林权、排污权、商标权、海域使用权等为担保的贷款。

2. 中小企业融资面临的问题

温州市的相关措施对解决中小企业融资难问题发挥了积极作用,但融资难、融资贵难以在短期内得到根本解决。

有的部门提出,温州市中小企业融资主要面临几个问题:一是温州市中小企业大多属于传统制造业,成本高、负担重、发展后劲不足、运营风险大,且许多企业是家族式管理,企业透明度不高,银行放贷积极性不高。二是银行贷款针对性不足。银行放贷限制条件较多,且过于注重抵押贷款特别是不动产抵押贷款,中小企业很难完全符合各种条件。三是直接融资滞后。我国总体上股权融资市场不发达,影响企业直接融资。温州市有上市企业 20 家和"新三版"挂牌企业 70 家,在浙江省分别仅排第八和第五。

有的部门和企业提出,国有银行放贷意愿不强,民营银行放贷成本较高,市级银行审批权限小,这些都影响中小企业融资。担保公司特别是民营担保公司自身信用等级低,难以获得银行授信。担保公司自身也面临资金保值增值压力,由于给中小企业担保风险较大,担保公司生存艰难,无法很好地为中小企业服务。

有的企业提出,公司日常经营活动中主要在审批、监管等方面跟政府部门打交道,没有感受到政府对本企业的直接扶持。企业融资主要靠不动产抵押贷款,银行一般不接受知识产权质押贷款,认为企业商标权等知识产权价值不高,企业负责人有时不得不拿自己的房屋为企业做抵押贷款。

有的部门提出,林权、排污权、商标权、海域使用权等权利缺少交易渠道,难以估值和变现,以此为担保的贷款也很少,即便有,往往也是"面子工程"。银行都是首先评估企业的经济实力和信用情况,符合条件的才可能放贷,林权、排污权等担保主要是附属形式,银行不会仅基于林权、排污权等担保就放贷。

一些部门和企业提出,应收账款融资很难实现。在债权债务双方都为中小企业的情况下,双方信用等级都不高,银行根本就不愿意提供应收账款贷款。如果债务人为国有企业、大型企业,即便是银行愿意提供应收账款贷款,债务人也不愿意配合办理相关手续。

三、台州市信用信息平台建设情况

政府各部门以及相关机构掌握着企业的大量信息,但由于缺乏协调共享机制,这些信息呈隔离化、碎片化,无法被充分利用。2014 年,台州市建设了金融服务信用信息共享平台,主要用于为金融机构放贷提供信息服务。

平台由台州市金融服务信用信息中心负责建设、运行和维护,该中心为非营利社会组织,归人民银行管理。目前平台征集了水务、海关、金融、法院、公安、地税、社保、国土、环保、建设、国税、市场监管、质监、电力 14 个部门 78 大类 600 多项信用信息。截至 2017 年 3 月,该平台共采集了 61 万多企业、个体工商户的 7041 万条信用信息。平台分设基本信息、综合服务、评价与培育、风险预警与诊断四个子系统。基本信息系统主要收集企业在相关部门的登记信息与变更情况。综合服务系统具备正负面清单、不良名录库功能。评价与培育系统具备信用报告、评价统计功能,导入企业第三方信用报告。风险预警与诊断系统具备经济分析、诊断预警功能,提示经济金融运行情况,及时预警风险。平台查询成为台州市所有银行贷前调查、贷中审批、贷后管理的必经环节,共开设查询用户 2200 个,累计查询量达 324 万次。

有的部门提出,目前平台主要面临以下问题:第一,为平台提供信息的部门数量不多,主要是有的部门担心信息泄露引发安全问题。有的部门在市级层面协调好了,但其上级机关不同意提供。

第二，平台收集信息范围小。一方面是仅限于部分政府部门掌握的企业信息，不包括企业市场交易等信息。另一方面是仅限于企业信息，不包括公民个人信息。第三，服务对象范围较小。平台目前主要为金融机构放贷提供信用信息，政府相关部门、社会公众等查询信息受到限制，既不利于各方积极参与平台建设，也不利于充分发挥平台的作用。

台州市经信委还与信用评级公司合作开展中小企业征信及信用评级工作。2009 年，对 450 家企业进行了征信，对 313 家企业进行了信用评级。2010 年，征信 500 家，评级 300 家。2015 年至 2016 年底，征信和评级 320 家。2016 年参与评级的部分企业共获得 4665 万元银行贷款，贷款利率在基准利率基础上的上浮控制在 10% 以内。有的部门提出，该评级仅得到省内部分银行的认可，尚未得到大型国有银行的认可，影响中小企业参与信用评级的积极性。建议国家明确数据采集以及信用评级的标准、规范和主导部门，实现统一的信用信息体系，避免多体系并行且互不承认。

2016 年，台州市被确定为国家第二批创建信用体系建设示范城市（目前全国共有 43 个）之一。该项工作要求 2017 年底前建成功能更齐全的地方信用信息共享平台，实时与全国信用信息共享平台和“信用中国”网站共享信息，开展公共信用信息便民服务和重点领域信用信息大数据示范应用。

四、对修订草案的主要意见和建议

1. 修订草案第八条规定：“国家推进中小企业信用制度建设，建立社会化的信用信息征集与评价体系，实现中小企业信用信息查询、交流和共享的社会化。”有的部门和企业提出，中小企业的信用跟其负责人的个人信用有很大关系，成立初期的小微企业更是如此。建议将中小企业负责人的个人借贷、欠费、违章等信息纳入中小企业信用信息的范围。有的部门提出，目前发改委、工商总局、人民银行都建有征信系统，这些都不是社会化的征信系统，建议删去“社会化”的表述。

2. 修订草案第十六条规定：“国家政策性金融机构应当采取多种形式，为中小企业提供金融服务。”有的部门提出，有的政策性金融机构在温州市没有分支机构，其参与的项目都是大型项目，与中小企业关系不大。建议规定国家建立专门为中小企业服务的政策性银行。

3. 有的部门提出，修订草案第十六条至第十八条规定了鼓励、引导金融机构发展的内容，缺乏可操作性，建议增加考核、奖励的内容，规定政府项目对向中小企业提供优质服务的银行予以倾斜。

4. 修订草案第十八条规定：“国家推进普惠金融体系建设，推动中小银行、非存款类放贷机构和互联网金融有序健康发展，鼓励和引导银行业金融机构向县域和乡镇等小型微型企业金融服务薄弱地区延伸网点和业务。”有的企业建议，增加关于小额贷款公司的规定。

5. 修订草案第二十四条第一款规定：“国家鼓励征信机构发展针对中小企业融资的征信产品和服务，依法向各级政府相关部门、公用事业单位和商业机构采集信息。”有的部门提出，企业参与项目审批、评优评先等都需要信用信息，信用服务应当不限于融资。

6. 修订草案第四十九条第二款规定：“国家保护中小企业依法平等使用生产要素、公平参与市场竞争和同等受到法律保护的权利。”有的部门建议，将“同等”修改为“平等”。

7. 修订草案第五十二条规定：“司法机关应当加强中小企业诉讼渠道建设和法律服务，提高中小企业维权程序的透明度和便捷度。”有的部门建议，删除该规定。

中小企业促进法修订草案
贵州调研简报

近日,法律委员会副主任委员孙宝树带领社会法室的同志,赴贵州省就中小企业促进法修订草案进行调研,法律委员会委员倪英达参加了调研。期间,调研组与贵州省一些部门和单位的同志以及人大代表、政协委员和企业家代表进行座谈,并实地考察了贵阳大数据创新产业发展中心、贵阳市中小企业服务中心和部分企业等。简报如下:

一、贵州省促进中小企业发展的主要举措

为促进中小企业健康发展,贵州省主要采取了以下做法和措施:

一是完善政策体系。省委、省人大、省政府高度重视中小企业发展,2010 年以来先后出台了《贵州省中小企业促进条例》《关于促进民间投资健康发展若干政策措施》《关于大力扶持微型企业发展的意见》等 10 余件重大法规和政策措施,各市州政府及省直有关部门结合工作实际制定 40 余件相关配套文件。

二是强化组织保障。贵州省设立了民营经济发展局(中小企业局),设立了“省非公经济改革发展专题组办公室”协调各部门破解商事制度改革、完善扶持微型企业政策、启动“营改增”改革等,遵义市、毕节市、黔东南州、黔南州、黔西南州成立了民营经济发展

(中小企业)局(办公室)。省、市、县都建立了推动非公经济、中小企业发展工作联席会议或领导小组,建立了市、县领导联系非公企业工作机制。

三是推进简政放权。推行权力清单、责任清单、收费目录清单制度。“十二五”以来,省级共清理行政许可事项978项,2016年底省级行政许可事项保留321项。全面取消非行政许可审批事项。深入推进相对集中行政许可权改革试点工作。全面实施“五证合一、一照一码”工作。全面推开“一站式”服务,设置网上办事大厅,成立省、市、县三级政务服务中心,具有行政审批和公共服务职能的59家省直部门进驻省政务服务中心大厅,固化审批流程、办理人员、办理时限,压缩省直机关行政审批办理时限50%以上,实现了“大厅之外无审批”。

四是加大资金扶持。一是发挥财政资金的引导和支持作用。2011年起设立省工业和信息化专项资金,其中安排中小企业发展专项,明确60%以上资金用于支持民营经济。各市州和有条件的县市区也设立了用于中小企业发展的专项资金。2012年起实施“3个15万元”政策(投资者出资达到10万元后,政府给予5万元财政补助、15万元的税收奖励、15万元额度的银行贷款支持)扶持微型企业发展。二是建立风险补偿机制,缓解中小企业融资难。搭建融资服务平台,实施“黔微贷”、“贵园信贷通”、“贵工贷”融资政策,对中小企业建立风险补偿机制,财政资金放大30倍以上,发放贷款169.85亿元。省财政安排资金设立小微企业担保贷款风险补偿金,专项用于政策性担保机构和银行等机构的小微企业融资担保贷款的风险补偿。三是促进信用资源金融化,开展“银税互动”。推出小微企业信用类贷款,将企业纳税信用、涉税数据等信息与金融服务挂钩,企业凭借良好的纳税信用记录即可得到优惠贷款。

五是减轻企业负担。落实中小企业税收优惠政策，减免小微企业增值税、小型微利企业所得税、科技型中小企业税收等，2016年小微企业享受各种国税优惠12.5亿元，减免“营改增”委托代征税款5.5亿元。清理省级立项行政事业性收费项目，涉企收费从2013年的23项减至1项。

六是完善服务体系。实施工信部中小企业领军人才培训工程、贵州省中小企业星光培训工程，围绕企业需求打造人才培训服务，提升中小企业经营管理者素质和水平。从2014年起，建立民营经济发展环境指数监测评价体系，委托第三方机构每年对全省各市州和贵安新区进行发展环境综合测评。建设网络服务平台，以贵州省中小企业公共服务平台为枢纽，覆盖全省9个市州和贵安新区、6大行业，聚集了282家机构的服务资源。全省9个市州和贵安新区、88个县市区均建有中小企业服务中心。

二、对修订草案的意见和建议

调研中，有关部门、单位和人员对中小企业促进法修订草案提出了一些意见和建议。

1. 总的意见和建议

有的部门的同志提出，法律规定的促进中小企业发展的措施如何落地是关键，建议规定督查机制，明确相应的法律责任。

有的部门提出，修订草案很多规定过于原则，可操作性不够，“鼓励”性条款较多，难以落到实处，建议更加细化以增强实效性，对有些条款予以修改以赋予其强制力。

有的部门提出，中小企业促进法与乡镇企业法在规范内容上存在交叉重叠，建议将两部法律合并。

有的部门提出，应当对少数民族地区的中小企业出台特殊的支持政策。

2. 关于总则

修订草案第二条第二款规定,“中型企业、小型企业和微型企业划分标准由国务院中小企业促进工作综合协调部门牵头,根据企业职工人数、销售额、资产总额等指标,结合行业特点制定,报国务院批准。”有的企业的负责人建议,将“结合行业特点”修改为“结合区域及行业特点”。有的部门提出,目前中小企业的范围太宽泛,建议适当提高中小企业界定的标准。

3. 关于财税支持

有的部门提出,建议将现行税收激励政策整合为全国统一的、普适性的促进中小企业发展的税收激励政策,同时赋予各省一定的税收调整权限,并将税收激励政策“法定化”以避免政策的不确定性。

修订草案第十条第一款规定,“中小企业发展专项资金通过无偿资助、购买公共服务等方式,重点用于改善中小企业发展环境,促进中小企业公共服务体系和服务平台建设,推动创业创新,支持建立中小企业信用担保体系,改善融资环境。”有的部门提出,按照预算制度改革的要求,建议将“无偿资助”修改为“以奖代补、引导融资”。

修订草案第十一条第二款规定,“县级以上地方人民政府可以根据实际情况设立中小企业发展基金。”有的企业提出,省级政府“应当”设立中小企业发展基金。

修订草案第十二条规定,“国家实行有利于小型微型企业发展的税收政策,简化小型微型企业税收征管程序,降低小型微型企业税收负担。”有的部门提出,各项税收优惠政策应当做好衔接协调,建议将“税收政策”修改为“税制”。

4. 关于融资促进

有的部门的同志提出,民间融资机构和股权对于解决中小企业融资难问题具有重要意义，建议合法化、规范化民间融资机构，充分发挥股权对中小企业融资的支持作用。

有的部门提出，修订草案为中小企业融资提供了纲领性指引，但条文偏重原则性，执行和落实难度大，建议明确具体负责部门，建立配套的金融、信用担保、风险基金等方面法律制度，鼓励地方出台实施办法。

有的部门提出，中小企业财务制度不健全是融资难的主要原因之一，建议增加中小企业建立健全财务管理制度的规定。

有的企业提出，对中小企业的融资支持应当与中小企业缴纳社保、税款和吸纳就业等情况挂钩，贡献越大扶持力度越大。

有的部门建议，在第三章“融资促进”中增加一条规定“鼓励各级人民政府建立中小企业转贷应急机制，由地方财政设立转贷资金池，并与当地银行业金融机构签订合作协议，为企业向银行借新还旧提供临时性的周转资金。”

修订草案第十六条规定，“国家政策性金融机构应当采取多种形式，为中小企业提供金融服务。”有的部门建议，将“国家政策性金融机构”修改为“国家政策性和开发性金融机构”。

现行法第十七条规定，“国家通过税收政策鼓励各类依法设立的风险投资机构增加对中小企业的投资。”有的部门建议，保留该条规定。

修订草案第二十条规定，“国家健全完善动产担保融资法律制度建设，推动建立全国统一的动产融资登记互联网公示系统，支持金融机构为中小企业提供以应收账款、存货、机器设备等为主要担保品的动产担保融资。”有的部门建议，“主要担保品”中增加“知识产权、金融资产”、“农产品预期收益、存栏牲畜”。

修订草案第二十二条规定，“县级以上人民政府应当建立中小企业政策性信用担保制度，鼓励各类社会担保机构为中小企业提供信用担保。”有的部门建议,该条增加一款“国家鼓励县级以上各级政府设立中小企业融资专项资金,为中小企业提供贷款贴息、信用担保、风险补偿等融资服务。”

修订草案第二十四条第二款规定,“国家鼓励发展中小企业第三方评级服务。”一些部门提出,银行的信用等级评定为本行内部评定或本行指定评级机构评定,很多第三方评级银行不认可,建议加强信用体系建设,统一信用评级标准。

5. 关于创业扶持

修订草案第二十六条第一款规定,“失业人员、残疾人员创办中小企业的,所在地政府应当积极扶持,提供便利,加强指导。”有的部门提出,“返乡农民工”创办中小企业的也应当给予扶持。有的部门建议,将“失业人员、残疾人员”修改为“城镇登记失业人员、就业困难人员、复原转业退役军人、刑满释放人员、高校毕业生(含大学生村官和留学回国学生)、返乡创业农民工、建档立卡贫困人口”。

6. 关于创新支持

修订草案第三十四条规定,“国家鼓励中小企业研发和应用拥有自主知识产权的技术和产品,完善知识产权保护,鼓励中小企业投保知识产权保险,减轻微型企业申请和维持知识产权的费用等负担。”有的部门建议,在“鼓励中小企业投保知识产权保险”后增加“知识产权质押融资”。

7. 关于市场开拓

修订草案第三十九条第一款规定,“政府采购应当优先安排向中小企业购买商品或者服务。通过预留采购份额、价格评审优惠、支持小型微型企业组成联合体投标等措施,提高小型微型企业在政府采购中的份额。”第四款规定,“政府采购部门应当在政府采购监督管理部门指定的媒体上及时向社会公开发布采购信息,为中小企业获得政府采购合同提供指导和服务。”有的部门提出，第一款中规定的“优先安排”“预留采购份额”“价格评审优惠”措施是否有违公平竞争的市场原则，与本法相关规定矛盾，建议斟酌。第四款有关发布采购信息的内容政府采购法第十一条已有相关规定，是否保留建议斟酌，如果保留第四款，建议将“为中小企业获得政府采购合同提供指导和服务”修改为“为中小企业参与政府采购提供指导和服务”。

修订草案第四十一条规定，“政府有关部门应当支持中小企业到境外投资，为企业提供外汇、出入境等方面的便利，支持企业开拓国际市场。”有的企业建议，增加“支持企业参与‘一带一路’建设”的内容。

8. 关于社会服务

修订草案第四十六条第一款规定，“各级人民政府中小企业促进工作综合协调部门的网站，应当汇集并提供涉及中小企业的法律法规、政策及创业、创新、金融、市场、权益保护等各类政府服务信息。”有的部门提出，国务院《关于扶持小型微型企业健康发展的意见》明确由工商部门牵头建立小微企业名录，为小微企业提供各类扶持政策及企业享受扶持政策信息，建议将该款修改为“各级人民政府中小企业促进工作综合协调部门和工商部门应当依职权在部门网站汇集并提供涉及中小企业的法律法规、政策及创业、创新、金融、市场、权益保护等各类政府服务信息。”

9. 关于权益保护

有的部门提出，维护中小企业权益的制度设计存在不足，特别是对于中小企业受到乱收费、乱罚款、乱摊派等不公平对待时，没有赋予其基本的法律救济权利，建议明确获得救济的法律途径。

修订草案第五十三条第一款规定，“政府部门和大型企业不得违约拖欠中小企业的货物、工程、服务款项。”第三款规定，“中小企业可以就拖欠资金问题向中小企业维权服务机构申请协助。中小企业维权服务机构可以组织调查和调解,也可以协助中小企业通过诉讼维护合法权益。”有的企业提出,第一款中应当明确“任何组织、市场主体”都不得拖欠中小企业款项。有的部门提出,目前中小企业服务机构无法承担调查、调解职能。

修订草案第五十四条第三款规定,“国家对微型企业行政事业性收费实行优惠政策。”有的部门提出,目前国家执行的政策为部分行政事业性收费项目对小微企业实行优惠,第三款表述会引起歧义,建议斟酌。有的部门提出,行政事业性收费分为管理类、登记类、证照类等,建议第三款明确哪类收费实行优惠。

10. 关于监督检查

修订草案第五十七条规定,“各级人民政府及有关部门应当将中小企业对其工作的评价列入年度考核范围。”有的部门提出,用什么方式和标准、如何评价不清楚,建议进一步具体细化。

中小企业促进法修订草案
内蒙古调研简报

近日,法律委员会副主任委员孙宝树带领社会法室的同志,赴内蒙古自治区就中小企业促进法修订草案进行调研,法律委员会委员倪英达参加了调研。期间,调研组与内蒙古自治区的一些部门和单位的同志以及企业家代表进行座谈,并实地考察了部分中小企业等。简报如下:

一、内蒙古自治区促进中小企业发展的主要举措

内蒙古自治区为应对经济下行压力,不断强化中小企业政策、工作、融资、公共服务等体系建设,着力改善中小企业发展环境。

1. 优化中小企业发展政策环境。近年来,内蒙古自治区政府先后出台了《内蒙古自治区人民政府关于促进小型微型企业持续健康发展的意见》(内政发〔2012〕88 号)、《内蒙古自治区人民政府办公厅关于金融支持小微企业发展的实施意见》(内政办发〔2014〕11 号)、《内蒙古自治区人民政府关于进一步扶持小型微型企业加快发展八条措施的通知》(内政发〔2015〕46 号)、《内蒙古自治区人民政府关于大力推进大众创业万众创新若干政策措施的实施意见》(内政发〔2015〕120 号)、《内蒙古自治区人民政府关于印发自治区深入推进供给侧结构性改革着力做好降成本工作实施方案的

通知》(内政发〔2016〕107 号)等一系列支持小微企业发展的政策措施,各盟市结合实际情况制定相应的贯彻落实方案,为促进小微企业发展提供全方位政策支持。

2. 加强中小企业工作体系建设。内蒙古自治区中小企业局成立于 2010 年 6 月,为自治区经信委管理的部门管理机构,是负责、指导自治区中小企业的职能部门,并承担自治区促进中小企业发展工作领导小组办公室职能。自治区 12 个盟市 2 个计划单列市中有 4 个盟市单独设置中小企业局。2010 年自治区成立促进中小企业发展工作领导小组,18 个相关职能部门为成员单位,每年召开领导小组全体会议,通报工作开展情况,分解工作任务,推动工作落实。制定了《内蒙古自治区中小微企业发展考核办法》,领导小组办公室会同有关部门按照考核办法对盟市中小微企业发展进行考核,在此基础上不定期会同有关部门开展中小企业政策落实情况的专项督查。

3. 加大融资服务工作力度。2013 年以来,自治区经信委、财政厅通过引导旗县(市、区)政府开展"助保贷"融资服务,有效缓解中小微企业融资难、融资贵问题。在总结旗县开展"助保贷"融资服务的基础上,推进盟市统筹"助保贷"融资服务,截至目前已有 9 个盟市实现盟市统筹。自治区、盟市、旗县三级财政累计投入资金 17 亿元建立"助保贷"引导资金池,累计发放贷款 1189 笔、64. 28 亿元。积极推动各金融机构开展银企对接活动、支持中小微企业"助保贷"融资工作,组织开展"送金融进旗县、进园区、进企业"活动。对带动就业人数较多的创业项目给予单笔 30 万元的贷款。对小微企业当年新招用符合创业担保贷款申请条件的人员符合要求的,经办金融机构根据企业实际招用人数确定创业担保贷款额度(最高不超过 200 万元),由财政部门按相关规定贴息。创新小微企业信贷风险分担模式,推进小额贷款保证保险工作。全自治区有融资担保法人机构139家,历年来累计为5.7万户中小企业融资担保2031亿元。

4. 降低企业成本,加大资金扶持力度。从降低企业税负成本、涉企收费、企业融资成本、制度性交易成本、用工成本、用能成本、用地成本、物流成本,加快企业资金周转、鼓励企业内部挖潜等10个方面推出49项措施,2016年为企业降低成本600多亿元。落实中央涉企收费减免政策,将现行对小微企业免征的18项行政事业型收费扩大到30项;制定自治区涉企收费政策,对全自治区涉企行政事业性收费和政府性基金及经营服务性收费项目实行清单管理,取消、免征7项行政事业性收费。按照国家要求,从2015年起降低生育保险和失业保险缴费费率。使用失业保险基金向符合条件的困难企业发放援企稳岗补贴。对中小企业吸纳就业困难人员符合条件的给予一次性补贴。中小企业留用储备期满高校毕业生符合条件的给予1年的社会保险补贴。对符合条件的高校毕业生每个项目给予1万元创业补贴。失业人员自主创业可一次性领取失业保险金作为创业补贴。

5. 营造良好的创业创新环境,推进创业创新示范基地和创业孵化平台建设。构建自治区、盟市、旗县三级创业服务体系,目前全自治区有创业担保贷款中心103个、创业指导中心102个、专家服务团166个,盟市、旗县均建立了创业项目库。2013年以来,积极推动自治区小型微型企业创业示范基地建设,目前自治区小微企业创业示范基地共有104家,入驻企业8391户,营业收入637.01亿元,实现就业23.59万人。积极开展国家级小型微型企业创业创新示范基地组织申报工作,有8家列入国家级小型微型企业创业创新示范基地,呼和浩特市入选国家第二批小微企业创业创新基地城市示范。依托高校、企业和各类经济技术开发区、产业园区等共建成创业园和孵化基地379个,入驻实体4.14万户,其中大学生创业园和孵化基地72个。实施“以奖代补”，累计投入资金3.4亿元扶持了206个标准化创业园和孵化基地。

6. 强化公共服务能力建设。建成“1+14+N”公共服务平台网络，在充分发挥自治区枢纽公共服务平台示范作用的基础上，带动14个盟市（含2个计划单列市）窗口平台、10个特色产业集群（园区）窗口平台进一步完善优化服务功能，实现互联互通、资源共享、服务协同，为中小企业提供优质高效服务。截至目前，内蒙古中小企业公共服务平台集聚线上线下服务机构1775家，为中小企业提供信息咨询、金融服务、人才培训、创业创新等服务，累计为近35万户（人次）中小微企业提供各类服务。建成国家企业信用信息公示系统（内蒙古），截至目前收录市场主体信息1.06亿条，访问量1.94亿次，日均32.28万次。健全完善国家小微企业名录内蒙古子站，加大政策宣传、引导力度，打造扶持小微企业的数据平台和服务窗口。在全国省级层面率先开展中小微企业创业创新电子服务券工作，对符合条件的247家企业、295个项目补贴资金1283.1万元，进一步激发各类服务机构服务中小企业的热情。

7. 深化商事制度改革。2014年3月1日以来陆续实施各项商事制度改革，促进中小企业设立和发展。一是改革注册资本登记制度。改注册资本实缴制为认缴制，改年检验照为年报公示，取消最低注册资本限制。二是改革住所（经营场所）登记。放宽住所登记条件，探索实施“一址多照”“一照多址”，进一步释放了场地资源。三是改革企业注销程序。对无债权债务企业、未开业企业实行简易注销登记。四是改革工商登记前置审批制度。将“先证后照”改为“先照后证”，除国务院明确保留的29项前置审理事项外，其余的全部改为后置或取消。工商部门一方面在市场主体办理登记注册时告知涉及审批的经营项目和相应的审批部门，另一方面在市场主体办理登记注册后采取“公示告知”的方式将信息告知相关审批部门,实现部门间监管无缝衔接。五是推行“证照合一”改革。2015 年以来先后实施了企业“三证合一”“五证合一”改革,目前正在推进“多证合一”改革,将于 10 月 1 日前在自治区全面实施。六是实施名称登记改革。向社会开放企业名称库,实现名称网上自主查重,通过网上登记注册业务系统进行名称预核。

二、对修订草案的意见和建议

调研中,有关部门、单位和人员对中小企业促进法修订草案(二次审议稿)提出了一些意见和建议。

1. 关于总则

修订草案(二次审议稿)第二条规定:“本法所称中小企业,是指在中华人民共和国境内依法设立的,人员规模、经营规模相对较小的企业,包括中型企业、小型企业和微型企业。”“中型企业、小型企业和微型企业划分标准由国务院负责中小企业促进工作综合管理的部门会同国务院有关部门,根据企业从业人员、营业收入、资产总额等指标,结合行业特点制定,报国务院批准。”有的部门建议,将“个体工商户”纳入本法调整范围。有的部门建议,明确中小企业的划分标准。

修订草案(二次审议稿)第五条第四款规定:“县级以上地方各级人民政府根据实际情况建立中小企业促进工作协调机制,明确相应的负责中小企业促进工作综合管理的部门,负责本行政区域内的中小企业促进工作。”有的部门建议,明确县级以上地方各级人民政府应当建立中小企业促进工作综合管理机构,进一步完善促进中小企业发展工作协调机制。

2. 关于财税支持

有的部门提出,应当支持各级人民政府制定符合地区实际的税收优惠政策。

有的部门建议,进一步突出财税支持措施的可操作性。

修订草案(二次审议稿)第八条第二款规定:“县级以上地方各级人民政府应当根据实际情况在本级财政预算中安排中小企业发展专项资金。”有的部门提出,县级以上地方各级人民政府“应当”在本级财政预算中安排中小企业发展专项资金。

修订草案(二次审议稿)第九条第一款规定:“中小企业发展专项资金通过资助、购买服务、奖励等方式,重点用于支持中小企业公共服务体系和融资服务体系建设,改善中小企业发展环境。”有的部门提出,中小企业发展专项资金还应当通过政府购买服务的方式增加对中小企业创业创新的支持力度。

修订草案(二次审议稿)第十条第一款规定:“国家设立中小企业发展基金。国家中小企业发展基金应当遵循政策性导向和市场化运作原则,主要用于引导和带动社会资金支持初创期中小企业,促进创业创新。”第二款规定:“县级以上地方各级人民政府可以根据实际情况设立中小企业发展基金。”有的部门提出,国家中小企业发展基金还应当把“成长期”中小企业发展作为支持重点。有的部门提出,县级以上地方政府设立的中小企业发展基金可以和融资性担保公司合作,创新金融产品,放大对中小企业担保额度,降低担保费率。

修订草案(二次审议稿)第十一条规定:“国家实行有利于小型微型企业发展的税收政策,对符合条件的小型微型企业按照规定实行减征、免征企业所得税、增值税等措施,简化税收征管程序,减轻小型微型企业税收负担。”有的部门提出,目前各税种优惠政策的小微企业标准不统一,对个人独资企业和合伙企业不征收企业所得税而是按照个体工商户生产经营所得税目征收个人所得税,建议统一并简化各税种优惠政策关于小微企业的认定标准,以年销售收入额及应纳税所得额为依据明确小微企业标准,对个人独资、合伙企业性质的小微企业所应缴纳的个人所得税出台相应的优惠政策，使其能够和其他性质的小微企业一样享受所得税方面的优惠。有的部门建议，符合条件的中小企业信用担保机构按不超过当年年末担保责任余额1%的比例提取准备金，允许在企业所得税前扣除，同时以前年度计提担保赔偿金不再计入当期收入。

3. 关于融资促进

有的部门建议，进一步细化融资促进措施。

有的部门建议，第三章“融资促进”增加一条“把提升金融服务水平放在重要位置，发挥好政府性融资担保作用，加大风险补偿、财政贴息、信息对接等支持力度。”

修订草案（二次审议稿）第十六条规定：“国家鼓励各类金融机构提供适合中小企业特点的金融产品和服务。”“国家政策性金融机构应当在其业务经营范围内，采取多种形式，为中小企业提供金融服务。”“国有大型商业银行应当设立专营机构，为小型微型企业提供金融服务。国家鼓励其他银行业金融机构设立小型微型企业金融服务专营机构。”有的部门提出，应当突出政策性金融的扶持力度，对政策性金融机构支持中小企业在利率、贷款期限、门槛、不良贷款核销等方面作出具体规定。

修订草案（二次审议稿）第十八条规定：“国家健全多层次资本市场体系，多渠道推动股权融资，发展并规范债券市场，促进中小企业利用多种方式直接融资。”有的部门建议，出台中小企业股份制改造、股权托管、股权质押融资等政策，积极规范发展区域股权交易市场。有的部门建议，增加规定“推动中小企业金融产品和服务创新。结合中小企业信用体系建设，重点推动助保贷、知识产权、股权等无形资产融资，丰富中小企业融资工具。”

修订草案（二次审议稿）第二十一条规定：“县级以上人民政府应当建立中小企业政策性信用担保体系，鼓励各类社会担保机构为中小企业提供信用担保。”有的部门提出，地方政府应当通过预算加大对中小企业融资担保体系的投入，明确可通过贴息、担保代偿等方式支持中小企业融资。有的部门提出，融资性担保公司应当有依法查询金融信用信息基础数据库信息的权利，同时按规定向金融信用信息基础数据库提供信贷信息；建议明确国有商业银行对融资性担保公司的准入条件，降低准入门槛，放宽国有商业银行对融资性担保公司的授信额度，银行对担保公司的准入条件及期限应当明确、详实、可行；建议地方政府针对融资性担保公司的实际代偿比例，完善风险补偿机制，对代偿金额按照比例予以补偿。

4. 关于创业扶持

修订草案（二次审议稿）第二十七条规定：“国家改善企业创业环境，优化审批流程，实现中小企业行政许可便捷，降低中小企业设立制度成本。”有的部门建议，将“降低中小企业设立制度成本”修改为“降低中小企业市场准入制度性成本”。

修订草案（二次审议稿）第三十一条规定：“国家简化中小企业注销登记程序，实现中小企业市场退出程序便利化。”有的部门建议，将“实现中小企业市场退出程序便利化”修改为“实现中小企业市场退出便利化”。

5. 关于服务措施

有的部门提出，应当尽快制定在资金、税收等方面扶持中小企业发展社会化服务体系建设政策，支持和鼓励中小企业社会化服务体系建设。

有的部门建议，明确政府可以通过购买社会服务的方式为中小企业提供相应服务。

6. 其他

有的部门建议，增加“国家鼓励国有企业等单位的人员到中小企业进行帮扶”方面的规定。

有的部门建议，增加“法律责任”一章，明确向中小企业乱收费、乱摊派等违法行为的救济渠道和法律责任。

有的部门建议，降低中小企业缴纳社会保险的费率或者允许中小企业缓交社会保险费。

有的企业提出，希望政府提供更多便于企业了解中小企业促进方面政策的途径，加大对企业宣传的力度，让企业及时知晓政策、应用政策。

中小企业促进法修订草案通过前评估情况

2017 年 8 月 2 日，法工委召开会议，邀请部分全国人大代表、专家学者和中小微企业、公共服务平台、服务机构、金融机构、政府部门等方面的代表，就中小企业促进法修订草案（以下简称修订草案）中主要制度规范的可行性、法律出台时机、法律实施的社会效果和可能出现的问题等进行评估。简报如下：

一、主要制度规范的可行性

与会人员普遍认为，修订草案立足当前我国中小企业实际，针对中小企业面临的融资难等突出问题，在财税支持、融资促进、创业扶持、市场开拓、权益保护等方面增加规定了不少具体措施，将实践中行之有效的政策和做法上升为法律规定，积极回应了中小企业诉求和呼声，让中小企业有获得感，有利于促进中小企业健康发展。

一些同志提出，中小企业促进法是促进中小企业发展的纲领性法律，修订草案响应了国家大众创业、万众创新要求，体现了全国金融工作会议有关精神，反映了中小企业创新创业的诉求，对现行法作了比较全面的修订，为促进中小企业发展的各项工作提供了法律上的依据。

一些同志提出，修订草案在强化平台服务体系、创业基地建设、促进开放发展、适应新技术新要求等方面增加规定了不少具体措施，进一步增强了本法的针对性和可操作性。

二、法律出台时机和实施的社会效果

与会人员普遍认为，修订草案较好地吸收了各方面的意见和建议，已经比较成熟，具有较强的针对性和可行性，现在出台是必要的、适时的，建议尽快审议通过。

有的同志提出，当前经济下行压力较大，中小企业发展面临诸多困难，需要从法律层面为解决中小企业困难提供支持，现在出台中小企业促进法正当其时；法律及时出台，能为解决问题创造良好的制度环境，为各地出台具体的促进措施提供法律依据。

有的同志提出，目前我国经济发展进入新常态，中小企业处于转型发展的关键时期，亟需法律为中小企业明确发展方向，希望修订后的中小企业促进法尽快出台，为中小企业健康发展保驾护航；修订草案积极回应了社会期待和关切，通过各有关方面的认真贯彻落实，一定会产生很好的社会效果。

三、可能出现的问题

与会人员普遍认为，法律实施是系统工程，为确保修订草案财税支持、融资促进等相关规定的落实，需要及时制定具体实施办法和细则，明确具体要求，确保法律落地。有的同志提出，今后可以就促进中小企业发展的某一具体事项出台专门的法律。

一些同志提出，在本法实施过程中要强化协调机制和综合管理部门的作用，推动工商、财政、税务等部门和金融等机构形成联动，加强资金扶持、税收优惠、政府采购等方面工作的透明度，着力解决信息不对称的问题，合力助推中小企业发展。

一些同志提出，法律通过后，要进行全方位、多层次的宣传，既要对中小企业宣传，也要对促进工作涉及的部门进行宣传，保证法律从中央到地方的全面落实；同时，加大监督检查和责任追究力度，确保法律各项规定落到实处。

四、具体意见和建议

1. 有的同志建议，企业划型标准的确定要与税收优惠、融资促进等政策的扶持对象做好衔接，突出对微型企业的重点扶持。

2. 有的同志提出，考虑到银行对中小企业提供服务成本较高，从法律上对银行为中小企业融资提出强制性要求比较难执行，建议规定奖励、补贴、补偿等措施，正面激励银行主动为中小企业融资。

3. 修订草案第十五条对合理提高小型微型企业不良贷款容忍度作出规定。有的同志建议对简化呆账核销和转让手续作出规定，解决银行开展相关业务的后顾之忧。

4. 修订草案第三十五条规定，国家鼓励中小企业投保知识产权保险，减轻中小企业申请和维持知识产权的费用等负担。有的同志建议将“减轻”修改为“减免”。

5. 有的同志建议删除修订草案第四十四条中的“根据实际需要”，明确规定县级以上地方各级人民政府应当建立和完善中小企业公共服务机构。

6. 一些同志建议，在法律上规定具体措施，切实降低中小企业社会保险缴费等方面的用工成本。

7. 有的同志建议，对服务措施一章哪些服务属于无偿服务作出明确规定。

后　记

2017年9月1日，第十二届全国人大常委会第二十九次会议通过了新修订的《中华人民共和国中小企业促进法》。国家主席习近平签署第七十四号主席令，公布了新修订的《中小企业促进法》。这部法律将于2018年1月1日起正式施行。在全面深化改革和全面推进依法治国的大背景下，修改中小企业促进法，对于推动政府简政放权和经济转型升级，营造公平市场环境，促进实体经济发展，具有重要的现实意义。修改后的《中小企业促进法》，必将进一步激发中小企业创业创新活力，保障中小企业健康成长，提升中小企业发展总体质量，并对我国经济社会产生深远的影响。

为配合修订后《中小企业促进法》的学习和宣传工作，帮助读者准确理解《中小企业促进法》的立法原意和各项规定，保证法律的正确贯彻实施，全国人大常委会法制工作委员会参与修订《中小企业促进法》工作的同志编写了这本书，供大家学习参考。

本书由全国人大常委会法制工作委员会副主任张勇任主编，全国人大常委会法制工作委员会社会法室主任郭林茂任副主编。参加编写的人员有：刘左军、陈佳林、母光栋、王瑞、赵光、徐潇枫等。工业和信息化部中小企业局、中小企业发展促进中心对本书的编写给予了大力支持。本书力求准确、详尽、通俗地阐释中小企业促进法的立法原意和相关内容。但由于时间和水平有限，释义不妥和疏漏之处在所难免，敬请广大读者批评指正。

编 者

2017 年 9 月 15 日